ΣBEST シグマベスト

JN000694

今日からスタート高校入試

社会

文英堂

この本の特長

1 思い立ったその日が高校入試対策のスタート！

「そろそろ受験勉強始めなきゃ！」
そう思ってこの本を手に取ったその日が，あなたの受験勉強のスタートです。この本は，いつから始めても，そのときどきの使い方で効率的に学習できるようにつくられています。計画を立てて，志望校合格を目指してがんばりましょう。この本では，あなたのスケジューリング(計画の立て方)もサポートしています。

2 段階を追った構成で，合格まで着実にステップアップ！

この本は，近年の入試問題を分析し，中学３年間の学習内容を，短期間で復習できるようコンパクトに編集しているので，効率よく学習できます。また，大きく３つのステップに分けて構成しているので，段階を追って無理なく着実に実力アップができます。

この本の構成

Step 1 要点をおさえる！［学習項目別］

まずは学習項目別の章立てで，今まで学んだ内容を復習しましょう。

ポイント整理

入試必出のポイントを簡潔にまとめています。

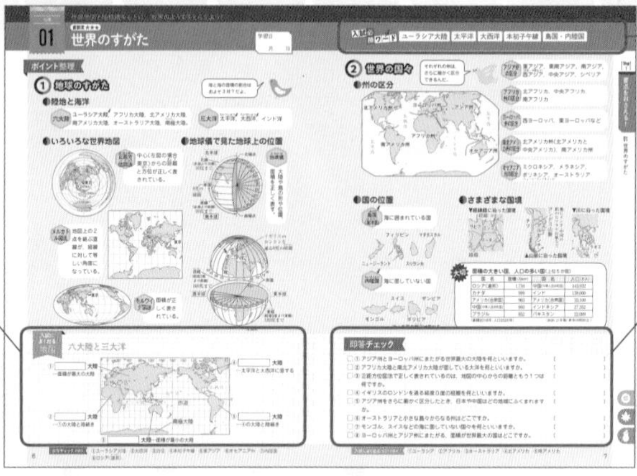

入試必勝ワード
本文にピンマークをつけた入試に出る重要用語です。必ずチェックしましょう。

入試によく出る内容
地図や資料問題などの得点アップをはかることができます。

即答チェック
重要語句を覚えたかどうかを確認しましょう。

トレーニングテスト

実際に出題された入試問題から良問を集めました。「ポイント整理」をふまえて，実際に解いてみましょう。

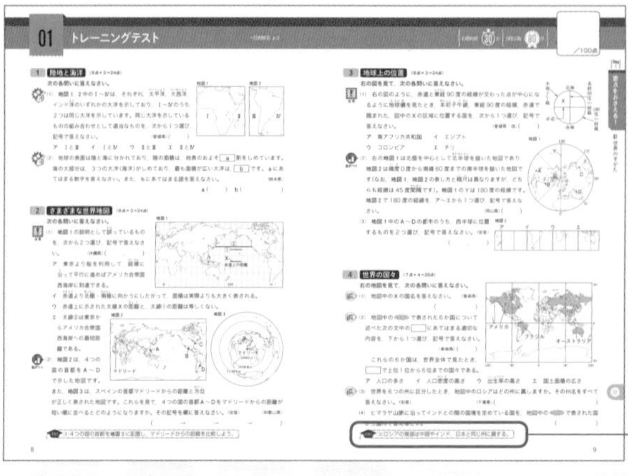

HINT
問題を解くためのヒントです。わからないときは，ここを見ましょう。

ポイントチェック

これまでに学んだ事項を再チェックするコーナーです。

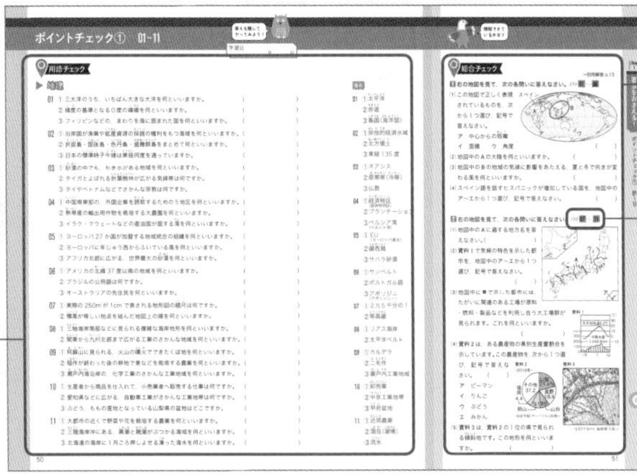

総合チェック
実戦に近い問題で確認しましょう。

ふりかえりマーク
>>> **01** はふりかえりマークです。参照単元を記載していますので，必要に応じてその単元に戻って再確認しましょう。

用語チェック
一問一答形式の問題で確認しましょう。

Step 2 総合力をつける！［分野別・出題形式別］

分野別・出題形式別に分類した入試の過去問で構成されています。
高校入試に向けて実戦的な力を養いましょう。

総合力をつける！

出題形式別にトレーニングすることで，ニガテな問題をなくして，さらに得点アップを目指しましょう。

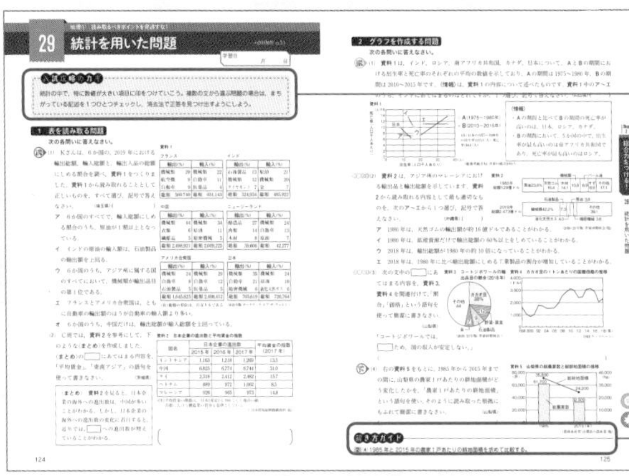

入試攻略のカギ
それぞれの出題形式を攻略するためのポイントを集めました。問題を解く前に読んでおきましょう。

解き方ガイド
それぞれの問題を解く際の方針やヒントを示しています。

Step 3 入試にそなえる！［入試模擬テスト］

入試模擬テストが2回分ついています。
入試前に取り組んで，力試しをしましょう。

シリーズ全教科をそろえて，
高校入試本番のつもりで取り組んでみるのもオススメ！

くわしい「解答・解説」

問題の解き方，考え方，注意点などをくわしくていねいに説明しています。間違えたところは，解説をじっくり読んで理解しましょう。取り外して使用できます。

ふろく「入試直前チェックブック」

巻頭の入試直前チェックブックに，入試によく出る用語を一問一答形式の問題でまとめました。
スキマ時間に，試験会場で，いつでもどこでも重要事項がチェックできますので，大いに活用してください。

この本の使い方 (スケジューリングのススメ)

今日からあなたの受験勉強がスタートします。志望校合格に向けて，計画を立てましょう。
はじめにがんばりすぎて息切れ…なんてことにならないよう，決まったペースでコツコツ続けることが大切です。「スタートが遅れた！どうしよう！」…そんな人は，問題をスキップしても OK！
この本では，使用時期に合わせて３つの学習コースをご用意しています。

あなたはどのコース？

①1学期・夏休みから始めるあなたは
→ とことんコース

②2学期から始めるあなたは
→ これからコース

③冬休み・3学期から始めるあなたは
→ おいそぎコース

見開きの右ページに，とことん・これから・おいそぎのマークをつけてあります。あなたの学習コースに合ったペースで取り組みましょう。計画的に取り組むことで，合格力を身につけることができます。
必ずやり通して，入試本番は自信をもって臨んでください！

	とことん	これから	おいそぎ
Step 1 要点をおさえる！			
ポイント整理	●	●	●
即答チェック	●	●	●
トレーニングテスト	●		
ポイントチェック	●		
Step 2 総合力をつける！	●	●	
Step 3 入試にそなえる！	●	●	●

アイコンの一覧

重要 必ず押さえておきたい問題です。

差がつく 少し難しい問題です。マスターすることでライバルに差をつけることができます。

注意 ミスしやすい問題です。注意して解きましょう。

正答率 80% **正答率 40%** 各都道府県で公表されている問題ごとの正答率です。青色は 50% 以上（必ず押さえるべき落とせない問題），赤色は 50% 未満（受験生が間違えやすい，差をつけられる問題）を示しています。

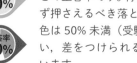

思考力 **判断力** **表現力** 「思考力」「判断力」「表現力」の強化に適した問題です。

もくじ

重要度★★★

世界のすがた

学習日 月 日

ポイント整理

① 地球のすがた

陸と海の面積の割合はおよそ３対７だよ。

陸地と海洋

六大陸 ユーラシア大陸，アフリカ大陸，北アメリカ大陸，南アメリカ大陸，オーストラリア大陸，南極大陸。

三大洋 太平洋，大西洋，インド洋

いろいろな世界地図

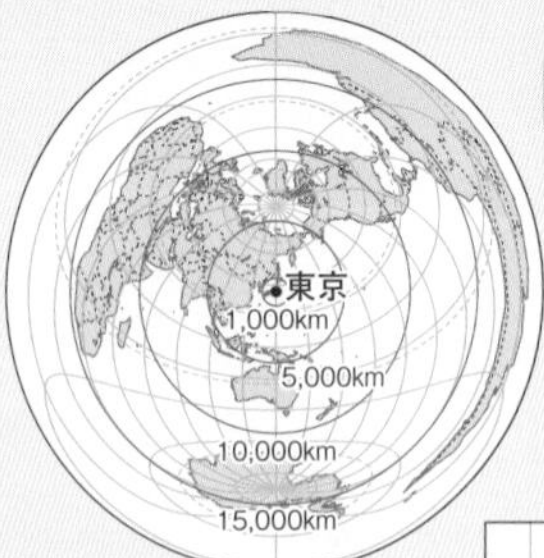

正距方位図法 中心（左図の場合東京）からの距離と方位が正しく表されている。

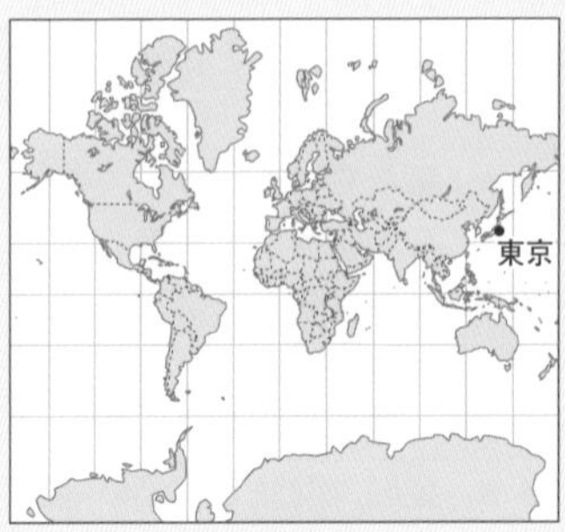

メルカトル図法 地図上の２点を結ぶ直線が，経線に対して等しい角度になっている。

モルワイデ図法 面積が正しく表されている。

地球儀で見た地球上の位置

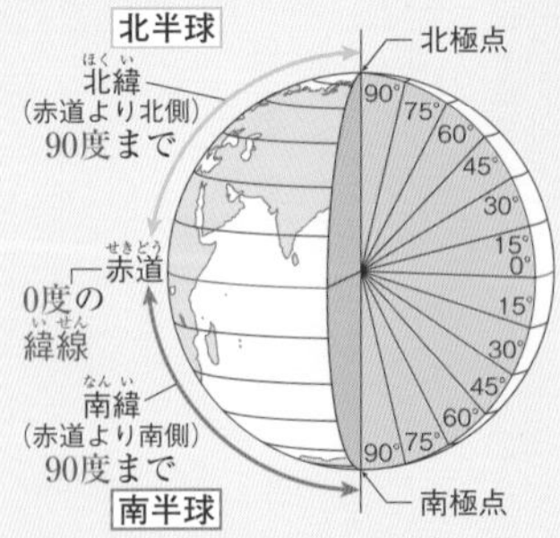

地球儀 大陸や島の形や位置，面積を正しく表す。

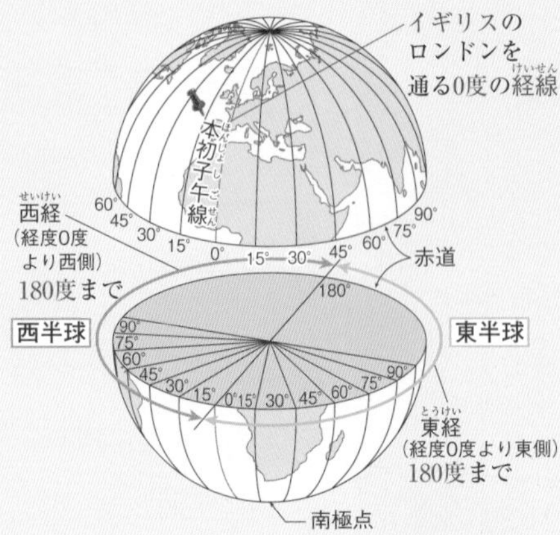

入試によく出る地図 六大陸と三大洋

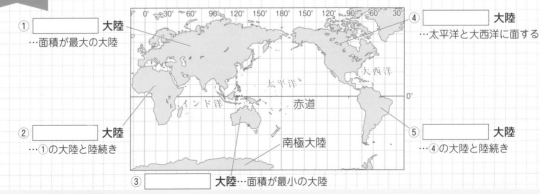

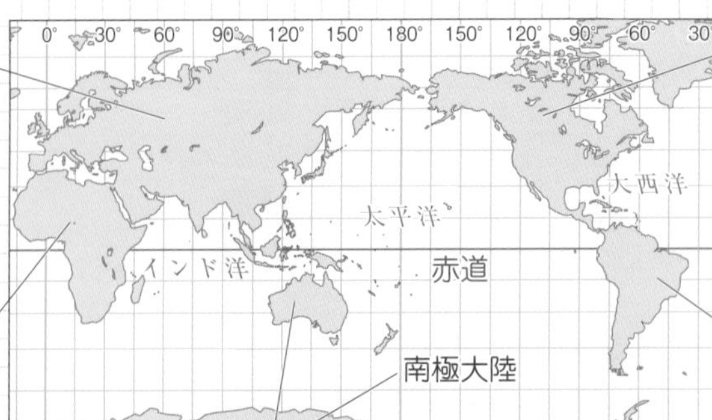

① ［　　　］大陸 …面積が最大の大陸

② ［　　　］大陸 …①の大陸と陸続き

③ ［　　　］大陸…面積が最小の大陸

④ ［　　　］大陸 …太平洋と大西洋に面する

⑤ ［　　　］大陸 …④の大陸と陸続き

入試必勝ワード ユーラシア大陸 / 太平洋 / 大西洋 / 本初子午線 / 島国・内陸国

② 世界の国々

それぞれの州は，さらに細かく区分できるんだ。

州の区分

- **アジア州の区分**：東アジア（日本・中国など），東南アジア，南アジア，西アジア，中央アジア，シベリア
- **アフリカ州の区分**：北アフリカ，中央アフリカ，南アフリカ
- **ヨーロッパ州の区分**：西ヨーロッパ，東ヨーロッパなど
- **南北アメリカ州の区分**：北アメリカ州（北アメリカと中央アメリカ），南アメリカ州
- **オセアニア州の区分**：ミクロネシア，メラネシア，ポリネシア，オーストラリア（ニュージーランドをふくむ）

国の位置

島国（海洋国）（しまぐに／かいようこく） 海に囲まれている国

内陸国（ないりくこく） 海に面していない国

注：各国の縮尺（しゅくしゃく）は異なる。

さまざまな国境

▼経緯線に沿った国境

▲山脈に沿った国境

▼川に沿った国境

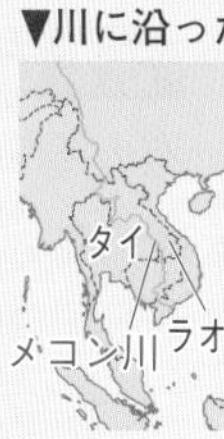

大切 面積の大きい国，人口の多い国（上位５か国）

国　名	面積（万km²）	国　名	人口（万人）
ロシア（連邦）	1,710	中国（中華人民共和国）	143,932
カナダ	999	インド	138,000
アメリカ（合衆国）	983	アメリカ（合衆国）	33,100
中国（中華人民共和国）	960	インドネシア	27,352
ブラジル	852	パキスタン	22,089

（面積2018年，人口2020年）　（2020/21年版「世界国勢図会」）

即答チェック

- □ ① アジア州とヨーロッパ州にまたがる世界最大の大陸を何といいますか。〔　　〕
- □ ② アフリカ大陸と南北アメリカ大陸が面している大洋を何といいますか。〔　　〕
- □ ③ 正距方位図法で正しく表されているのは，地図の中心からの距離ともう１つは何ですか。〔　　〕
- □ ④ イギリスのロンドンを通る経度０度の経線を何といいますか。〔　　〕
- □ ⑤ アジア州をさらに細かく区分したとき，日本や中国はどの地域にふくまれますか。〔　　〕
- □ ⑥ オーストラリアと小さな島々からなる州はどこですか。〔　　〕
- □ ⑦ モンゴル，スイスなどの海に面していない国々を何といいますか。〔　　〕
- □ ⑧ ヨーロッパ州とアジア州にまたがる，面積が世界最大の国はどこですか。〔　　〕

入試によく出る地図の答え　①ユーラシア　②アフリカ　③オーストラリア　④北アメリカ　⑤南アメリカ

01 トレーニングテスト

→別冊解答 p.2

1 陸地と海洋 （8点×3＝24点）

次の各問いに答えなさい。

地図1

地図2

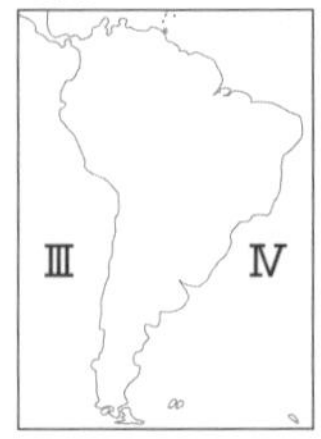

重要 (1) **地図1，2**中のⅠ～Ⅳは，それぞれ，太平洋，大西洋，インド洋のいずれかの大洋を示しており，Ⅰ～Ⅳのうち，2つは同じ大洋を示しています。同じ大洋を示しているものの組み合わせとして適当なものを，次から1つ選び，記号で答えなさい。 〈愛媛県〉（　　　）

ア　ⅠとⅢ　　イ　ⅠとⅣ　　ウ　ⅡとⅢ　　エ　ⅡとⅣ

重要 (2) 地球の表面は陸と海に分かれており，陸の面積は，地表のおよそ［ a ］割をしめています。海の大部分は，3つの大洋（海洋）がしめており，最も面積が広い大洋は，［ b ］です。aにあてはまる数字を答えなさい。また，bにあてはまる語を答えなさい。 〈熊本県〉

a（　　　）　b（　　　　　　）

2 さまざまな世界地図 （8点×3＝24点）

次の各問いに答えなさい。

地図1

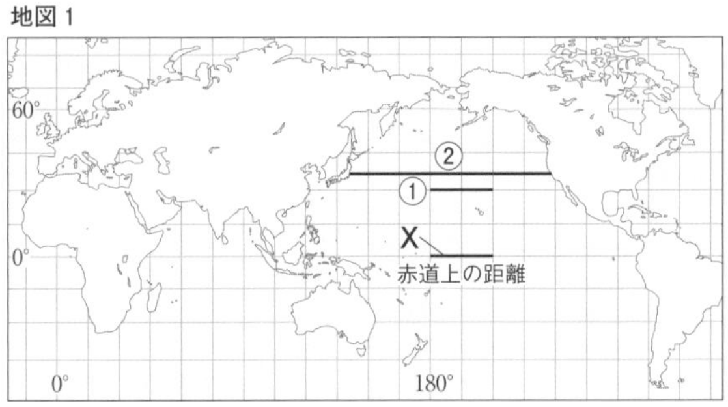

注意 (1) **地図1**の説明として誤っているものを，次から2つ選び，記号で答えなさい。 〈沖縄県〉（　　，　　）

ア　東京より船を利用して，経線に沿って平行に進めばアメリカ合衆国西海岸に到達できる。

イ　赤道より北極・南極に向かうにしたがって，面積は実際よりも大きく表される。

ウ　赤道上に示された太線Xの距離と，太線①の距離は等しくない。

エ　太線②は東京からアメリカ合衆国西海岸への最短距離である。

地図2

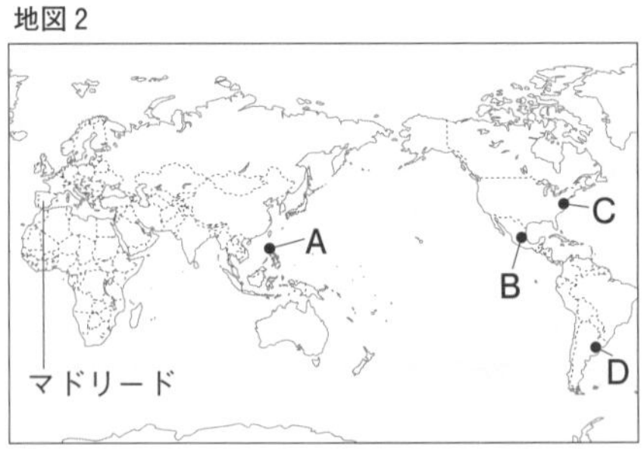

地図3

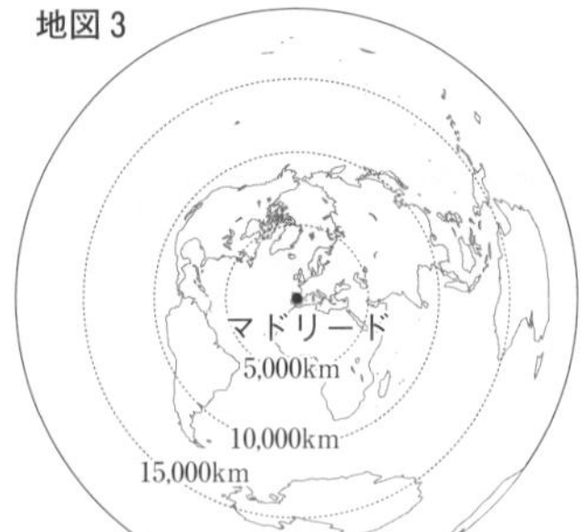

差がつく (2) **地図2**は，4つの国の首都をA～Dで示した地図です。また，**地図3**は，スペインの首都マドリードからの距離と方位が正しく表された地図です。これらを見て，4つの国の首都A～Dをマドリードからの距離が短い順に並べるとどのようになりますか。その記号を順に答えなさい。（完答） 〈和歌山県〉

（　　　→　　　→　　　→　　　）

HINT (2) 4つの国の首都を**地図3**に配置し，マドリードからの距離を比較しよう。

3 地球上の位置 （8点×3＝24点）

右の図を見て，次の各問いに答えなさい。

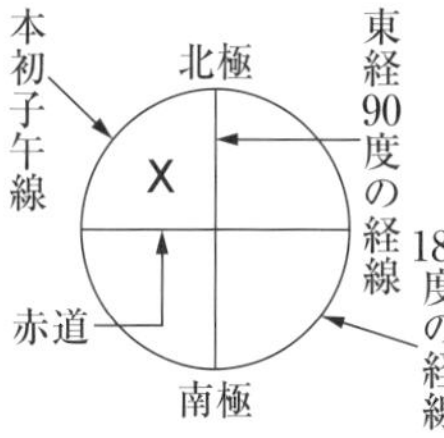

注意 (1) 右の図のように，赤道と東経 90 度の経線が交わった点が中心になるように地球儀を見たとき，本初子午線，東経 90 度の経線，赤道で囲まれた，図中の X の区域に位置する国を，次から 1 つ選び，記号で答えなさい。〈愛媛県・改〉(　　　)

ア　南アフリカ共和国　　イ　エジプト
ウ　コロンビア　　　　　エ　チリ

地図 1

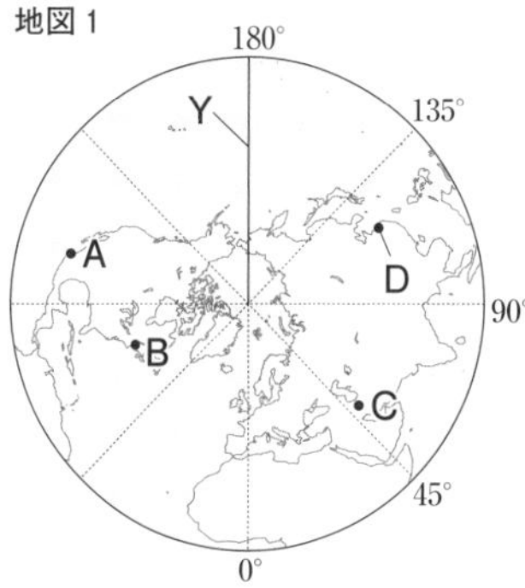

差がつく (2) 右の**地図 1** は北極を中心として北半球を描いた地図であり，**地図 2** は緯度 0 度から南緯 60 度までの南半球を描いた地図です（なお，**地図 1**，**地図 2** の表し方と縮尺は異なりますが，どちらも経線は 45 度間隔です）。**地図 1** の **Y** は 180 度の経線です。**地図 2** で 180 度の経線を，**ア**～**エ**から 1 つ選び，記号で答えなさい。〈岡山県〉(　　　)

(3) **地図 1** 中の **A** ～ **D** の都市のうち，西半球に位置するものを 2 つ選び，記号で答えなさい。（完答）
(　　　，　　　)

地図 2

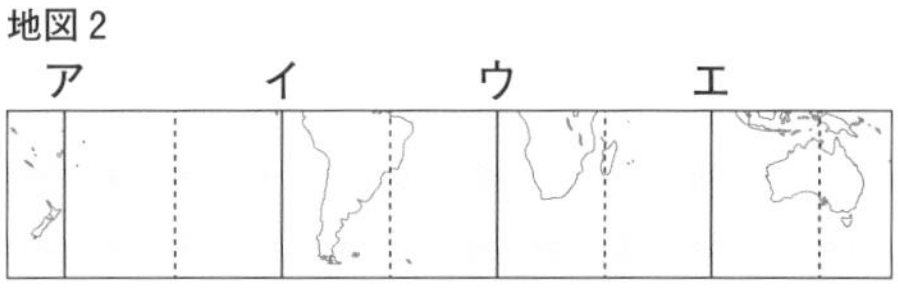

4 世界の国々 （7点×4＝28点）

右の地図を見て，次の各問いに答えなさい。

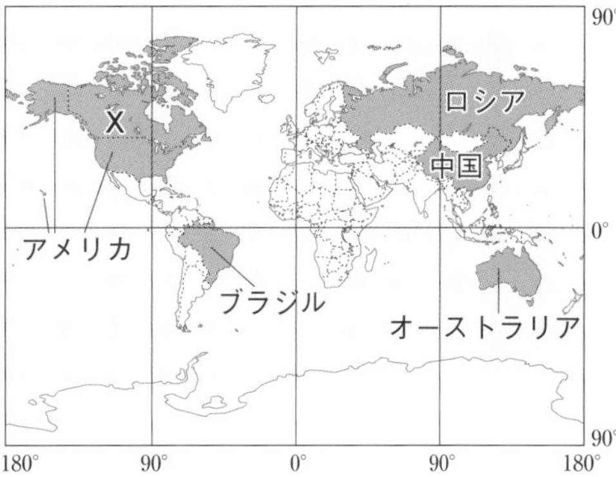

正答率85% (1) 地図中の X の国名を答えなさい。〈青森県〉
(　　　　　)

正答率87% (2) 地図中の ▬ で表された 6 か国について述べた次の文中の □ にあてはまる適切な内容を，下から 1 つ選び，記号で答えなさい。〈青森県〉(　　　)

　これらの 6 か国は，世界全体で見たとき，□ で上位 1 位から 6 位までの国々である。

ア　人口の多さ　　イ　人口密度の高さ　　ウ　出生率の高さ　　エ　国土面積の広さ

正答率65% (3) 世界を 6 つの州に区分したとき，地図中のロシアはどの州に属しますか。その州名をすべて答えなさい。（完答）〈千葉県〉(　　　　　)

(4) ヒマラヤ山脈に沿ってインドとの間の国境を定めている国を，地図中の ▬ で表された国から選んで答えなさい。(　　　　　)

HINT (3)ロシアの東部は中国やインド，日本と同じ州に属する。

地理

日本の範囲とさまざまな地域区分を理解しよう！

02 日本のすがた

重要度★★★

学習日　　月　　日

ポイント整理

① 日本の位置と領域

日本はユーラシア大陸の東，太平洋の北西部にある島国(海洋国)。

◐世界における日本の位置

日本の位置 日本の国土は，南北は北緯20度から46度，東西は東経122度から154度の間に位置する。

日本や中国などのある東アジア地域は，ヨーロッパから見て最も遠い東に位置するため，極東とよばれる。

注意 日本と同じ緯度の国としてアメリカやスペイン，同じ経度の国としてオーストラリアなどがある。

◐日本の領域

大切

国の領域の区分

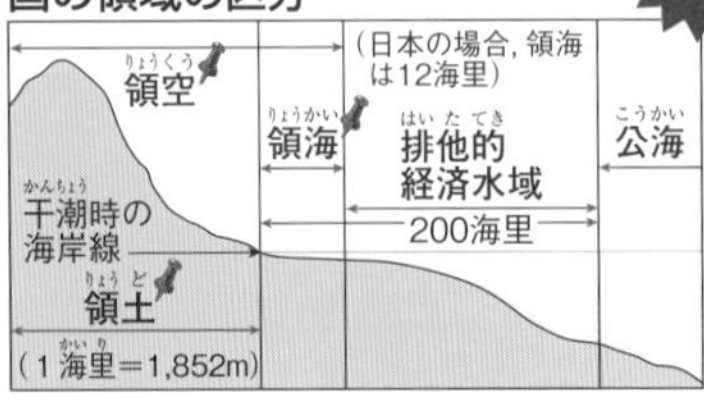

排他的経済水域の外側を公海といい，各国が自由に使用できる海域だよ。

排他的経済水域 海岸線から200海里(約370km)までの範囲のうち，領海以外の部分が排他的経済水域。この水域の水産資源や鉱産資源は自国だけで利用できる。

国土面積 約38万km²で，北海道から沖縄までの距離はおよそ3,000kmある。

日本の領域 北海道，本州，四国，九州の4つの大きな島と，その周辺の島々から成り立っている。

国土の端 北端は択捉島，南端は沖ノ鳥島，東端は南鳥島，西端は与那国島。沖ノ鳥島では，波の侵食で島が水没して排他的経済水域が失われないようにするため，護岸工事が行われた。

領土問題 北海道の東にある北方領土は，ロシアに占拠されている。島根県の竹島は韓国に占拠されている。沖縄県の尖閣諸島は，中国がその領有を主張している。

入試によく出る地図　日本の領域と周辺の国々

① ［　　　　］…日本海やオホーツク海をはさんで日本と面する国

② ［　　　　］…東シナ海をはさんで日本と面する国

③ ［　　　　］…日本海をはさんで日本と面する国

④ ［　　　　］…日本が面する大洋

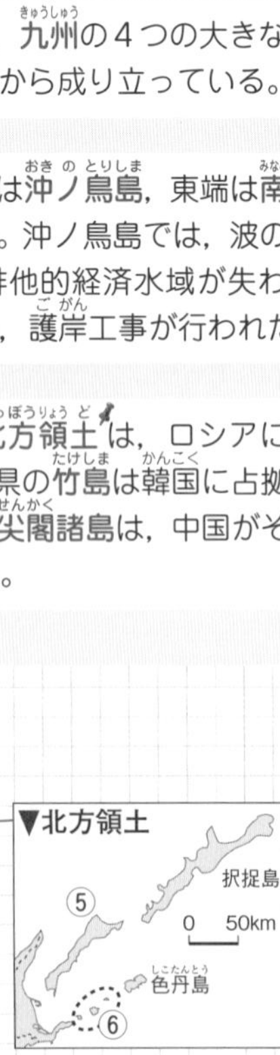

⑤ ［　　　　］…北方領土の1つ

⑥ ［　　　　］…北方領土の1つ

即答チェックの答え ①46度　②領空　③200海里　④択捉島　⑤15度　⑥関東(地方)　⑦中央高地　⑧横浜市

標準時と時差

標準時　各地域の標準時は，標準時子午線を基準に定められている。日本の標準時子午線は，兵庫県明石市を通る東経 135 度。

時差　地球は 24時間で 1 回転するので，1時間に 15 度ずつ回ることになる。標準時子午線の経度が 15 度ずれるごとに，1 時間の時差が生じる。

② 地域区分と都道府県

中部地方東部を通るフォッサマグナが，西日本と東日本の境とされるよ。

地域区分

大切 **日本の地域区分**
北海道，東北，関東，中部，近畿，中国・四国，九州の７地方に区分（中国・四国を中国地方と四国地方に分けて８地方とする場合もある）。

日本の地方区分▶

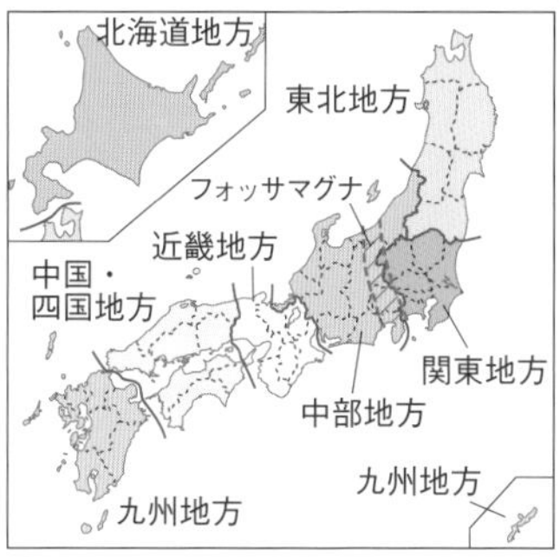

各地方の区分　中部地方は北陸（地方），中央高地，東海（地方）の３地域，中国地方は山陰（地方）と山陽（地方）の２地域に分けられる。

文化による区分　方言，もちの形，電気の周波数などにより，東日本と西日本に区分。

都道府県

都道府県　１つの都（東京都），１つの道（北海道），２つの府（大阪府，京都府），43 の県からなる。

都道府県庁所在地　地方の政治の中心地。かつての城下町や門前町，港町。その県で最も人口の多い都市であることが多い。

県境　川の県境（東京都と神奈川県など），山の県境（岐阜県と長野県など）が多い。

北海道（札幌市）	岩手県（盛岡市）
宮城県（仙台市）	茨城県（水戸市）
栃木県（宇都宮市）	群馬県（前橋市）
神奈川県（横浜市）	石川県（金沢市）
山梨県（甲府市）	愛知県（名古屋市）
三重県（津市）	滋賀県（大津市）
兵庫県（神戸市）	島根県（松江市）
香川県（高松市）	愛媛県（松山市）
沖縄県（那覇市）	――

▲都道府県庁所在地と都道府県の名が異なる所
埼玉県（さいたま市）を加える場合もある。

即答チェック

- □ ① 日本の国土は，南北では北緯 20 度から北緯何度の間にありますか。〔　　〕
- □ ② 国の領域のうち，領土と領海の上空を何といいますか。〔　　〕
- □ ③ 排他的経済水域は，海岸線から何海里までの範囲ですか。〔　　〕
- □ ④ 日本の東西南北の端に位置する島のうち，北方領土にふくまれる島は何ですか。〔　　〕
- □ ⑤ 経度が何度ずれると，１時間の時差が生じますか。〔　　〕
- □ ⑥ 日本の７地方区分は，北海道，東北，中部，近畿，中国・四国，九州ともう１つはどこですか。〔　　〕
- □ ⑦ 中部地方をさらに３地域に区分すると，北陸（地方），東海（地方）ともう１つはどこですか。〔　　〕
- □ ⑧ 神奈川県の県庁所在地はどこですか。〔　　〕

入試によく出る地図の答え　①ロシア　②中国　③韓国（大韓民国）　④太平洋　⑤国後島　⑥歯舞群島

02 トレーニングテスト

→別冊解答 p.3

1 日本の領域 （(1)～(4)6点×6，(5)(6)9点×2，計54点）

次の各問いに答えなさい。

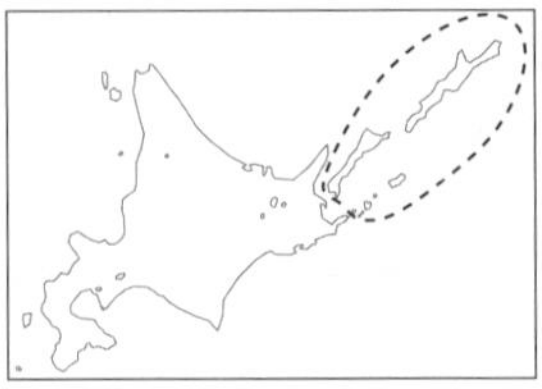
地図1

(1) 次の文中の［　　］にあてはまる数字を，下から１つ選び，記号で答えなさい。 〈京都府〉（　　　）

「日本列島は，北海道から沖縄までおよそ3,000kmで，弓(ゆみ)のようにのび，その国土面積は約［　　］km^2である。」

ア 38万　　イ 45万　　ウ 380万　　エ 450万

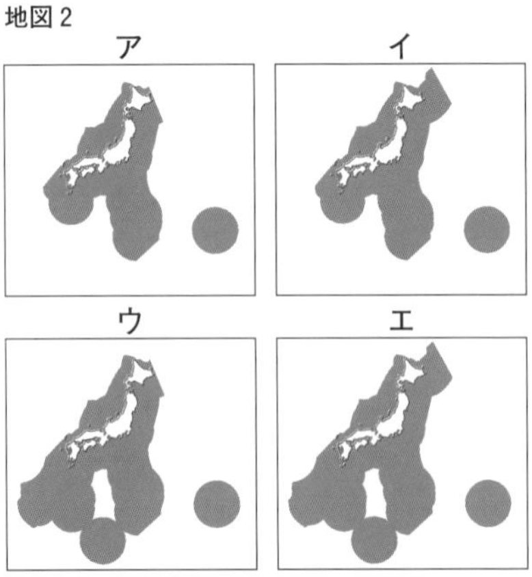

地図2

正答率90% (2) 次の文中のP・Qにあてはまる語句を答えなさい。 〈北海道〉

「国の主権がおよぶ領域は，領土，［P］，領空から成り立っている。日本固有の領土である**地図１**中の◌に囲まれた島々は，［Q］領土とよばれている。」

P（　　　　　　）　Q（　　　　　　）

重要 (3) 日本の排他的経済水域(はいたてき)（経済水域）を⬬で表したものを，**地図２**のア～エから１つ選び，記号で答えなさい。ただし，北海道，本州，四国，九州以外の島は描かれていません。 〈茨城県〉（　　　）

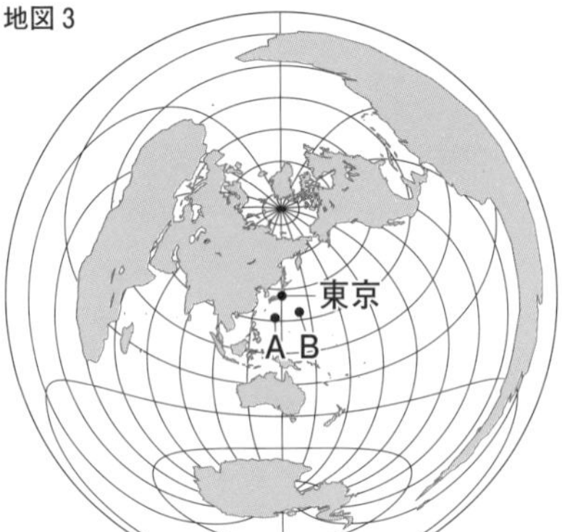

地図3

正答率55% (4) 日本の領域の端となっている**地図３**中のＡの島とＢの島の名称を，次から１つずつ選び，記号で答えなさい。 〈神奈川県〉Ａ（　　　）　Ｂ（　　　）

ア 与那国島(よなぐにじま)　　イ 沖ノ鳥島(おきのとりしま)

ウ 択捉島(えとろふとう)　　エ 南鳥島(みなみとりしま)

差がつく (5) 日本が「極東(きょくとう)にある国」とよばれるのはなぜか，その理由の１つとして考えられることを，**地図４**で示されている日本の位置を参考にして，「ヨーロッパ」という言葉を用いて，書きなさい。 〈三重県〉

（　　　　　　　　　　　　　　　　　　　　）

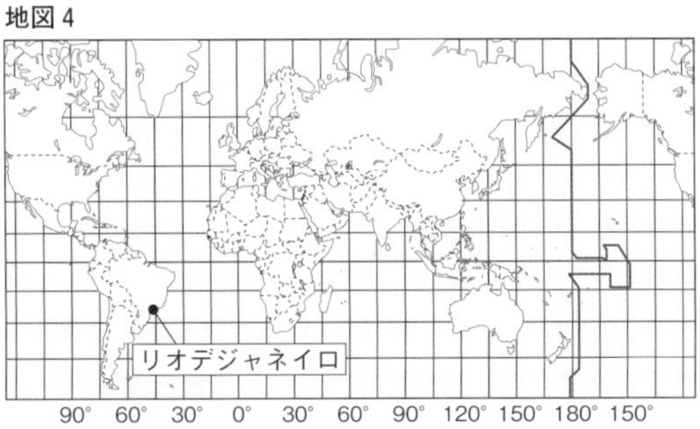

地図4

注意 (6) 俊輔(しゅんすけ)さんは，リオデジャネイロのカーニバルのようすを聞こうと，現地に住む親戚(しんせき)に電話をかけることにしました。開催日(かいさいび)である現地時間の３月２日午後８時に話をするためには，日本からいつ電話をかければよいですか。**地図４**を参考にして，次から１つ選び，記号で答えなさい。 〈沖縄県〉（　　　）

ア ３月１日午前８時　イ ３月１日午後２時　ウ ３月３日午前８時　エ ３月３日午後２時

HINT (6)リオデジャネイロと日本の経度の差を求めて時差を計算。日付に注意。

2 日本の都道府県 ((1)〜(6)6点×6，(7)5点×2，計46点)

次の各問いに答えなさい。

正答率81% (1) **地図1**中の**A・B**の県庁所在地の組み合わせとして正しいものを，次から1つ選び，記号で答えなさい。 〈鹿児島県〉(　　　)

ア　A－仙台(せんだい)　B－金沢(かなざわ)

イ　A－仙台　B－神戸(こうべ)

ウ　A－前橋(まえばし)　B－金沢

エ　A－前橋　B－神戸

地図１

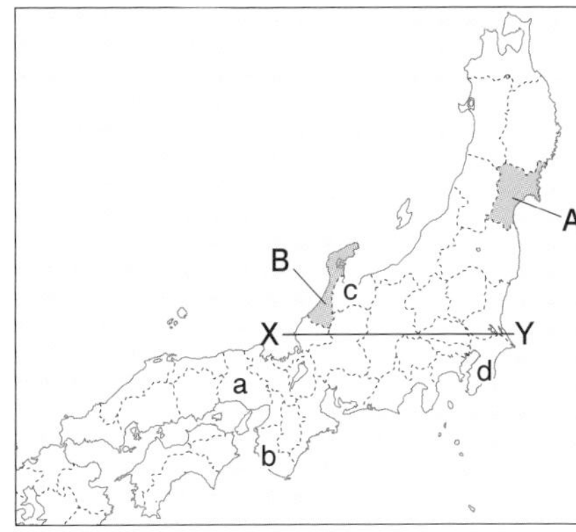

正答率63% (2) **地図1**中の**a〜d**の県のうち，県名と県庁所在地名が異なるものを1つ選び，記号で答えなさい。 〈福岡県〉(　　　)

(3) **地図1**中の**X－Y**は，北緯(ほくい)36度の緯線(いせん)を示しています。次の**ア〜カ**から**X－Y**が通る県をすべて選び，記号で答えなさい。(完答) 〈富山県〉(　　　　　)

ア　神奈川県　　イ　茨城県　　ウ　栃木県　　エ　埼玉県　　オ　愛知県　　カ　福井県

正答率68% (4) 富士山は2県にまたがっています。その2県のうち北側の県は何県ですか。その県名を答えなさい。また，**地図1**を参考にして，次の**ア〜オ**から，この県が接している都道府県をすべて選び，記号で答えなさい。(完答) 〈奈良県〉

(県名　　　　　　接している都道府県　　　　　　)

ア　長野県　　イ　群馬県　　ウ　埼玉県　　エ　東京都　　オ　栃木県

(5) 右の図は，青森県，石川県，静岡県，鹿児島県の県旗に使われているマークであり，県の形を図案化したものです。鹿児島県のマークを，**ア〜エ**から1つ選び，記号で答えなさい。〈福井県〉 (　　　)

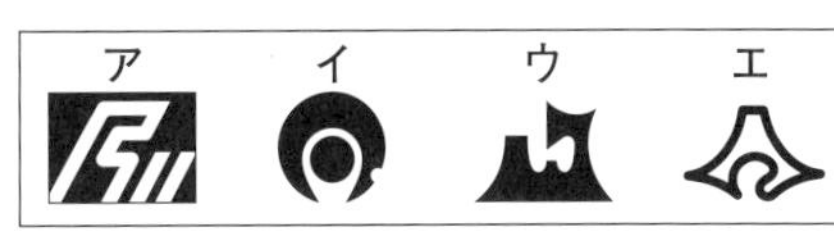

重要 (6) 日本アルプスの東側にあり，日本列島の地形を東西に分ける帯状(おび)の地域を何といいますか。 〈和歌山県〉(　　　　　)

注意 (7) **地図2**は，ある地図帳の73，74ページを開いて，縦向き(たて)にしたものです。このページにある九州地方の各県の県庁所在地をさくいんで調べると，表のとおりでした。**ア・イ**にあてはまるページと位置を答えなさい。

地図２

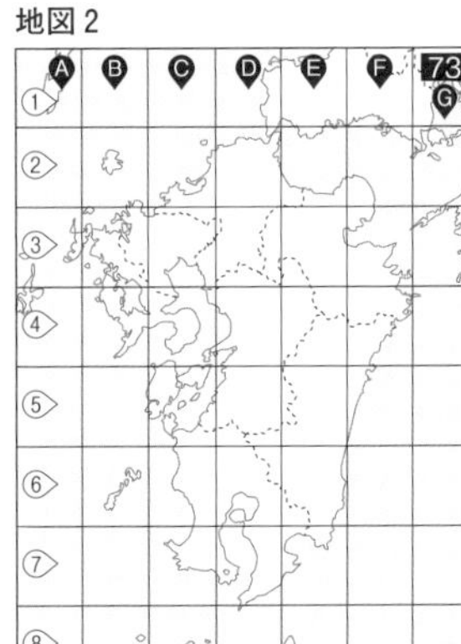

県庁所在地	ページと位置
大分市	73F 3
鹿児島市	74D 6
熊本市	ア
佐賀市	73C 3
長崎市	イ
福岡市	73C 2
宮崎市	74E 6

〈熊本県〉 ア(ページ　　　　位置　　　)　イ(ページ　　　　位置　　　)

HINT (7)経度はアルファベット，緯度は数字で表されている。

気候，衣・食・住，宗教の面からの人々のくらしをつかもう！

重要度★★★

世界各地の人々の生活と環境

学習日　　月　　日

ポイント整理

① 環境と生活

5つの気候帯は，さまざまな気候区に区分されるよ。

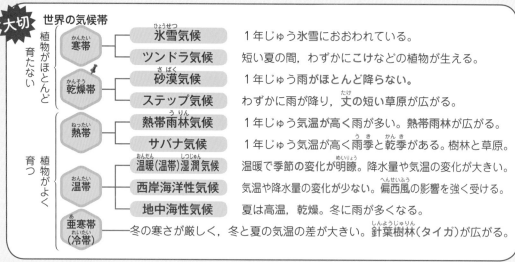

大切 世界の気候帯

植物がほとんど育たない

気候帯	気候区	特徴
寒帯	氷雪気候	1年じゅう氷雪におおわれている。
寒帯	ツンドラ気候	短い夏の間，わずかにこけなどの植物が生える。
乾燥帯	砂漠気候	1年じゅう雨がほとんど降らない。
乾燥帯	ステップ気候	わずかに雨が降り，丈の短い草原が広がる。

植物がよく育つ

気候帯	気候区	特徴
熱帯	熱帯雨林気候	1年じゅう気温が高く雨が多い。熱帯雨林が広がる。
熱帯	サバナ気候	1年じゅう気温が高く雨季と乾季がある。樹林と草原。
温帯	温暖(温帯)湿潤気候	温暖で季節の変化が明瞭。降水量や気温の変化が大きい。
温帯	西岸海洋性気候	気温や降水量の変化が少ない。偏西風の影響を強く受ける。
温帯	地中海性気候	夏は高温，乾燥。冬に雨が多くなる。
亜寒帯(冷帯)		冬の寒さが厳しく，冬と夏の気温の差が大きい。針葉樹林(タイガ)が広がる。

寒い地域の生活

イヌイットのくらし さけ，あざらし，カリブー(トナカイ)の肉を食べ，動物の毛皮を着る。雪(氷)を固めて積み上げた家(イグルー)を利用。

注意 イヌイットはカナダ北部の先住民。犬ぞりでなくスノーモービルを使うなど，生活が現代化している。

シベリアのくらし 凍土がとけて建物が傾くのを防ぐため，高床の家が見られる。

暑い地域の生活

フィジーのくらし ヤムいも，タロいも，キャッサバなどを栽培。家の屋根をやしの葉でおおい，風通しをよくするため高床にしている。浅い海に見られるさんご礁は貴重な観光資源。

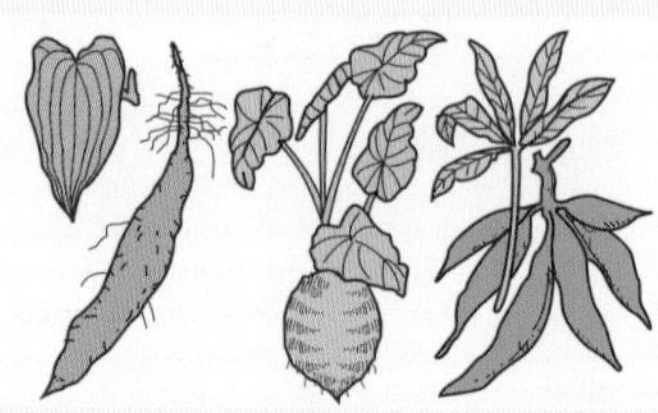

◀左から順に，ヤムいも，タロいも，キャッサバ

入試によく出る地図　5つの気候帯とさまざまな気候区

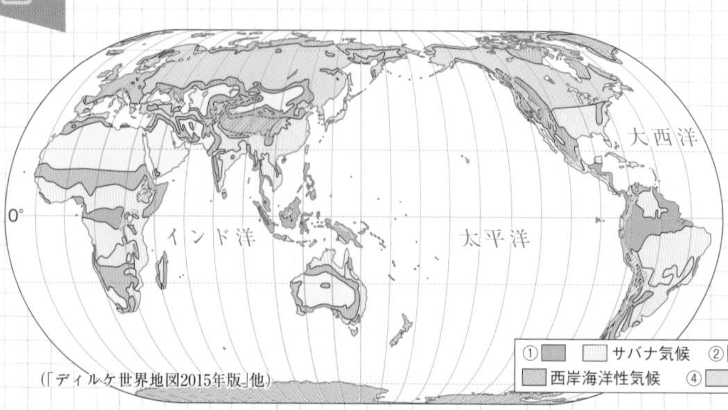

(「ディルケ世界地図2015年版」他)

①［　　　　］気候…常緑樹の熱帯雨林が広がる。

②［　　　　］気候…わずかに雨が降り，丈の短い植物が育つ。

③［　　　　］気候…夏は高温，乾燥。冬に雨が多くなる。

④［　　　　］…冬と夏の気温差が大きく，タイガが広がる。

凡例：① □サバナ気候　② □砂漠気候　③ □温暖(温帯)湿潤気候　□西岸海洋性気候　④ □ツンドラ気候　□氷雪気候　□高山気候

即答チェックの答え ①乾燥帯　②温暖(温帯)湿潤気候　③イヌイット　④さんご礁　⑤オアシス　⑥仏教　⑦イスラム教　⑧ヒンドゥー教

入試必勝ワード　乾燥帯　イヌイット　さんご礁　オアシス　仏教

乾燥した地域の生活

北アフリカのくらし　らくだなどの家畜とともに移動する遊牧。わき水のあるオアシスでは，小麦やなつめやしなどを栽培。日干しれんがの家。

モンゴルのくらし　羊や馬の遊牧を行い，折りたたみ式のテント（ゲル）に住む。

◀なつめやし

▲モンゴルのゲル

高地の生活

アンデスのくらし　リャマやアルパカを放牧し，じゃがいもやとうもろこしを栽培。日干しれんがや石の家。ポンチョというマントを着る。

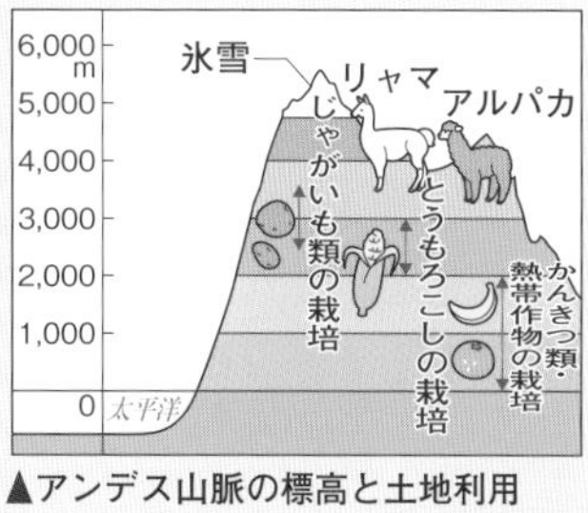

▲アンデス山脈の標高と土地利用

同じく標高の高いチベットでは，ヤクが飼育されているよ。

2 宗教と民族

仏教における托鉢は，僧侶が街などを歩いて，人々から食べ物などの寄付を受けとる修行の1つだよ。

▼ガンジス川で沐浴をするヒンドゥー教徒

世界の宗教

キリスト教　日曜日に教会で礼拝。クリスマスなどの行事。

仏教　タイでは男性は出家する。僧侶が托鉢。

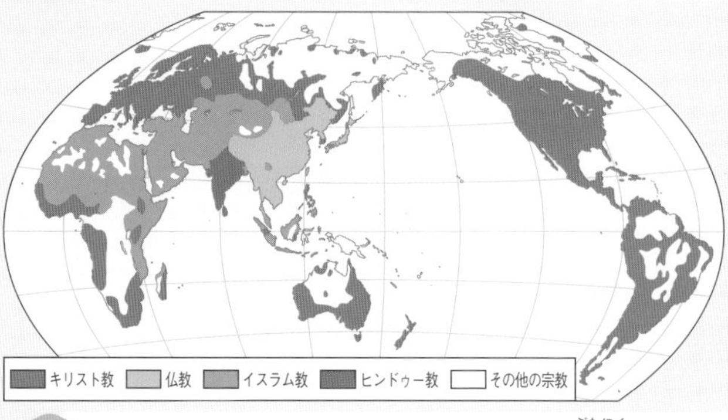

イスラム教　聖地のメッカの方向へ，1日5回礼拝。豚肉を食べず，酒を飲まない。ラマダンという時期に断食。

ヒンドゥー教は，ほぼインドの全域で信仰されているよ。

民族と衣服

民族　同じ文化を共有する人々の集まり。

民族衣装　インド女性のサリー，韓国女性のチマ・チョゴリなど。

即答チェック

- □ ① 砂漠気候やステップ気候が属する気候帯を何といいますか。〔　　〕
- □ ② 温帯のうち，季節の変化がはっきりしていて，降水量や気温の変化が大きい気候を何といいますか。〔　　〕
- □ ③ あざらし，カリブー（トナカイ）などの狩りをしてくらしてきたカナダ北部の先住民を何といいますか。〔　　〕
- □ ④ 熱帯の浅い海に見られる，美しい石灰質の岩礁を何といいますか。〔　　〕
- □ ⑤ 砂漠の中で，人間が生活できるだけの水を得られる場所を何といいますか。〔　　〕
- □ ⑥ ブッダが開き，現在はタイなどでさかんな宗教を何といいますか。〔　　〕
- □ ⑦ メッカを聖地とする宗教を何といいますか。〔　　〕
- □ ⑧ インドのほぼ全域で信仰されている宗教を何といいますか。〔　　〕

入試によく出る地図の答え　①熱帯雨林　②ステップ　③地中海性　④亜寒帯（冷帯）

03 トレーニングテスト

→別冊解答 p.4

1 世界の気候 （4点×6＝24点）

右の地図を見て，次の各問いに答えなさい。

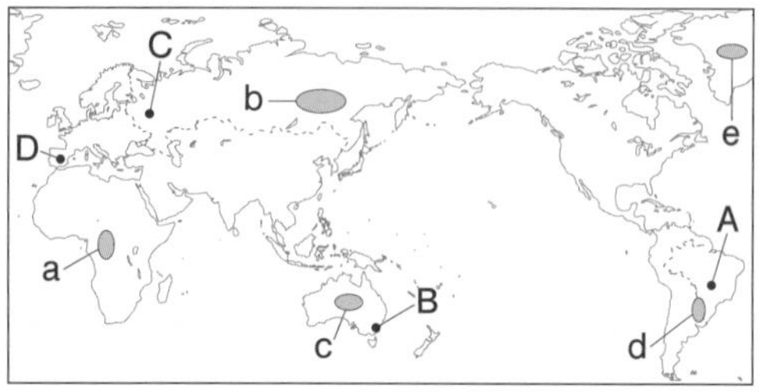

正答率77%　(1) 地図中のA～Dは，ブラジリア，キャンベラ，モスクワ，マドリードの位置をそれぞれ示したものです。右下のP～Sのグラフが示す年平均気温と年降水量および各月の平均気温と降水量の都市を，それぞれ地図中のA～Dから選び，記号で答えなさい。 〈東京都〉

P（　　　）　Q（　　　）

R（　　　）　S（　　　）

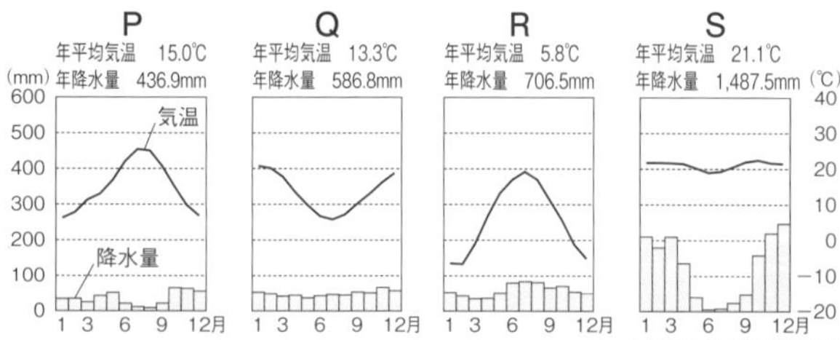

〈令和3年「理科年表」〉

注意　(2) 次の文は，地図中のa～eのどの地域の気候の特徴を述べたものですか。その記号と気候帯名を書きなさい。 〈茨城県〉

「特に冬の寒さが厳しく，1年の気温の差が大きい。また，タイガとよばれる針葉樹(しんようじゅ)の森林が広がっている。」　記号（　　　）　気候帯名（　　　　　）

2 世界の食事・衣服 （(1)5点×3，(2)9点，計24点）

右の地図を見て，次の各問いに答えなさい。

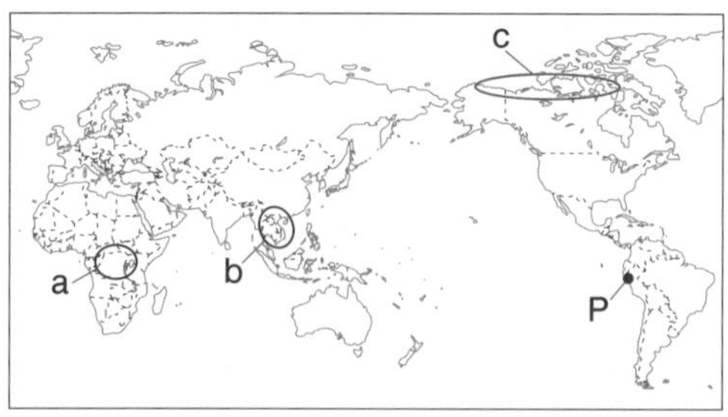

重要　(1) 資料1の①～③は，それぞれ世界のある地域を代表する食べ物です。①～③の食べ物が見られる地域を地図中のa～cから1つずつ選び，記号で答えなさい。 〈佐賀県・改〉

①（　　　）

②（　　　）

③（　　　）

資料1

①さけを干したもの（魚類）

②タロいも（いも類）

③フォー（コメ類）

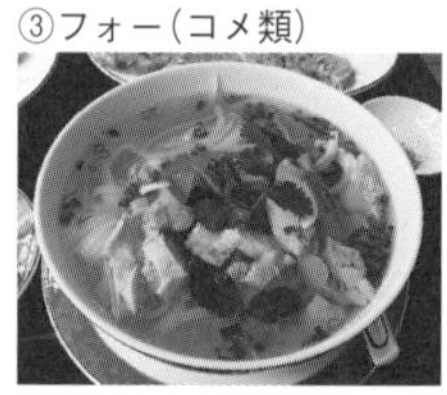

差がつく　(2) 資料2は，地図中にPで示した都市周辺に住む人です。文中の□にあてはまる内容を，簡潔に書きなさい。 〈大分県〉

「この地域は，赤道に近いにもかかわらず，□ために，昼夜の寒暖(かんだん)の差が大きく，また紫外線(しがいせん)も強いので，古くからこの地域で生活してきた人々は，写真のようにポンチョとよばれる服や帽子(ぼうし)を着用している。」

（　　　　　　　　　　　　　　　　　　　）

資料2

HINT (2) Pは赤道に近いが，なぜ昼夜の寒暖の差が大きいのかを考える。

目標時間 30 分　目標点数 80 点　／100点

3 世界の住居 （(1)6点×3，(2)10点，計28点）

右の地図を見て，次の各問いに答えなさい。

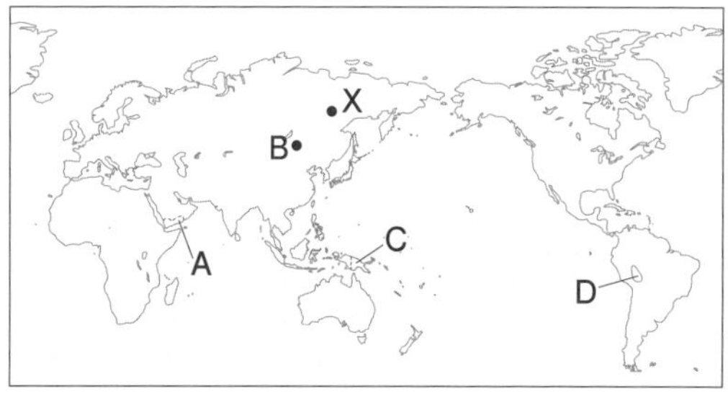

正答率67%
(1) **資料１**は，地図中のA～Dのそれぞれの地域の自然や文化と結びついた伝統的な住居です。そのうちのA～Cにあてはまる住居を，**資料１**のア～エから１つずつ選び，記号で答えなさい。〈高知県〉

資料１

ア

日干しれんがでつくられた住居

イ

湖のほとりに生える草でつくられた住居

ウ

羊毛のフェルトでつくられた移動に便利な住居

エ

木材でつくられた風通しのよい高床式（たかゆか）の住居

A（　　）　B（　　）　C（　　）

差がつく
(2) **資料２**は，地図中のX地点のような永久凍土（えいきゅうとうど）の分布する地域で見られる建物の模式図（もしき）です。寒さを防ぐ目的以外に建物を高床式にする理由を１つ書きなさい。〈沖縄県〉（　　　　　　　　）

資料２
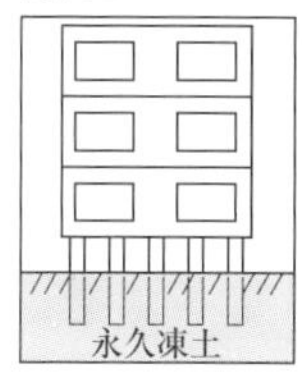

HINT (2)家から出る熱が地面に伝わるとどうなるのかを考える。

4 世界の宗教 （6点×4＝24点）

右の地図を見て，次の各問いに答えなさい。

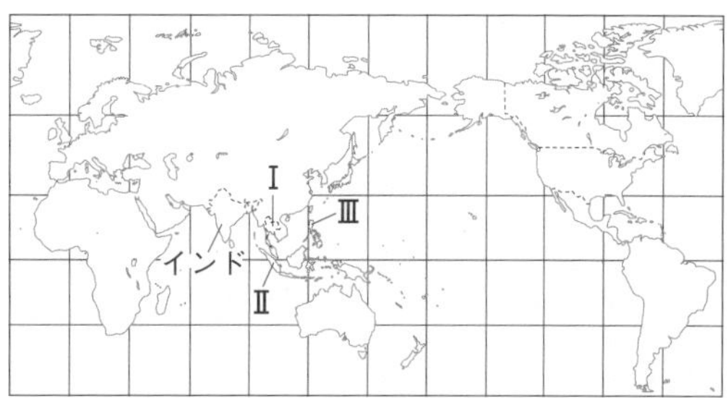

重要
(1) 次の表は，地図中にⅠ～Ⅲで示したそれぞれの国で信者の多い宗教について，まとめたものです。Ⅰ～Ⅲの国で信者の多い宗教の名称として最も適切なものはどれですか。下から１つずつ選び，記号で答えなさい。〈三重県〉

Ⅰ（　　）　Ⅱ（　　）　Ⅲ（　　）

Ⅰで示した国の約83%の人が信仰（しんこう）している宗教は，インドでおこり，おもに東南アジアや東アジアに伝わった。	Ⅱで示した国の約87%の人が信仰している宗教は，西アジアでおこり，北アフリカから東南アジアに至（いた）る広い地域に広がった。	Ⅲで示した国の約93%の人が信仰している宗教は，おもにヨーロッパを中心に広まり，現在，世界中で20億人以上の信者がいる。

ア　仏教　　イ　道教　　ウ　キリスト教　　エ　イスラム教

重要
(2) 次の文は，地図中のインドの宗教についてまとめたものの一部です。□にあてはまる宗教名を答えなさい。〈大分県〉

「国民の約80%が□を信仰し，右の写真のように，信者がガンジス川で沐浴（もくよく）する光景は有名である。」（　　　　）

重要度★★★

アジア州

学習日　　月　　日

ポイント整理

① 東アジア

中国では，1970年代から開放政策が進められ，経済が発展したよ。

中国

人口 約14億人。9割以上が**漢族**（漢民族）。かつて，人口増加をおさえる**一人っ子政策**を進めた。

農業 華北で小麦，とうもろこし，大豆などの**畑作**，華中や華南で**稲作**。

大切 中国の鉱工業

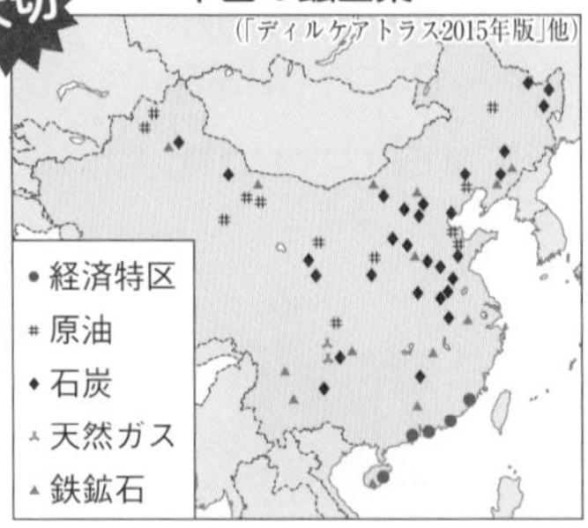

鉄鋼・自動車の生産が世界一。沿海部に外国企業を受け入れる**経済特区**（経済特別区）を設ける。沿海部で経済が発展し，内陸部との格差が拡大。

注意 中国にはウイグル族・チベット族など50をこえるさまざまな少数民族も住んでいることをおさえよう。

韓国では，首都のソウルに人口が集中。

韓国

工業化 電子部品や船舶の生産がさかん。台湾，ホンコン，シンガポールとともに**アジアNIES**（新興工業経済地域）とよばれる。

文化 ハングルという文字，キムチという漬物。

② 東南アジア

農業 植民地時代に開かれた**プランテーション**で，熱帯作物を栽培。米の二期作がさかん。

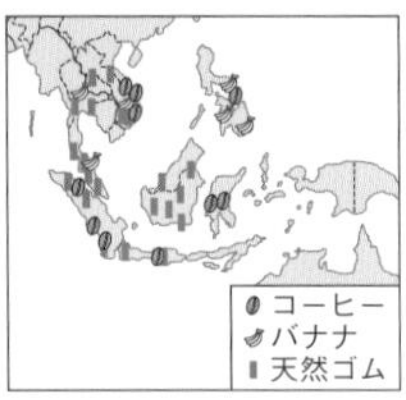

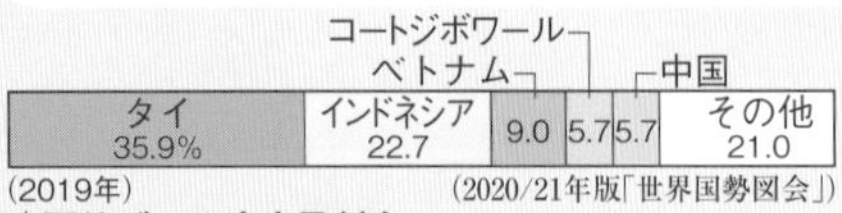

▲天然ゴムの生産量割合

宗教 インドシナ半島で**仏教**，マレーシアやインドネシアで**イスラム教**，フィリピンで**キリスト教**がさかん。

工業 工業団地をつくって外国の企業を積極的に受け入れ，工業化を進めた。10か国で**ASEAN**（東南アジア諸国連合）を組織。

東南アジアの国々に多い中国系の住民を華人というよ。

入試によく出る地図　アジア州の自然

湿潤アジア…
東アジアの一部，東南アジア，南アジアなど。

乾燥アジア…
東アジアの内陸部，中央アジア，西アジアなど。

① 海岸に近い東部は，夏と冬で向きの変わる［　　　］の影響を強く受ける。

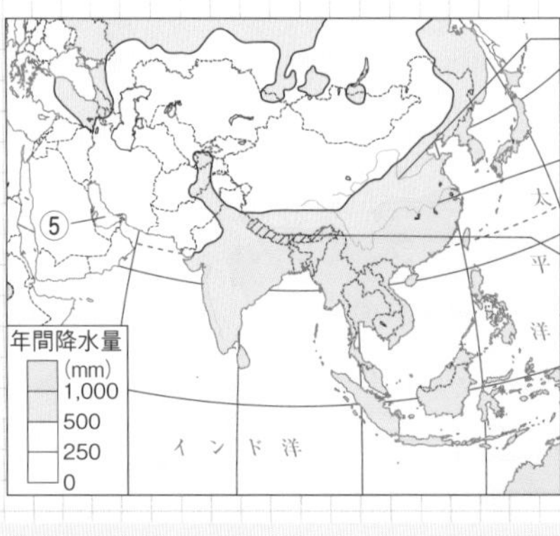

② ［　　　］…流域は乾燥し冷涼。

③ ［　　　］…流域は雨が多く温暖。

④ ［　　　］**山脈**…世界最高峰のエベレスト山（チョモランマ）がある。

⑤ ［　　　］**湾**…沿岸に原油（石油）産出国が多い。

即答チェック の答え ①漢族（漢民族）　②経済特区（経済特別区）　③アジアNIES　④プランテーション　⑤ASEAN（東南アジア諸国連合）　⑥ガンジス川　⑦ベンガルール　⑧ペルシア（ペルシャ）湾

入試必勝ワード　漢族　経済特区　アジアNIES　プランテーション　ASEAN　ペルシア湾

③ 南アジア

インドの農業　ガンジス川の中・下流で稲作，上流で小麦。デカン高原で綿花（めんか）。アッサム地方で茶を栽培。

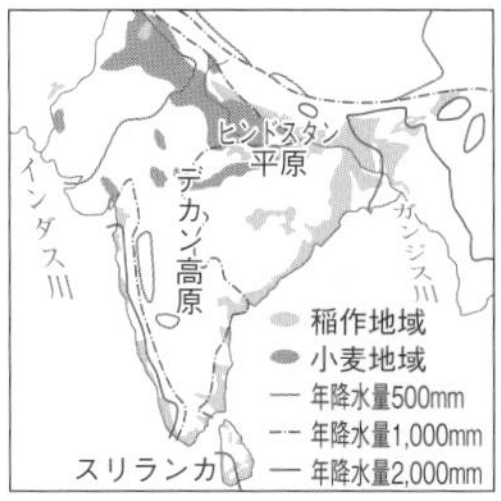

▲インドの農業

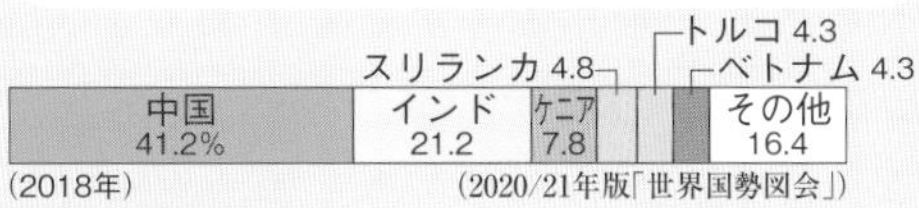

▲茶の生産量割合

インドの宗教　人口の約８割がヒンドゥー教徒。カースト制度による差別が残る。

インドの工業　ベンガルールでは情報通信技術（ICT）産業が発達。アメリカと共同でソフトウェア開発を行っている。

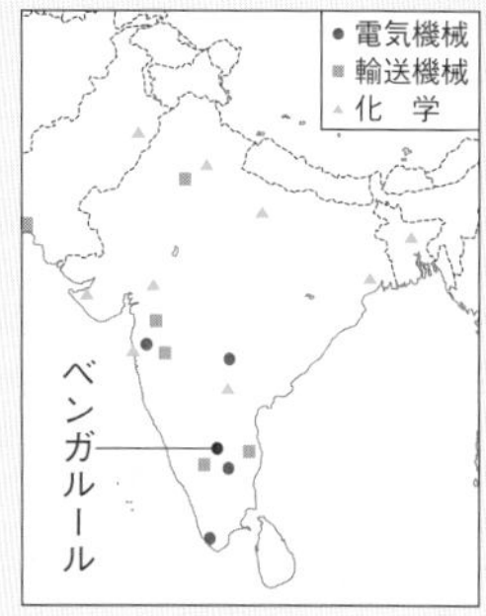

▲インドの工業

④ 西アジア

鉱業　ペルシア湾（ペルシャ湾）岸のサウジアラビア，イラク，アラブ首長国連邦，クウェート，イランなどは，原油（石油）の世界有数の産出国。その多くがOPEC（オペック）（石油輸出国機構）に加盟している。

宗教　イスラム教の信仰（しんこう）がさかん。サウジアラビアには聖地メッカがある。

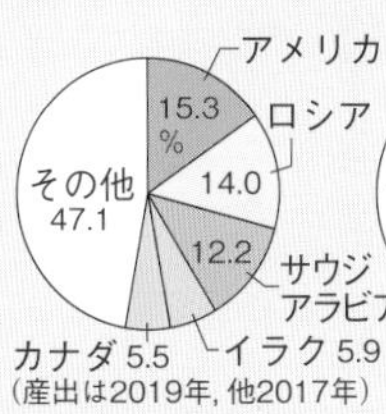

▲原油産出量割合

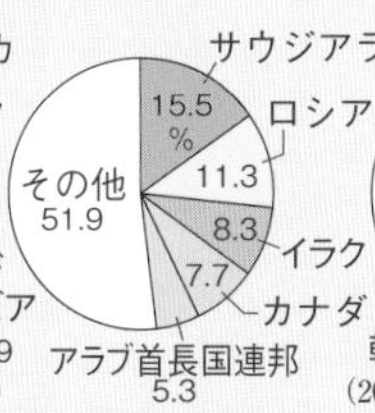

▲原油輸出量割合

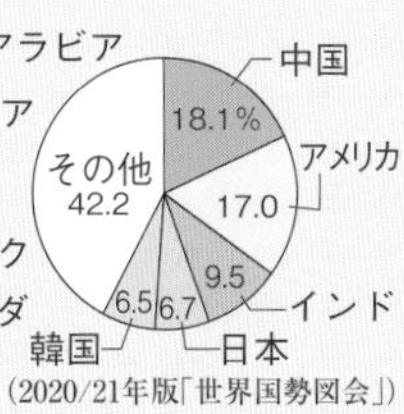

▲原油輸入量割合

⑤ 中央アジア

自然　標高（ひょうこう）が高く，乾燥（かんそう）した気候。

鉱業　クロムなどのレアメタル（希（き）少（しょう）金属）にめぐまれている。

宗教　イスラム教の信仰がさかん。

即答チェック

- □ ① 中国の人口の９割以上をしめる民族を何といいますか。　〔　　　　〕
- □ ② 中国で，外国企業を受け入れるために設けた５地区を何といいますか。　〔　　　　〕
- □ ③ 台湾，ホンコン，シンガポールなど，アジアにおける新興工業経済地域を総称して何といいますか。　〔　　　　〕
- □ ④ 植民地時代に開かれた，輸出向け作物の大農園を何といいますか。　〔　　　　〕
- □ ⑤ 東南アジアの国々が政治・経済の協力のため結成した組織を何といいますか。　〔　　　　〕
- □ ⑥ インド北部のヒンドスタン平原を東へ流れる川を何といいますか。　〔　　　　〕
- □ ⑦ 情報通信技術（ICT）産業が発達し，アメリカと共同でソフトウェア開発などを行っている，インド南部の都市を何といいますか。　〔　　　　〕
- □ ⑧ サウジアラビアやアラブ首長国連邦は，何という湾に面していますか。　〔　　　　〕

入試によく出る地図の答え　①季節風（モンスーン）　②黄河（こうが／ホワンホー）　③長江（ちょうこう／チャンチアン）　④ヒマラヤ　⑤ペルシア（ペルシャ）

04 トレーニングテスト

→別冊解答 p.5

1 アジア東部 （(1)～(3)(5)(6)7点×7，(4)15点，計64点）

右の地図を見て，次の各問いに答えなさい。

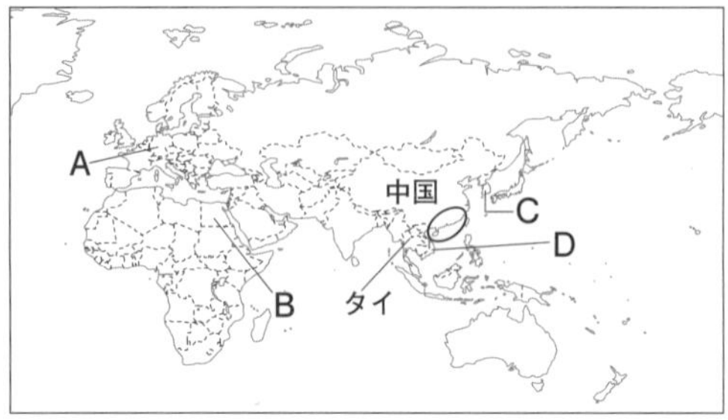

正答率62% (1) 地図中に示したタイについて述べた，次の文中の□にあてはまる用語を，それぞれ答えなさい。〈新潟県〉

「海洋から内陸に向けてふく ① の影響(えいきょう)を受けて降水量が多い平野部では，稲作(いなさく)がさかんである。タイとその周辺の国々は，1967年に創設された ② に加盟しており，現在は10の加盟国が政治や経済などの面で協力している。」

①(　　　　) ②(　　　　)

正答率50% (2) **資料1**は，地図中のA～Dの国の米の生産量などをそれぞれ示したもので，Ⅰ～ⅣはA～Dのいずれかの国です。C・Dそれぞれにあてはまるものを，Ⅰ～Ⅳから選び，記号で答えなさい。〈北海道〉

C(　　) D(　　)

資料1

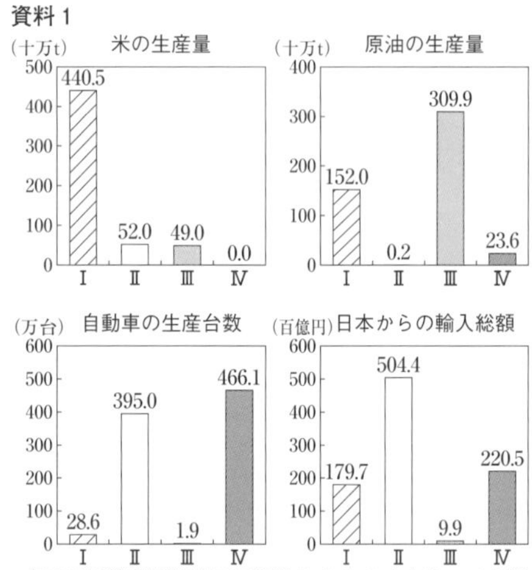

(2020/21年版「世界国勢図会」，2021年版「データブック オブ・ザ・ワールド」他)

正答率64% (3) ヨーロッパ人の進出にともない，植民地に開かれた，特定の作物を輸出向けに栽培する大規模な農園を何といいますか。〈鹿児島県〉(　　　　)

差がつく (4) 地図中に示した中国は，米，小麦の生産量が世界第1位です。右の**資料2**は，2018年の，米・小麦のいずれかの，生産量が多い上位5か国とその生産量を示したものです。米の生産量が多い上位5か国とその生産量を示しているのは，**資料2**の**ア**，**イ**のうちどちらか，その記号を答えなさい。また，そのように判断した理由を，米の生産量が多い上位5か国それぞれが属する州の名称にふれて，書きなさい。(完答)〈三重県〉

資料2

ア　(万t)

生産国	中国	インド	インドネシア	バングラデシュ	ベトナム
生産量	21,213	17,258	8,304	5,642	4,405

イ

生産国	中国	インド	ロシア	アメリカ	フランス
生産量	13,144	9,970	7,214	5,129	3,580

(2020/21年版「世界国勢図会」)

(記号　　理由　　　　)

(5) 地図中の中国で人口の約9割をしめる民族を，次から1つ選び，記号で答えなさい。(　　)

ア チベット族　イ モンゴル族　ウ 漢族(かんぞく)(漢民族)　エ ウイグル族

重要 (6) 次の文は，地図中の⬭で示した地域について述べたものです。この地域を何といいますか。

「政府が，海外の資本や技術を導入するために開放した地域のことで，この地域に進出した海外企業は，生産した工業製品を輸出することを条件に，原材料の輸入や税金などの面で優遇(ゆうぐう)される。」

〈岩手県〉(　　　　)

HINT (4)米の栽培には，温暖な気候と豊かな降水量が必要である。

2 アジア西部 （(1)①(2)(3)7点×4，(1)②8点，計36点）

右の地図を見て，次の各問いに答えなさい。

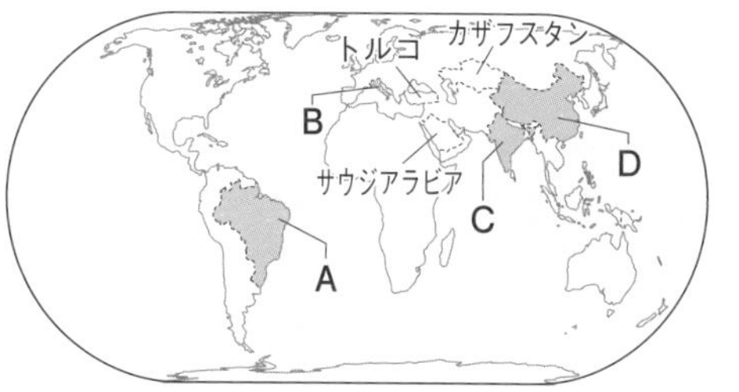

(1) 資料1のあ～えは，地図中のA～Dのいずれかを表しています。また，資料1は，A～Dと日本の，人口，人口密度，1人あたりの国民総所得，人口100人あたりの自動車保有台数を示しています。次の問いに答えなさい。 〈静岡県・改〉

資料1

	人口（百万人）（2020年）	人口密度（人/km²）（2020年）	1人あたりの国民総所得（ドル）（2018年）	人口100人あたりの自動車の保有台数（台）（2017年）
あ	1,380	420	2,034	3.5
い	213	25	8,785	21.0
う	60	200	34,762	71.9
え	1,439	150	9,496	14.7
日本	126	339	40,529	61.2

（2020/21年版「世界国勢図会」）

① 地図中のCにあたるものを，あ～えから1つ選び，記号で答えなさい。また，その国名も答えなさい。（完答）

（記号　　　国名　　　　　）

注意
② 資料1から読み取れることとして最も適切なものを，次から1つ選び，記号で答えなさい。（　　）

ア　人口が1億人を超えている国は，人口密度が100人/km² を超えている。

イ　人口密度が低い国ほど，人口100人あたりの自動車の保有台数が多くなる。

ウ　5か国の中で1人あたりの国民総所得が最も高い国は，国民総所得の総額も最も高い。

エ　1人あたりの国民総所得の上位2か国は，国民2人につき1台以上の割合で自動車を保有している。

正答率71%
(2) 地図中のCの国に関して，資料2について述べた次の文のX，Yに適する語句と数字を下から1つずつ選び，記号で答えなさい。 〈鹿児島県〉X（　　） Y（　　）

「南アジアで稲作が行われているのは，おもに（ X ）川流域や沿岸部などの，およそ年降水量（ Y ）mm以上の地域である。」

ア　ガンジス　　イ　インダス　　ウ　500　　エ　1,000

資料2　南アジアの稲作地域

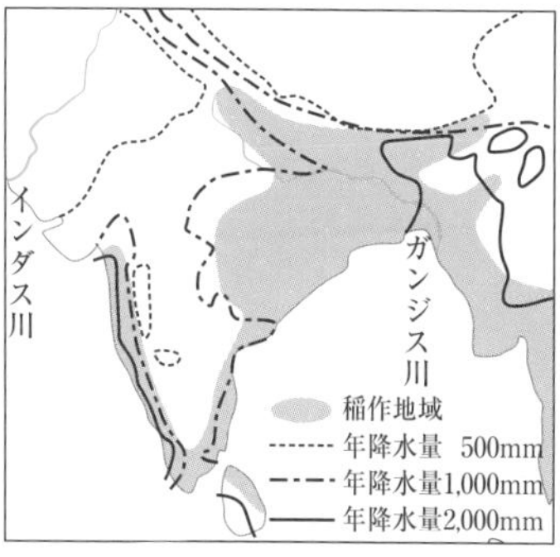

重要
(3) 資料3は，地図中のカザフスタンやトルコをはじめとするクロムの産出国を示しています。クロムについて誤って説明したものを，次から1つ選び，記号で答えなさい。（　　）

ア　天然に存在する量が少ない。

イ　掘り出すことが難しい希少な金属である。

ウ　存在している場所がかたよっている。

エ　工業製品の材料として利用されることは少ない。

資料3　（2017年）

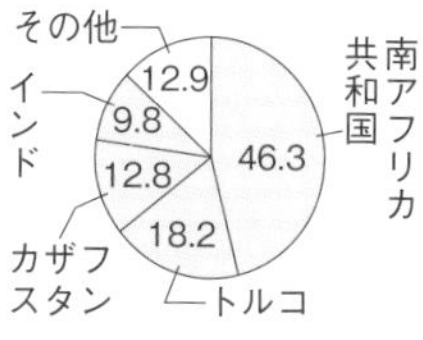

（2020/21年版「世界国勢図会」）

HINT (3)クロムは希少金属の1つ。希少の意味から考える。

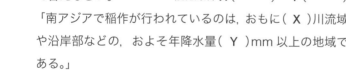

重要度★★★

ヨーロッパ州，アフリカ州

学習日　　月　　日

ポイント整理

1 ヨーロッパ州

EU（ヨーロッパ連合）諸国

EU加盟国 人，もの，サービスが国境をこえて自由に移動。多くの加盟国で共通通貨ユーロを使用。加盟国間の経済格差（域内格差）が課題。
＊2020年，イギリスはEUから離脱。

民族と宗教 ゲルマン系，スラブ系，ラテン系の民族。キリスト教徒が多い。

ヨーロッパの農業　大切

気候 西部は暖流の北大西洋海流と偏西風の影響で，緯度が高いわりに冬も暖かい。

鉱工業 EU加盟国間で航空機を共同生産。ライン川流域のルール工業地域で重化学工業。北海で原油（石油）を産出。

混合農業は穀物栽培＋豚や牛の飼育，地中海式農業は夏の果樹栽培＋冬の小麦栽培だ。

ロシア連邦

国土 シベリアにツンドラやタイガ（針葉樹林）の森林が広がる。

貿易 石油や天然ガスをパイプラインを通してEU諸国に輸出。日本には鉱産資源，木材，魚介類を輸出。

鉱工業 原油（石油）をはじめとする鉱産資源の増産で経済が発展した→BRICS＊の構成国の1つ。

▲ロシアの鉱工業

＊経済発展が著しいブラジル（Brazil），ロシア（Russia），インド（India），中国（China），南アフリカ共和国（South Africa）の頭文字を合わせた総称。

入試によく出る地図　ヨーロッパ州の宗教，アフリカ州の成り立ち

① [　　　　] …キリスト教の中でもヨーロッパ北部に多い宗派

② [　　　　] …キリスト教の中でもヨーロッパ南部に多い宗派

③ [　　　　] …キリスト教の中でもヨーロッパ東部に多い宗派

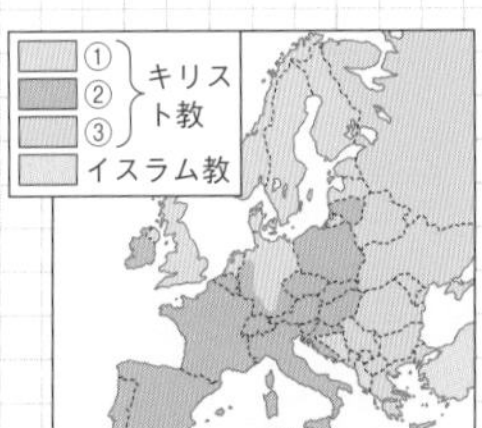

▲ヨーロッパの宗教

▼アフリカを植民地としていたヨーロッパの2国

④ [　　　　] …アフリカ東部に植民地を広げた国

⑤ [　　　　] …アフリカ西部に植民地を広げた国

即答チェックの答え　①ユーロ　②偏西風　③地中海式農業　④タイガ　⑤サヘル　⑥レアメタル（希少金属）　⑦モノカルチャー経済　⑧ギニア湾

② アフリカ州

近年は欧米やアジアからの投資が活発で，経済発展のめざましい国もあるよ。

自然　赤道周辺の熱帯から，南北へ乾燥帯や温帯が広がる。北部に世界最大のサハラ砂漠。その南側のサヘルでは砂漠化が進行。

鉱業　ナイジェリアの原油（石油），南アフリカ共和国の金，ザンビアの銅など鉱産資源が豊富。レアメタル（希少金属）の産出もさかん。

▼サハラ砂漠

▼ケニアの自然公園

▼アフリカの国々の輸出品

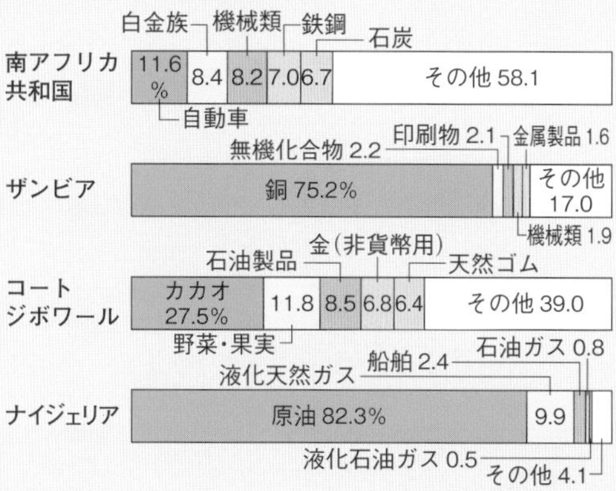

歴史　ヨーロッパ諸国の植民地時代に，緯線や経線をもとに引かれた直線の境界線が，現在の国境に残る。

民族と宗教　サハラ砂漠より北側ではイスラム教を信仰しアラビア語を話す人が多い。サハラ砂漠以南ではキリスト教や伝統的な宗教を信仰する人が多い。

鉱産資源や農産物など特定の輸出にかたよっている国が多い。このような経済をモノカルチャー経済という。価格の変化などによって経済が不安定になりやすいんだよ。

▲カカオ

大切　アフリカの農業

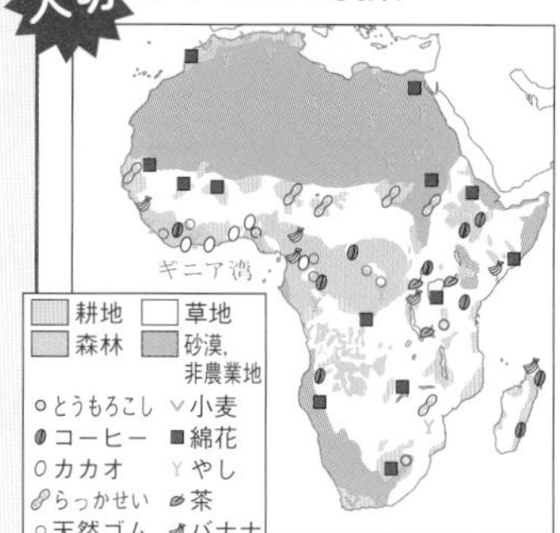

植民地時代にプランテーションが開かれた。ギニア湾岸ではカカオ，エチオピアではコーヒー，ケニアでは茶を栽培。

即答チェック

- □ ① EU加盟国の多くで使われている共通通貨を何といいますか。〔　　　〕
- □ ② 西ヨーロッパの気候に影響をあたえている，北大西洋海流の上をふく西寄りの風を何といいますか。〔　　　〕
- □ ③ 夏にオリーブなど，冬に小麦などを栽培する農業を何といいますか。〔　　　〕
- □ ④ ロシアに広がる針葉樹林をカタカナで何といいますか。〔　　　〕
- □ ⑤ サハラ砂漠の南側に広がる，砂漠化の進んでいる地域を何といいますか。〔　　　〕
- □ ⑥ 世界的に埋蔵量の少ない，クロムなどの金属を総称して何といいますか。〔　　　〕
- □ ⑦ アフリカの国々の多くは，特定の鉱産資源や農産物の輸出にたよっています。このような特徴をもつ経済を何といいますか。〔　　　〕
- □ ⑧ カカオ生産国の多くが面する，アフリカ西部の湾を何といいますか。〔　　　〕

入試によく出る地図の答え　①プロテスタント　②カトリック　③正教会　④イギリス　⑤フランス

05 トレーニングテスト

→別冊解答 p.6

1 ヨーロッパ州 (6点×10=60点)

右の地図を見て，次の各問いに答えなさい。

正答率48%
(1) **資料1**は，地図中の都市ア～エのどの都市にあたりますか。１つ選び，記号で答えなさい。〈兵庫県・改〉(　　　)

資料1

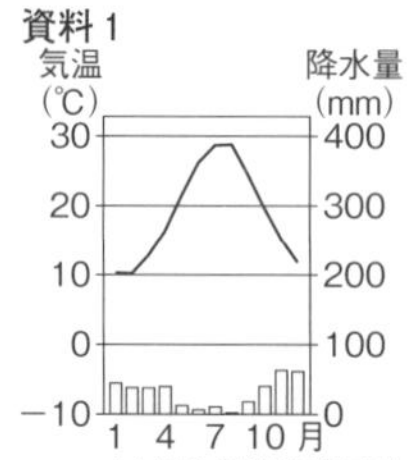

(令和3年「理科年表」)

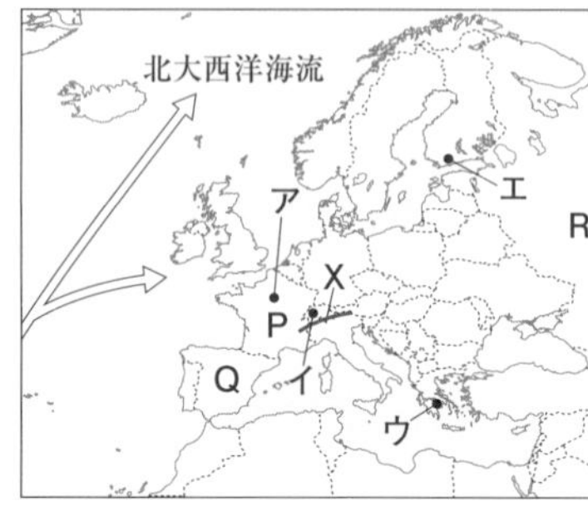

重要
(2) **資料1**のような気候が見られる地域では，夏は比較的雨が少なく乾燥しているため乾燥に強いオリーブなどを，冬は比較的雨が多いため小麦などを栽培しています。このような農業を何といいますか。〈徳島県〉(　　　　　　　)

(3) 地図中のXで示した山脈の名を答えなさい。(　　　　　　　)

重要
(4) 次の文は，ヨーロッパの気候について述べたものです。文中のa・bにあてはまる語句を，下から１つずつ選び，記号で答えなさい。〈静岡県〉a (　　　) b (　　　)

「地図中の北大西洋海流は，大西洋を流れる［a］である。この［a］とその上をふく偏西風の影響で，イギリスをはじめとするヨーロッパの広い範囲が［b］気候に属している。」

ア 暖流　　イ 寒流　　ウ 温暖湿潤(温帯湿潤)　　エ 西岸海洋性

(5) **資料2**は，地図中のP・Qの国の貿易相手国の上位３か国を示しています。次の問いに答えなさい。

資料2　※金額による

国＼順位		第1位	第2位	第3位
P	輸出	ドイツ	アメリカ	イタリア
	輸入	ドイツ	ベルギー	イタリア
Q	輸出	P	ドイツ	イタリア
	輸入	ドイツ	P	中国

(2019年)　(2021年版「データブック オブ・ザ・ワールド」)

正答率62%
① **資料2**について説明した次の文中の，aにはあてはまる語句を答え，bにはあてはまる内容を書きなさい。ただし，同じ記号は，同じ国を示します。〈福岡県〉

「P・Qとその貿易相手国は，相互に結びつきを強め，地域の統合を進めている。これらの国々は，すべて［a］加盟国であるため，加盟国間では，農産物や工業製品などを，［b］させることができる。」

a (　　　　　　) b (　　　　　　　　　　　　　)

正答率93%
② ①の［a］加盟国で流通している共通通貨を何といいますか。〈新潟県〉(　　　　　　)

正答率38%
(6) **資料3**は４つの国・地域の面積，国内総生産，輸出額を示しており，①～③は(5)の空らんa，中国，アメリカのいずれかです。aにあたるものを①～③から１つ選び，番号で答えなさい。〈兵庫県〉(　　　)

資料3

国・地域	面積 (万km²)	国内総生産 (億ドル)	輸出額 (億ドル)
①	983	205,802	16,642
②	960	136,082	25,013
③	437	187,758	59,939
日本	38	49,713	7,379

(2018年)　(2020/21年版「世界国勢図会」)

注意
(7) 地図中のRの国について，この国の主要輸出品を，次から１つ選び，記号で答えなさい。(　　　)

ア 機械類，衣類，繊維品　　イ 原油，石油製品，天然ガス
ウ 機械類，自動車，医薬品　　エ 石炭，パーム油，機械類

HINT (6)面積，国内総生産の額から判断しよう。

2 アフリカ州 (5点×8＝40点)

右の地図を見て，次の各問いに答えなさい。

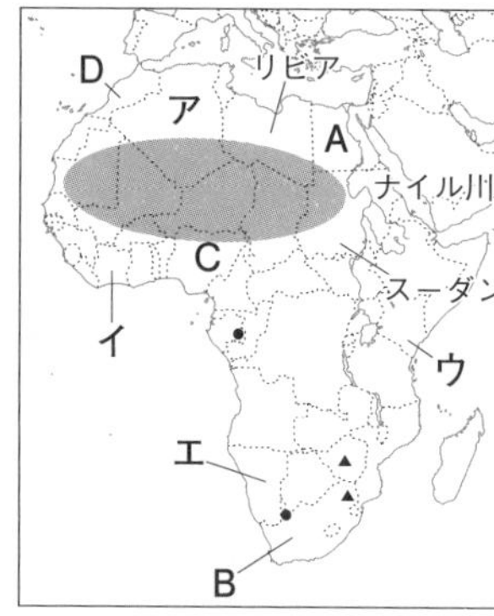

(1) 地図中に（楕円）で示したあたりに広がる，世界最大の砂漠を何といいますか。 〈三重県〉(　　　　)

重要 (2) 地図中の（楕円）の砂漠の南側に広がるサヘルとよばれる地域では，気候の変化や人間・家畜の増加によって，乾燥した植物の少ない土地が拡大しています。この現象を何といいますか。

(　　　　)

(3) 地図中のナイル川の河口付近には，上流から運ばれた土砂が積もってできた地形が発達しています。日本にも見られる，このような地形を何といいますか。 〈岡山県〉(　　　　)

正答率78% (4) アフリカ州の特色として最も適切なものを，次から１つ選び，記号で答えなさい。 〈秋田県〉

(　　)

ア　ASEAN 加盟国の工業化と経済協力　　イ　海洋資源を生かした観光産業による発展

ウ　進む統合と EU 内部の地域格差の拡大　　エ　豊富な鉱産資源にたよる不安定な経済

差がつく (5) 地図中に見られるリビアと**A**国の国境など，現在のアフリカ大陸には，まっすぐな国境線が多く見られます。その理由を，この地域の歴史に着目して，書きなさい。 〈山口県〉

(　　　　　　　　　　　　　　　　　　　　)

重要 (6) **資料１**は，アフリカのある国のおもな輸出品とその割合を表したものです。この国の位置を，地図中の**ア**～**エ**から１つ選び，記号で答えなさい。 〈福井県・改〉(　　)

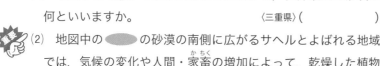

資料１

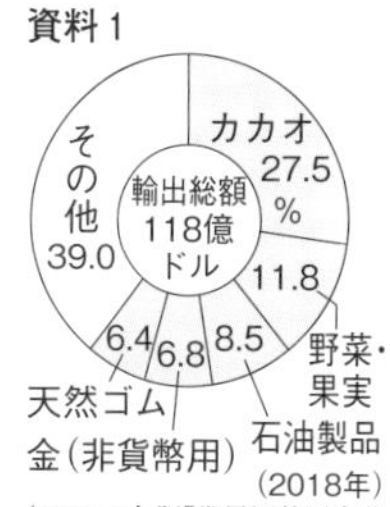

(2020/21年版「世界国勢図会」)

(7) 次の文の□に適する語句をカタカナ５字で答えなさい。〈福井県・改〉

「地図中のは▲クロム，●はマンガンの産出地をそれぞれ示している。クロムやマンガン，他にもガリウムやコバルトなどの金属は，埋蔵量が非常に少なかったり，経済的・技術的に純粋なものを取り出すのが難しかったりするため，□といわれ，携帯電話などの最新の電子機器に多く使われるなど，近年重要性を増している。」 (　　　　)

正答率40% (8) **資料２**の**ア**～**エ**は，地図中の**A**～**D**のいずれかの国の統計を比較したものです。地図中の**B**にあてはまるものを，**ア**～**エ**から１つ選び，記号で答えなさい。 〈東京都〉(　　)

資料２

	人口(千人)(2020年)	国民総所得(億ドル)(2018年)	日本への輸出額の上位3位の品目(左から1位, 2位, 3位)(2019年)	原油(万kL)(2019年)	鉄鉱石(千t)(2017年)	自動車(千台)(2019年)	観光客数(万人)(2018年)
ア	20,6140	3,870	液化天然ガス, ごま, アルミニウムと同合金	9,976	−	−	527
イ	36,911	1,154	たこ, 衣類と同付属品, まぐろ	−	−	395	1,229
ウ	102,334	2,435	揮発油, 液化天然ガス, 野菜・果実	3,616	310	−	1,120
エ	59,309	3,565	パラジウム, 白金, ロジウム	−	51,600	632	1,047

(注)国民総所得とは，１つの国において新たに生み出された価値の総額を示した数値のことである。
(注)－は，産出量・生産量が不明であることを示す。
(2021年版「データブック オブ・ザ・ワールド」他)

HINT (8) **B**はアフリカ州で最も工業化が進み，BRICS の１つに数えられる国である。

周辺の国々との結びつきと社会の変化をおさえよう！

重要度★★★

南北アメリカ州，オセアニア州

学習日 月 日

ポイント整理

① 北アメリカ州

世界有数の農業国であるとともに工業国でもあるんだ。

●アメリカ(合衆国)

民族 先住民はインディアンやイヌイット。ヨーロッパからの移民が開拓。アフリカ系の人々，ヒスパニック，アジア系の人々などからなる多民族国家。

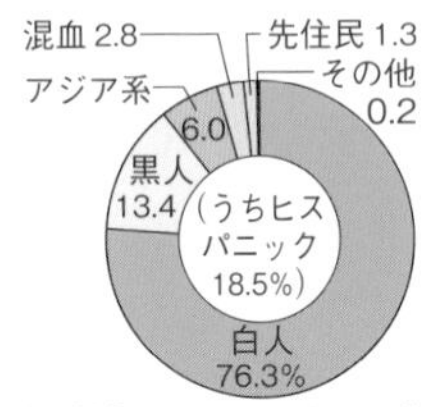

アメリカの人種・民族構成▶ (2021年版「データブック オブ・ザ・ワールド」)

農業 環境に合わせた適地適作。大型機械を使った企業的な農業。農産物の輸出が多い→「世界の食料庫」。

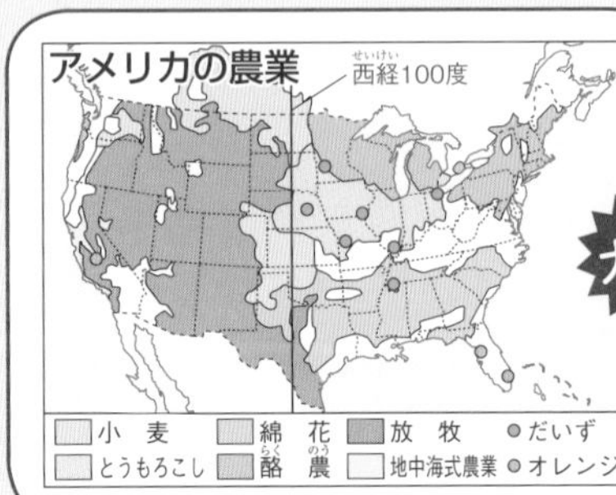

鉱工業 五大湖周辺で鉄鋼業や自動車工業，北緯37度以南のサンベルトで先端技術(ハイテク)産業が発達。カリフォルニア州のシリコンバレーでは情報通信技術(ICT)産業がさかん。メキシコ湾岸で原油(石油)を産出。

西経100度付近を境にして，東側は雨の多い湿潤地域で畑作や畜産，西側は雨の少ない乾燥地域で放牧。五大湖周辺で酪農。

都市 最大の都市ニューヨークには，国際連合の本部がおかれている。

●カナダとメキシコ

カナダとアメリカはアングロアメリカ，メキシコ以南はラテンアメリカだ。

カナダ 英語とフランス語が公用語。五大湖岸で自動車工業。

メキシコ スペイン語が公用語。ヨーロッパ系と先住民の混血であるメスチソが多い。国境周辺にアメリカ企業が進出。

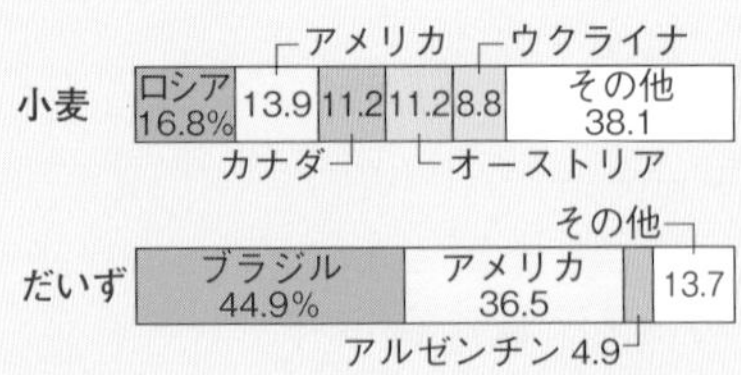

(2017年) (2020/21年版「世界国勢図会」)

▲おもな農産物の輸出量割合

貿易 アメリカ，メキシコ，カナダはUSMCA(米国・メキシコ・カナダ協定)を結んでいる。

入試によく出る地図　北アメリカ州の自然，オセアニア州の地域区分

① [ ] 山脈…高くけわしい

② [ ] 山脈…低くなだらか

③ [ ] …5つの湖の集まり

④ [ ] 川…北アメリカで最も長い

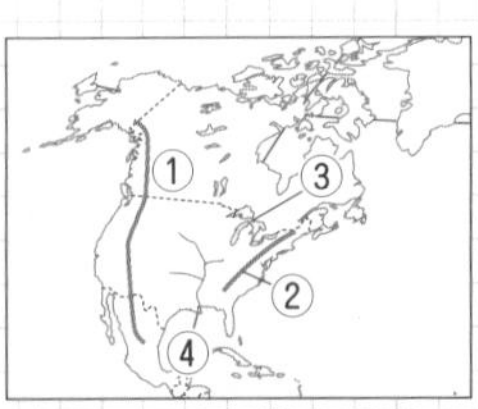

▲北アメリカ州の地形

▼オセアニア州の地域区分

⑤ [ ] …「小さい島々」という意味の地域

⑥ [ ] …「黒い島々」という意味の地域

⑦ [ ] …「多くの島々」という意味の地域

即答チェックの答え　①ヒスパニック　②シリコンバレー　③酪農　④フランス語　⑤アマゾン川　⑥焼畑農業　⑦パンパ　⑧露天掘り

入試必勝ワード　ヒスパニック　シリコンバレー　アマゾン川　焼畑農業　パンパ　露天掘り

② 南アメリカ州

自然 流域面積が世界一のアマゾン川流域には熱帯雨林（熱帯林）が広がる。ブラジル高原の中央部は乾燥地域。アンデス山脈が南北に連なる。

▲南アメリカ州の自然

民族と宗教 先住民はインディオ。多くの国々がスペイン語を公用語とする（ブラジルはポルトガル語）。キリスト教を信仰する人が多い。

農業 アマゾン川流域で，先住民が焼畑農業でキャッサバ（マニオク）などのいも類を栽培。ブラジルではプランテーションでさとうきび，コーヒーなどを栽培。パンパ（アルゼンチン）とよばれる草原では小麦の栽培や肉牛の放牧。

鉱工業 ブラジルで鉄鉱石，チリで銅，ペルーで銀，ボリビアですずを産出。原油（石油）産出国のベネズエラやエクアドルはOPEC（石油輸出国機構）加盟国。ブラジルでは工業化が進み，自動車や航空機のほか，バイオエタノール（バイオ燃料）の生産もさかん。

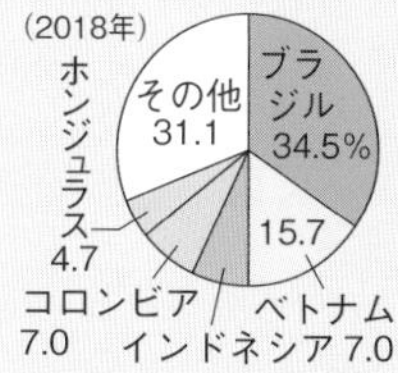

▲コーヒー生産量割合

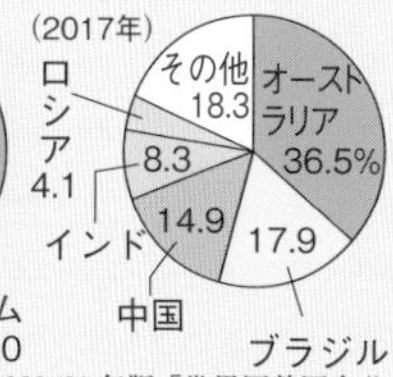

▲鉄鉱石産出量割合

（2020/21 年版「世界国勢図会」）

③ オセアニア州

イギリスの植民地であったオセアニア州の国々の国旗にはイギリスの国旗（ユニオンジャック）が入っているよ。

自然 火山島とさんご礁の島からなる。オーストラリアの内陸部は乾燥地域が広がる。

農業 オーストラリアやニュージーランドともに羊や牛の飼育がさかん。オーストラリア東部や南西部の沿岸部では小麦を栽培。

鉱業 オーストラリア西部で鉄鉱石，東部で石炭を産出。露天掘りの鉱山が多い。

貿易 かつてはイギリスがオーストラリアの主要貿易相手国。現在は日本や中国などのアジア諸国との結びつきが強い。

オーストラリアの歩み 先住民はアボリジニ（アボリジニー）。かつて有色人種の移民を制限する白豪主義の政策。現在は多くの移民を受け入れ，多文化社会をめざす。

即答チェック

- □ ① ラテンアメリカからアメリカ合衆国へ移住してきた，スペイン語を話す人々を何といいますか。〔　　〕
- □ ② 情報通信技術産業がさかんな，カリフォルニア州の地域を何といいますか。〔　　〕
- □ ③ 五大湖の周辺でさかんな農業は何ですか。〔　　〕
- □ ④ カナダの公用語は英語ともう１つは何ですか。〔　　〕
- □ ⑤ 南アメリカ大陸北部を流れる，流域面積が世界一の川を何といいますか。〔　　〕
- □ ⑥ 森などを切り払い，焼いてできた畑に，灰だけを肥料としてキャッサバなどを栽培する農業を何といいますか。〔　　〕
- □ ⑦ 小麦栽培や肉牛の放牧がさかんな，アルゼンチンの草原を何といいますか。〔　　〕
- □ ⑧ 地表から直接，鉱産物をけずりとる採掘方法を何といいますか。〔　　〕

入試によく出る地図の答え　①ロッキー　②アパラチア　③五大湖　④ミシシッピ　⑤ミクロネシア　⑥メラネシア　⑦ポリネシア

→別冊解答 p.7

1 北アメリカ州 （(1)(3)～(5)7点×5，(2)8点，計43点）

次の各問いに答えなさい。

地図1

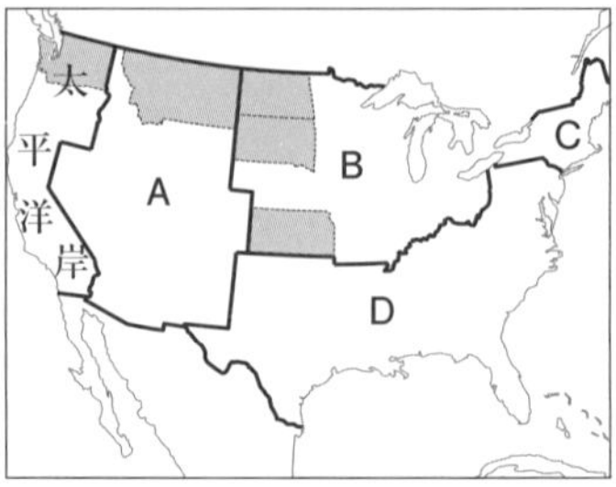

正答率56% (1) 地図1中の［網掛け］は，アメリカにおいて，ある農畜産物の生産額が多い上位5州を表しています。この農畜産物として適切なものを，次から1つ選び，記号で答えなさい。〈秋田県〉

（　　）

ア 小麦　イ 牛肉　ウ 綿花　エ とうもろこし

正答率17% (2) 資料1は農場を経営形態によって2つに分類し，全体にしめる割合を比較したものです。図から読み取れる，企業が経営している農場の特色を，次の語句を用いて書きなさい。[農地面積　販売額]

〈秋田県〉

（　　）

資料1　アメリカ国内の農場の比較

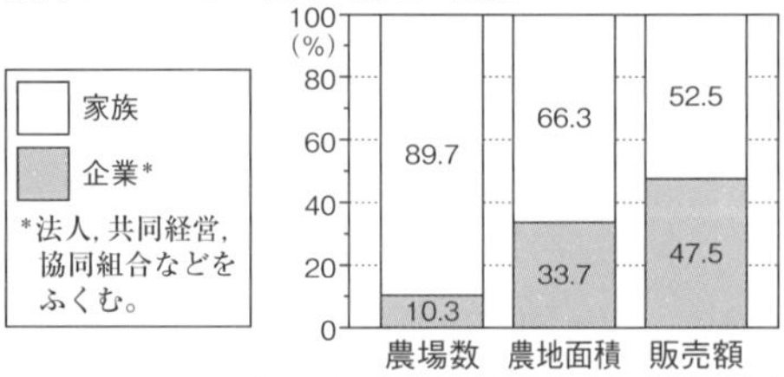

（「米国農務省農業統計局農業センサス」2002他）

差がつく (3) 資料2は，地図1にあるアメリカの5つの地域(太平洋岸，A，B，C，D)の工業生産額割合の変化を表したものです。資料2中のア～エには，A～Dのいずれかの地域があてはまります。イの地域にあてはまるものを，地図1中のA～Dから1つ選び，記号で答えなさい。〈大分県〉（　　）

資料2

年＼地域	太平洋岸	ア	イ	ウ	エ	計
1960	11.0	31.6	20.2	1.7	35.5	100(%)
2016	14.5	14.1	36.2	4.4	30.8	100(%)

（アメリカ国勢調査局資料）

(4) アメリカでは，ヒスパニックなど，中・南アメリカからの移民が増えています。次の問いに答えなさい。〈石川県・改〉

資料3　（2019年　単位：万人）

州	a	b	c	d
人口	3,951	210	2,148	1,945
人口のうち，ヒスパニックの数	1,557	104	567	375

（2021年版「データブック オブ・ザ・ワールド」）

重要 ① ヒスパニックの多くが日常的に話している，英語以外の言語は何ですか。（　　）

② 資料3は，地図2のa～dで示したアメリカの州の，それぞれの人口を表しています。このうち，人口にしめるヒスパニックの割合が最も高い州を1つ選び，記号で答えなさい。（　　）

地図2　アメリカの州別人口増加率

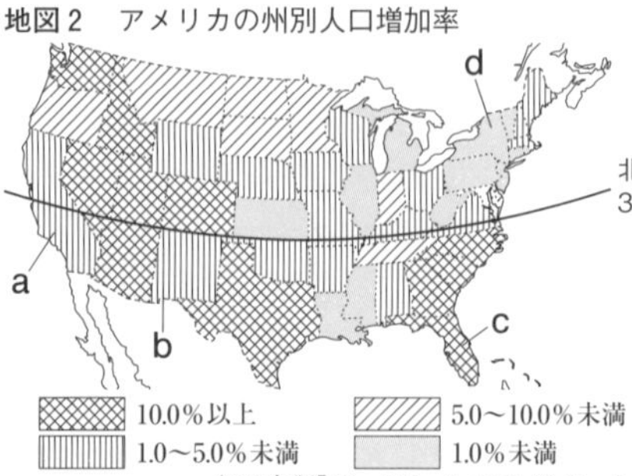

（2021年版「データブック オブ・ザ・ワールド」）

注意 (5) 地図2から読み取れる内容として正しいものを，1つ選び，記号で答えなさい。〈島根県・改〉（　　）

ア 太平洋沿岸には，人口増加率1.0%未満の州がある。

イ アパラチア山脈のあたりに，人口増加率1.0～5.0%未満の州が集まっている。

ウ 北緯37度以南には，人口増加率1.0%未満の州はない。

エ 北東部よりも南西部のほうが人口増加率が高い州が多い。

HINT (2)農場数に対して，農地面積や販売額の割合はどうか。

目標時間 30 分　目標点数 80 点

／100点

2 南アメリカ州 ((1)(2)7点×2，(3)8点，計22点)

次の各問いに答えなさい。

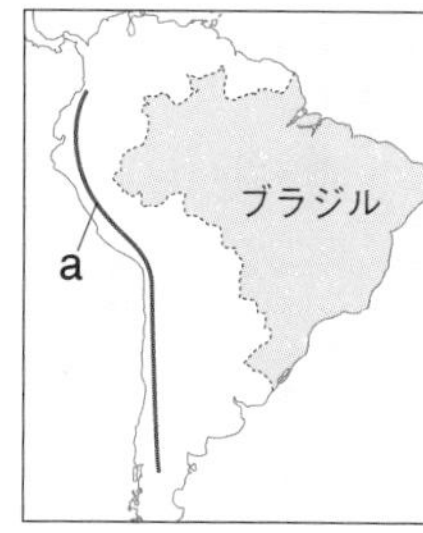

正答率57% (1) 地図中のaは，山脈を示したものです。この名称として正しいものを，次から1つ選び，記号で答えなさい。 〈新潟県〉(　　　)

ア ロッキー山脈　　イ ヒマラヤ山脈

ウ アパラチア山脈　　エ アンデス山脈

(2) 地図中に示したブラジルでは，石油に代わるエネルギー源として，さとうきびを原料とする燃料の開発が進んでいます。このように，植物からつくられ，二酸化炭素の排出(はいしゅつ)量をおさえることにつながる燃料を何といいますか。 〈大分県〉(　　　　　　　)

重要 (3) 右のグラフは，コーヒー，さとうきび，バナナ，だいずの国別生産量を表したものです。コーヒーを表すグラフを，ア～エから1つ選び，記号で答えなさい。 〈沖縄県〉(　　　)

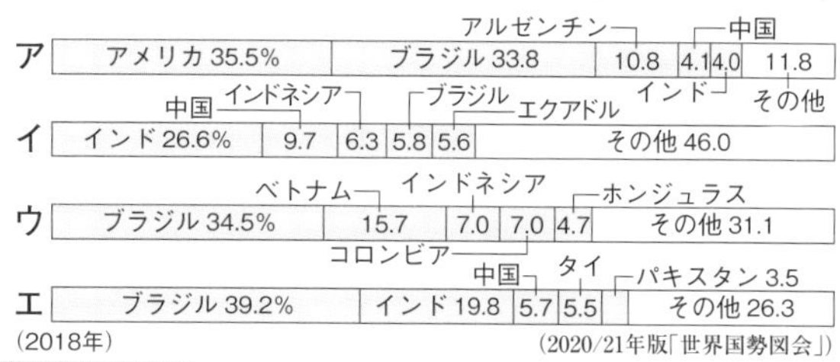

HINT (3)コーヒーは，サバナ気候に適した農産物である。

3 オセアニア州 (7点×5＝35点)

次の各問いに答えなさい。

重要 (1) オーストラリアに関する次の文中の①～③にあてはまる語句を，下から1つずつ選び，記号で答えなさい。 〈福井県〉①(　　　) ②(　　　) ③(　　　)

「この国には，先住民である［①］などの人々が住んでいたが，18世紀末からイギリスによる植民地化が始まった。現在は，ヨーロッパに次いで［②］からの移民が多い。こうした中で，この国は，さまざまな文化をたがいに尊重しあう［③］を築こうとしている。」

ア イヌイット　　イ アボリジニ

ウ アフリカ　　エ アジア

オ 情報社会　　カ 多文化社会

資料1　農地面積(耕地・樹園地と牧場・牧草地)の内訳(2018年)

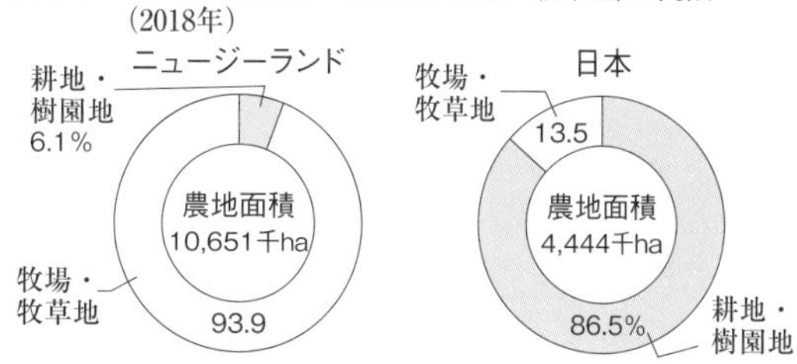

資料2　おもな家畜頭数(2018年)

	牛(千頭)	羊(千頭)	豚(ぶた)(千頭)	鶏(にわとり)(百万羽)
ニュージーランド	10,107	27,296	287	24
日本	3,842	15	9,189	323

(2020/21年版「世界国勢図会」)

正答率64% (2) **資料1・2**をもとに，ニュージーランドの農業の特色を日本と比較した次の文中のX・Yに適する言葉を書き，まとめを完成させなさい。 〈埼玉県〉

「**資料1**から，ニュージーランドは，日本と比べて，農地面積が広く，その内訳については，［X］ということがわかる。また，**資料2**から，おもな家畜(かちく)のうち，［Y］の頭数が，日本の1,800倍以上であり，特に多いということがわかる。」　X(　　　　　　　　　　　　) Y(　　　　　　　)

重要度★★★

身近な地域の調査

学習日　月　日

ポイント整理

地形図から実際の距離や傾斜，土地利用など，さまざまなことがわかるよ。

① 地形図の使い方

●地形図の種類ときまり

地形図と縮尺（しゅくしゃく）　2万5千分の1や5万分の1の地形図などがある。国土地理院（こくどちりいん）が発行。縮尺は，実際の距離を縮（ち）めた割合。

大切　実際の距離＝地図上の長さ×縮尺の分母

方位（ほうい）　方位記号がない場合，地図の上が北。4方位，8方位，16方位などで表す。

▲16 方位

地図記号　建物や施設，土地利用などを表した記号。

◎ 市役所／東京都の区役所	自然災害伝承碑	城跡
○ 町・村役場／指定都市の区役所	博物館・美術館	田
⊗ 警察署	図書館	畑
消防署	老人ホーム	果樹園
郵便局	病院	広葉樹林
神社	工場	針葉樹林
卍 寺院	文 小・中学校	荒地
		高等学校

▲おもな地図記号

●等高線と地形のようす

等高線（とうこうせん）　標高（ひょうこう）の等しい地点を結んだ線。標高や傾斜（けいしゃ）がわかる。等高線の間隔（かんかく）がせまい→土地の傾斜が急。間隔が広い→ゆるやか。

地形図の縮尺	2万5千分の1	5万分の1
計曲線（けいきょくせん）（太い等高線）	50m ごと	100m ごと
主曲線（しゅきょくせん）（細い等高線）	10m ごと	20m ごと

▲等高線の種類

断面図（だんめんず）　土地を縦（たて）に切り，切り口を平面上に表した図。土地の高低がわかる。

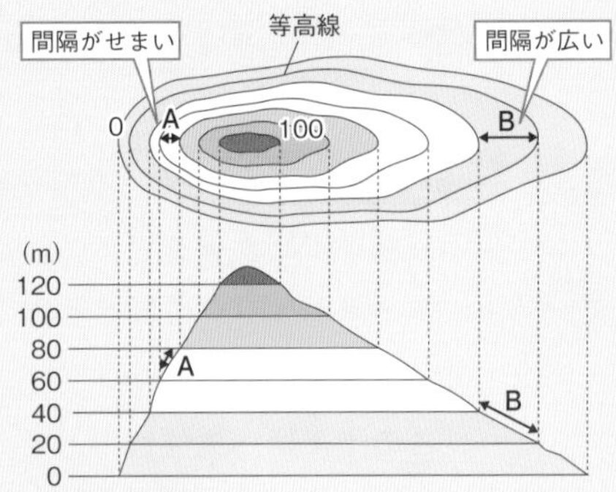

▲等高線と断面図

入試によく出る資料　おもな主題図

①［　　　］… 数値をいくつかの度合いに段階的に分け，色や模様で区別する。

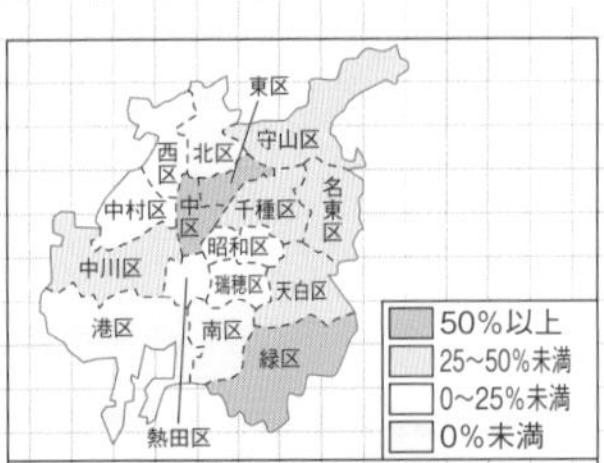

名古屋市の人口増加率

②［　　　］… 人口などの数値を点で表し，その過密の度合いで統計を表現する。

③［　　　］… 降水量や気温が同じ数値を示す地域を線で結ぶ。

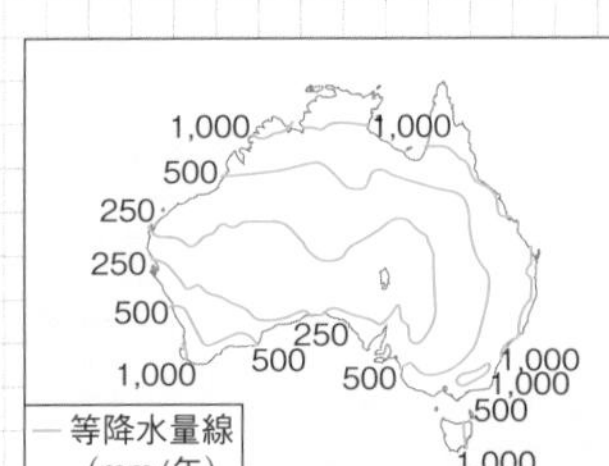

即答チェックの答え　①縮尺　②北北西　③5万分の1　④博物館・美術館　⑤果樹園　⑥ゆるやか　⑦仮説　⑧聞き取り調査

入試必勝ワード　縮尺　方位　地図記号　等高線　仮説　聞き取り調査

② 地域の変化を読み取る

新旧の地形図を比べてみよう。

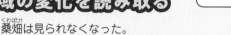

桑畑(くわばたけ)は見られなくなった。　　高速道路ができた。

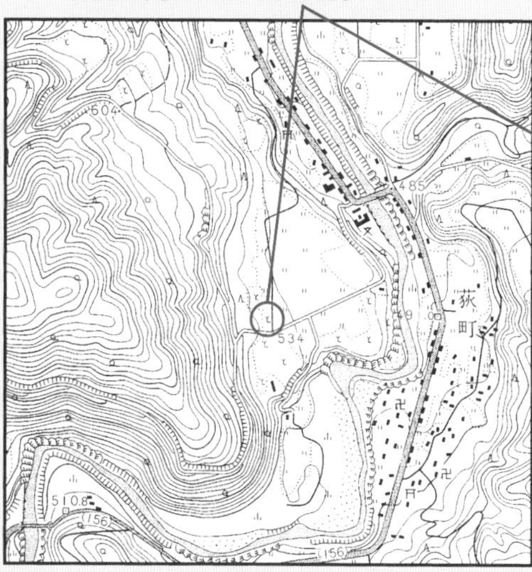

（1969 年）

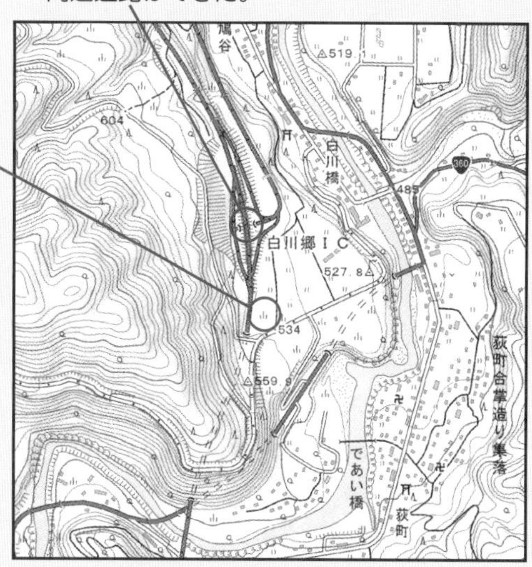

（2016 年）　　（2 万 5 千分の 1 地形図「鳩谷」）

③ 地域を調べる

テーマを決める 疑問を整理して，テーマを決める。 → **仮説(かせつ)を立てる** 学んできたことを活用して予想する。 → **地域調査をする** 野外(やがい)観察，聞き取り調査，文献(ぶんけん)資料を集める。 → **考察する** 調査の結果と仮説が一致(いっち)するか確かめる。 → **発表する** レポートや壁(かべ)新聞などにまとめて報告する。

野外観察の前に，観察して歩く道順を記入したルートマップを用意しておこう。

文献資料は役所や農協，郷土資料館などのほか，新聞記事やインターネットから手に入れることができます。

即答チェック

- □ ① 実際の距離を縮めた割合のことを何といいますか。〔　　〕
- □ ② 16 方位の図において，南南東のちょうど反対側にあたる方位は何ですか。〔　　〕
- □ ③ 2 万 5 千分の 1 と 5 万分の 1 の地形図で，計曲線（太い等高線）が標高 100 m ごとに引かれているのはどちらですか。〔　　〕
- □ ④ 🏛 の地図記号は何を表しますか。〔　　〕
- □ ⑤ ○ の地図記号は何を表しますか。〔　　〕
- □ ⑥ 等高線の間隔が広いと，実際の傾斜は急ですか，ゆるやかですか。〔　　〕
- □ ⑦ 調査テーマに対して出した，答えの予想を何といいますか。〔　　〕
- □ ⑧ くわしく知っていそうな人たちに会って，直接話を聞く調査方法を何といいますか。〔　　〕

入試によく出る資料の答え　①階級区分図　②ドットマップ　③等値線図

→別冊解答 p.8

1 地形図の見方 (10点×5＝50点)

次の各問いに答えなさい。

(1) **地形図1**を見て, 次の各問いに答えなさい。〈栃木県〉

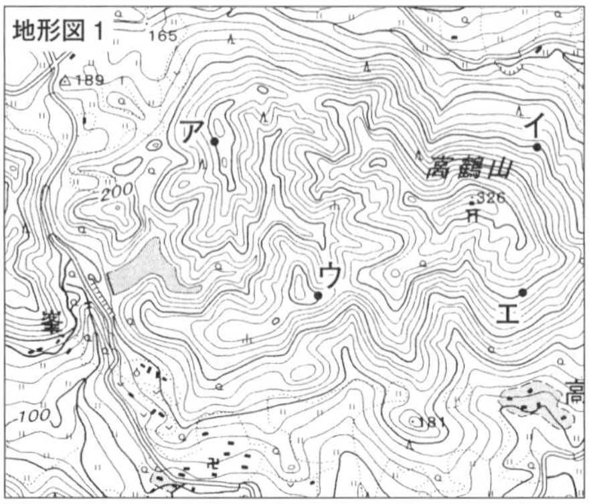

(国土地理院発行2万5千分の1地形図)

正答率77% ① **地形図1**中の神社から見て, 寺院はどの方位にありますか。次から1つ選び, 記号で答えなさい。 (　　)

ア 北東　イ 北西　ウ 南東　エ 南西

正答率53% ② 地点ア, イ, ウ, エのうち, 他の3地点より標高が低いのはどれですか。1つ選び, 記号で答えなさい。 (　　)

(2) **地形図2**を見て, 下の各問いに答えなさい。〈栃木県・改〉

(国土地理院発行2万5千分の1地形図)

正答率44% ① Ⓧ－Ⓨの地形断面図を表しているものを, 右から1つ選び, 記号で答えなさい。 (　　)

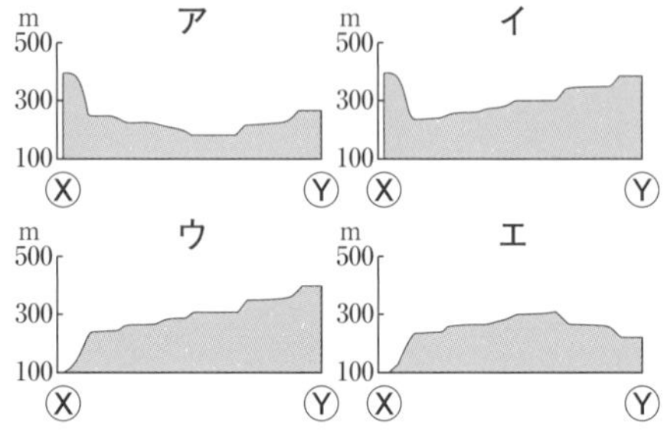

正答率56% ② 地形図から読みとれることを正しく述べているものを, 次から1つ選び, 記号で答えなさい。

ア 町役場から見て寺院は南南西にある。
イ 郵便局から見て沖野原貯水池は北北東にある。
ウ 釜堀川の東側には果樹園がある。
エ 越渡の南側には茶畑がある。 (　　)

注意 (3) 身近な地域の調査について, 目的に対して調査方法が適当でないものを, 次から1つ選び, 記号で答えなさい。 〈岡山県〉(　　)

ア 市の産業別人口構成の変化を知るために, 図書館に行き統計資料を調べる。
イ 市内にある介護施設の利用者数を知るために, 電話帳で施設の軒数を調べる。
ウ 学校周辺の土地利用がどう変化したかを知るために, 新旧の地形図を比較する。

HINT (2)①Ⓧ地点がある貯水池周辺の等高線がせまいことから考える。

2 地域の変化を読み取る，地域を調べる （10点×5＝50点）

次の地形図を見て，下の各問いに答えなさい。 〈熊本県〉

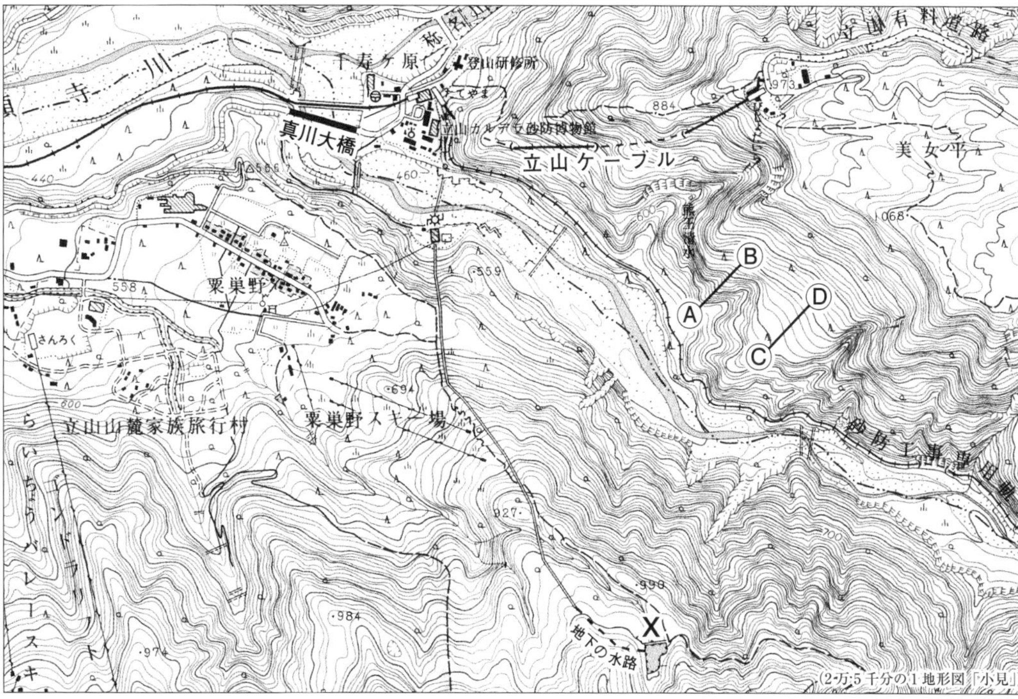

（2万5千分の1地形図「小見」）

注意 (1)　Ⓐ－ⒷとⒸ－Ⓓのそれぞれの斜面（しゃめん）を比べると，a（ア　Ⓐ－Ⓑ　イ　Ⓒ－Ⓓ）の方が傾斜（けいしゃ）が急です。また，━━で示した真川大橋（まがわおおはし）の長さは，地図上で測（はか）ると1cmであることから，実際は［ b ］mです。aから適当なものを１つ選び，記号で答えなさい。また，bにあてはまる数字を答えなさい。

a（　　）　b（　　　）

(2)　Xは，真川大橋から見て，およそ［ c ］の方位にあるダムであり，ためた水を［ d ］に利用するために建設されました。cにあてはまる方位を答えなさい。また，地形図を参考にしてdにあてはまる語句を答えなさい。

c（　　　）　d（　　　）

差がつく (3)　地形図中の立山（たてやま）ケーブルは，年間100万人以上の観光客が訪れる観光ルートの一部です。**資料**はその観光ルートの交通機関についてまとめたものです。この観光ルートにおいて，観光の振興（しんこう）と両立させようとしているものは何ですか。**資料**にもとづいて書きなさい。

（　　　　　　　　　　）

資料

交通機関の名称	動力源
立山ケーブルカー	電気
立山高原バス (平成10年からハイブリッドバスを導入)	電気と軽油
立山トンネルバス (平成8年にトロリーバスを導入)	電気
立山ロープウェー	電気

※観光ルート内へのマイカーの乗り入れは禁止されている。

(注)トロリーバスとは，電線から電気を得て走行するバスのこと。

（「立山黒部アルペンルートオフィシャルガイド」による）

HINT (3)動力源に注目。二酸化炭素の排出量が多いかどうか考える。

重要度★★★

日本の特色

学習日　　月　　日

ポイント整理

① 自然環境から見た日本

世界の中でも日本は自然災害が多い国だよ。

●地形

世界の地形 日本列島は，地震や火山の活動が活発な**造山帯**（**変動帯**）に位置する。世界の大陸の多くの地域は，日本とはちがい，大地が安定した**安定大陸**。

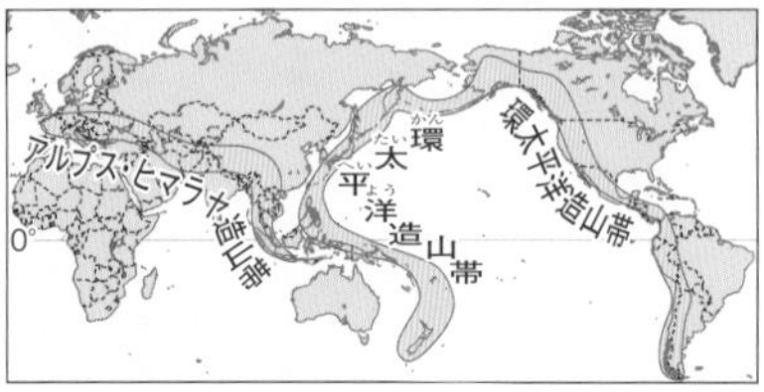

日本の地形 リアス海岸，砂浜海岸などが見られ，日本列島周辺を**黒潮**（**日本海流**）や**対馬海流**，**親潮**（**千島海流**）などが流れる。川の流れは急で，長さは短い。流域に**扇状地**や**三角州**を形づくる。

●気候

日本の気候 大部分が**季節風**（**モンスーン**）の影響を受ける**温帯**で，四季が明瞭。**梅雨**や**台風**による降水量が多い。

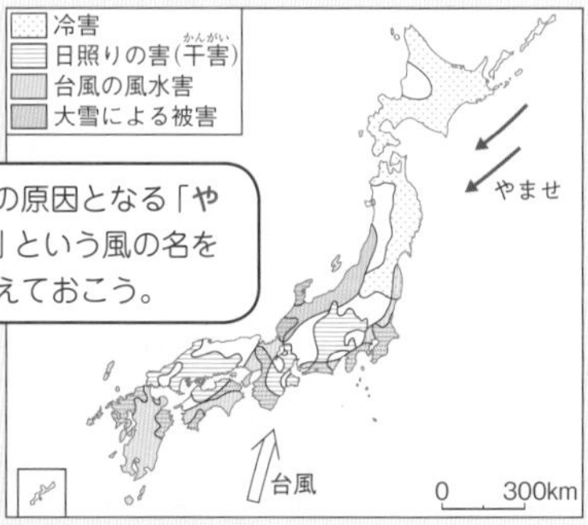

冷害の原因となる「やませ」という風の名をおさえておこう。

▲日本の自然災害

② 人口から見た日本

発展途上国の人口 アジアやアフリカでは**人口爆発**の状態。出生率や人口増加率が高く，人口ピラミッドは**富士山型**。

先進国の人口 日本やヨーロッパでは出生率が低下し**少子化**が進む。平均寿命がのび**高齢化**。人口ピラミッドはつぼ型。

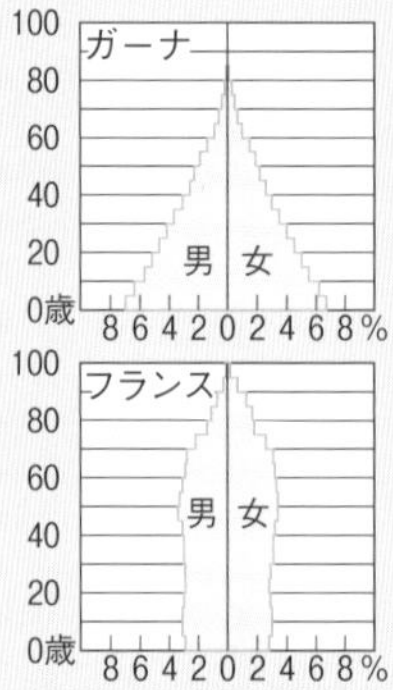

（2020/21年版「世界国勢図会」他）

過疎 人口が極度に減少して，社会がおとろえていく現象。農村部や山間部，離島で見られる。

過密 人口が極度に集中する現象。**三大都市圏**などで見られ，交通渋滞や大気汚染が問題視される。

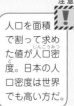

注意
人口を面積で割って求めた値が**人口密度**。日本の人口密度は世界でも高い方だ。

入試によく出る資料　日本の気候区分

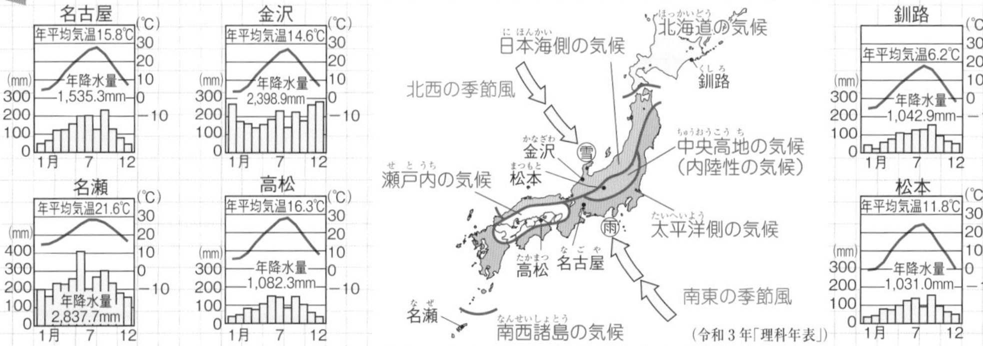

（令和3年「理科年表」）

即答チェックの答え　①扇状地　②梅雨　③高齢化　④過疎　⑤太平洋ベルト　⑥再生可能エネルギー　⑦船　⑧通信衛星

入試必勝ワード 扇状地・三角州 ｜ 梅雨・台風 ｜ 過疎・過密 ｜ 太平洋ベルト ｜ 通信衛星

③ 産業・資源から見た日本

農産物・鉱産資源とも，日本は輸入にたよる割合が高いよ。

産業

世界の農業 米は湿潤アジアの平野，小麦はヨーロッパや北アメリカの平野で栽培。

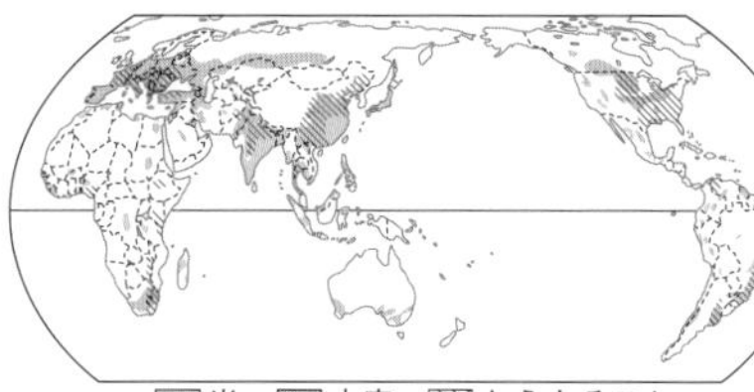

□米 □小麦 □とうもろこし

日本の産業 平野で稲作がさかん。大都市の周辺で近郊農業。好漁場が多いが，排他的経済水域の影響で漁業はおとろえている。関東～九州地方北部につらなる太平洋ベルトに工業地域が形成された。

資源・エネルギー

鉱産資源 原油(石油)は，ペルシア(ペルシャ)湾岸に集中。

化石燃料 原油，石炭，天然ガスなど。燃焼により二酸化炭素などの温室効果ガスを発生させる。

環境 太陽光，風力，波力などの再生可能エネルギーの利用が進む。

発電 日本は火力発電が中心。フランスでは原子力発電，ブラジルでは水力発電が多い。

大切 産業の分類
第一次産業…自然にはたらきかける。農業，林業，漁業。
第二次産業…工業原料や製品を生産する。鉱工業，建設業。
第三次産業…ものの流通に関する商業，金融業，サービス業。

原材料にめぐまれない日本は，原料を輸入し，質の高い工業製品をつくって輸出する加工貿易に依存してきたよ。

④ 結びつきから見た日本

交通網

航空機 重量の軽いIC(集積回路)などの輸送に適している。

船 重量の重い鉱産資源や機械類の輸送に適している。

陸上交通路 新幹線，高速道路，航空路の整備。本州四国連絡橋や青函トンネルで主要な島が結ばれる。

通信網

情報通信 通信衛星や光ファイバーケーブルの整備により，インターネットや携帯電話が普及。

即答チェック

- □ ① 川が山間部から平野や盆地に出たところに土砂がたまってつくられる，扇形の地形を何といいますか。〔　　　〕
- □ ② 北海道より南の日本列島で見られる，夏の前の雨の多い時期を何といいますか。〔　　　〕
- □ ③ 日本やヨーロッパの先進国で進んでいる人口構成の変化は，少子化と何ですか。〔　　　〕
- □ ④ 人口が極度に減少して，社会がおとろえていく現象を何といいますか。〔　　　〕
- □ ⑤ 関東から九州北部までつらなる，人口や工業の集中した地域を何といいますか。〔　　　〕
- □ ⑥ 太陽光・風力・波力などの，二酸化炭素の排出量が少ない，地球環境にやさしいエネルギーを何といいますか。〔　　　〕
- □ ⑦ 鉱産資源や機械類の輸送に適しているのは，航空機と船のどちらですか。〔　　　〕
- □ ⑧ 国際通信に利用されている，宇宙に打ち上げられた人工衛星を何といいますか。〔　　　〕

08 トレーニングテスト

→別冊解答 p.9

1 自然環境から見た日本 （5点×5＝25点）

次の各問いに答えなさい。

(1) 日本列島やロッキー山脈，アンデス山脈が属する造山帯を何といいますか。（　　　　　　　　）

(2) 地図中の輪島・高山・静岡の３都市のうち，夏の降水量が最も多い都市名を答えなさい。（　　　　　　　　）

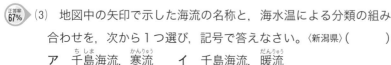

正答率67％ (3) 地図中の矢印で示した海流の名称と，海水温による分類の組み合わせを，次から１つ選び，記号で答えなさい。〈新潟県〉（　　　）

ア 千島海流，寒流　イ 千島海流，暖流
ウ 対馬海流，寒流　エ 対馬海流，暖流

重要 (4) 地図中の　　　で示した地域でおこりやすい，低温や日照不足により農作物の生育が悪くなる自然災害を何といいますか。（　　　　　　　　）

差がつく (5) 右の図から読み取れる日本の川の特徴を，世界の川と比較して，次の書き出しに続けて書きなさい。〈福井県〉

「日本の川は（　　　　　　　　　　　　　　　　）」

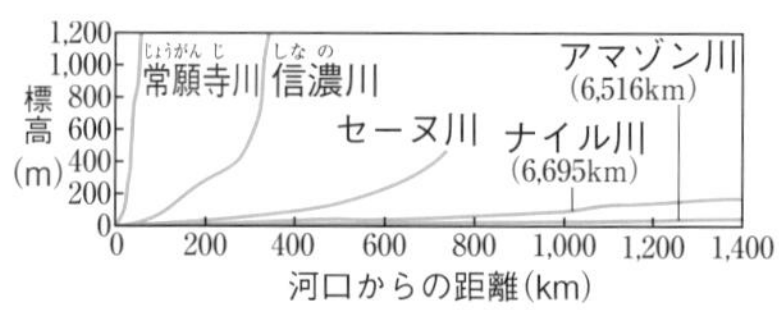

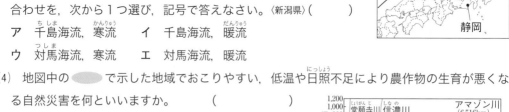

※河口から1400km以上，標高1200m以上は，省略して描いている。（「日本の川〈日本の自然３〉」他）

HINT (5)国土がせまいこと，山がちであることから考える。

2 人口から見た日本 （6点×6＝36点）

右の資料を見て，次の各問いに答えなさい。

正答率81％ (1) **資料１**は，各州の2000年と2020年の人口を示したものです。この表について述べた次の文中のＸ・Ｙにあてはまる州の名称を，それぞれ書きなさい。〈新潟県〉

「人口が最も増加した州は Ｘ 州である。また，人口増加率が最も高い州は Ｙ 州である。」

Ｘ（　　　　　　）　Ｙ（　　　　　　）

資料１　各州の人口（百万人）

	2000年	2020年
アジア州	3,741	4,641
北アメリカ州	486	592
南アメリカ州	348	431
ヨーロッパ州	726	748
アフリカ州	811	1,341
オセアニア州	31	43
合計	6,143	7,795

（2021年版「データブック オブ・ザ・ワールド」他）

注意 (2) **資料２**は，1935年，1960年，2019年の日本の人口ピラミッドを表したものです。ア～ウを，年代の古いものから順に記号で答えなさい。（完答）

〈福井県・改〉（　　→　　→　　）

資料２

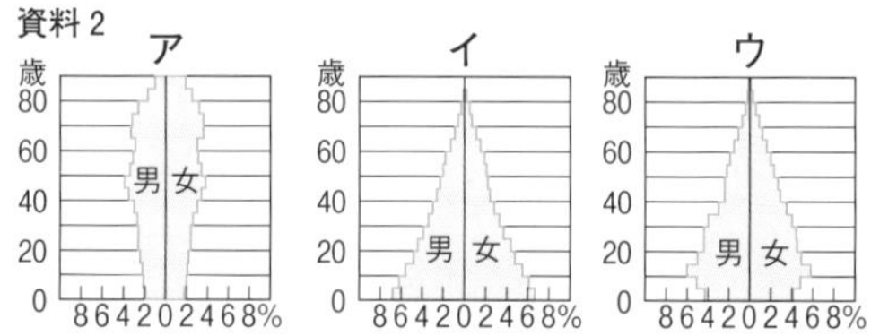

（2020/21年版「日本国勢図会」他）

正答率53％ (3) **資料３**について，次の文中のａ～ｃにあてはまる正しい語句を選んで答えなさい。〈栃木県・改〉

「人口密度はａ〔面積　人口〕をｂ〔面積　人口〕で割った値であり，Ｘ市の人口密度はＹ市よりもｃ〔低い　高い〕。」

ａ（　　　　　）　ｂ（　　　　　）　ｃ（　　　　　）

資料３

	面積 (km²)	人口 (人)
Ｘ市	191.3	35,766
Ｙ市	272.1	961,749

目標時間 30分　目標点数 80点

／100点

3 産業・資源から見た日本 （4点×6＝24点）

次の各問いに答えなさい。

正答率22%

(1) 資料1は畜産(ちくさん)，果実，野菜の産出額にしめる地方別の割合を表しており，X～Zは北海道，関東，九州のいずれかです。X～Zは，それぞれどの地方を表していますか。〈青森県〉

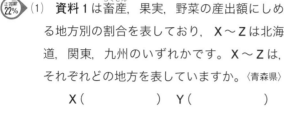

X（　　　　　）　Y（　　　　　）

Z（　　　　　）

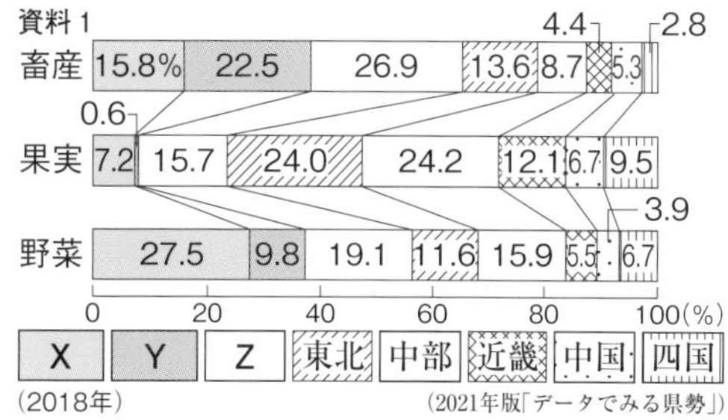

重要

(2) 資料2は，日本とブラジル・カナダ・フランスの発電量割合を示したものです。日本にあてはまるものを，ア～エから1つ選び，記号で答えなさい。（　　）

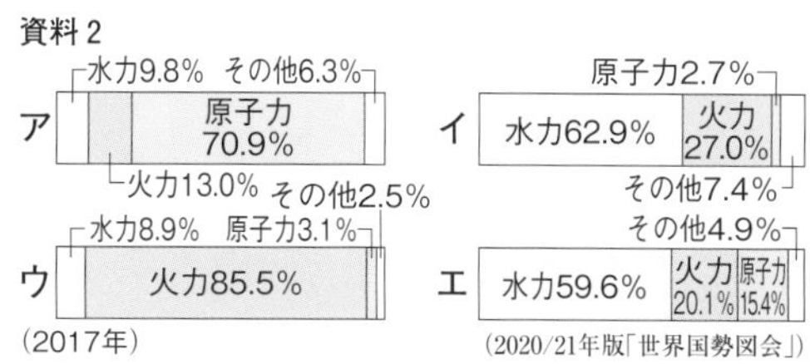

(3) 日本の商業について，次の①・②のうち，その内容が適当なものには○，まちがっているものには×と答えなさい。〈佐賀県・改〉

① 地方都市にある古くからの商店街の多くは，消費者が広い範囲(はんい)から集まるため，現在でも客が増加傾向にある。（　　）

② 店舗(てんぽ)を必要としない通信販売は，宅配便やインターネットの普及(ふきゅう)とともに発達し，消費者は自宅にいながら商品を買うことができるようになった。（　　）

4 結びつきから見た日本 （5点×3＝15点）

次の各問いに答えなさい。

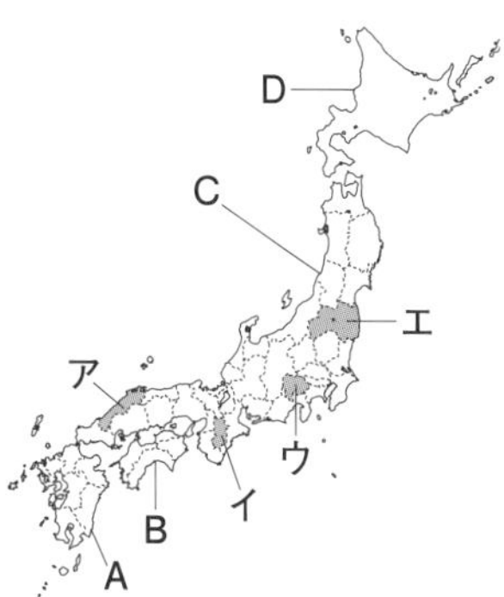

(1) 地図中のア～エのうち，新幹線が運行されている県を1つ選び，記号で答えなさい。〈愛媛県・改〉（　　）

(2) 地図中のA～Dの主要な4島のうち，橋やトンネルによって結ばれていない島の組み合わせを，次から1つ選び，記号で答えなさい。（　　）

ア　AとB　　イ　AとC　　ウ　BとC　　エ　CとD

正答率74%

(3) 右の表は，成田(なりた)国際空港，千葉港，東京港の輸入について比較(ひかく)したものです。表を読み取った次のまとめの□にあてはまる内容を書きなさい。〈宮崎県・改〉

「航空機で輸送されるものは，輸入量と輸入総額から判断すると□という特徴がある。」（　　　　　）

3港の輸入総額などの比較(2018年)

	成田国際空港	千葉港	東京港
輸入量	80万トン	8,276万トン	3,654万トン
輸入総額	137,040億円	39,644億円	116,565億円
1位	通信機	石油	衣類
2位	医薬品	液化ガス	コンピューター
3位	集積回路	自動車	魚介類(ぎょかい)

(※順位は輸入額の多い順)　(2020/21年版「日本国勢図会」他)

HINT (3)輸送手段と，輸入品目の種類に注目してみよう。

重要度★★★

九州地方，中国・四国地方

学習日　　月　　日

ポイント整理

① 九州地方

火山噴火や台風など自然災害が多い地方だよ。

◐自然と観光開発

自然災害 カルデラがある阿蘇山や桜島で火山灰が噴出。南西諸島は台風の被害が多い。

観光開発 沖縄県ではさんご礁が発達し，マングローブがしげる。琉球王国の文化が残る。屋久島(鹿児島県)は世界自然遺産に登録。

九州の位置 福岡市からアジア各地へ航空路線やフェリー航路が通じている。

◀九州地方の自然

◐農業

平野の農業 筑紫平野で米や小麦の二毛作(現在はいちご栽培もさかん)。宮崎平野でピーマンなどの促成栽培。

台地の農業 九州南部に広がるシラス台地で，野菜や飼料作物の栽培，肉牛や豚を飼う畜産が行われている。

亜熱帯の農業 南西諸島でさとうきび，パイナップル，花などを栽培している。

▼沖縄島の土地利用

◐工業と環境問題

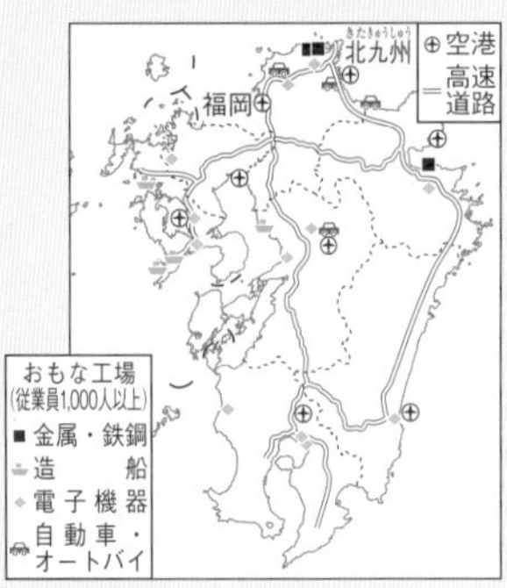

▲九州地方の工業

大切 九州の工業の変化
官営の八幡製鉄所をもとに製鉄業を中心とする北九州工業地帯が発達。エネルギー革命を境に，IC(集積回路)や自動車などの機械工業へ転換。

環境問題 かつて公害に苦しんだ北九州市と水俣市が，環境モデル都市に選定され，エコタウン事業を推進。

沖縄県は 1972 年にアメリカから日本へ返還されたけど，今も多くのアメリカ軍基地が残されているよ。

入試によく出る地図　日本の地形

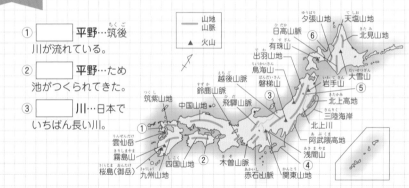

① ［　　　］平野…筑後川が流れている。

② ［　　　］平野…ため池がつくられてきた。

③ ［　　　］川…日本でいちばん長い川。

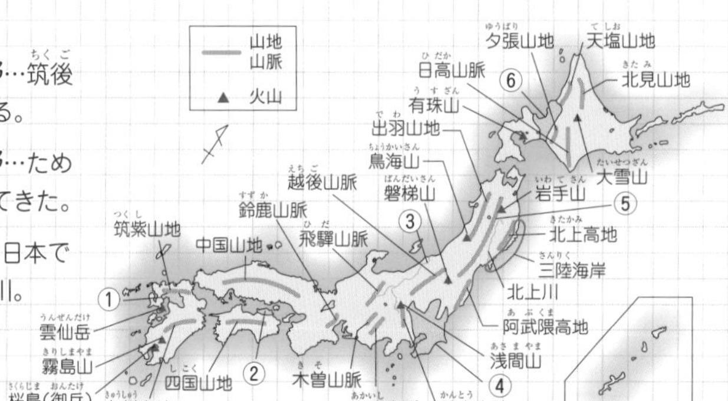

④ ［　　　］平野…日本でいちばん広い平野。

⑤ ［　　　］山脈…東北地方を南北に走る。

⑥ ［　　　］平野…石狩川が流れている。

即答チェックの答え ①台風　②カルデラ　③シラス台地　④北九州市　⑤促成栽培　⑥鳥取砂丘　⑦石油化学コンビナート　⑧中国自動車道

入試必勝ワード　カルデラ　促成栽培　シラス台地　八幡製鉄所　石油化学コンビナート

② 中国・四国地方

自然・都市・農村

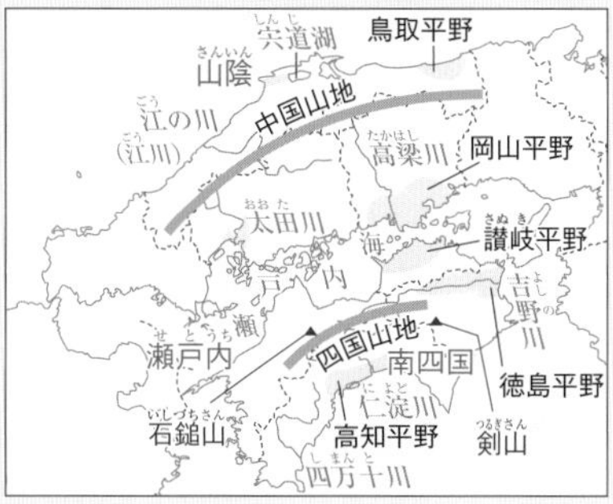

◀中国・四国地方の自然

山陰，瀬戸内，南四国で気候が異なることに注意しよう。

都市と農村　広島市は原子爆弾による被害から復興し，地方中枢都市として発展。山間地域や離島では過疎が進行したが，地産地消の推進などさまざまな町（村）おこしも行われている。

農業・漁業

野菜の栽培　高知平野で，なすなどの促成栽培。鳥取砂丘でらっきょうやメロンの栽培。

果物の栽培　愛媛県でみかん栽培。岡山県でぶどう栽培。

瀬戸内の漁業　広島湾でかきの養殖。愛媛県でぶり・たいなどの栽培漁業。

注意　高齢者の割合が50％以上の集落を，限界集落という。地域社会のさまざまな活動を維持していくことが困難になっている。

工業

工業地域　水上交通が発達し，広大な工業用地が得られた瀬戸内海沿岸に，瀬戸内工業地域が発達した。化学工業がさかんで，倉敷や周南などに石油化学コンビナートが立地。

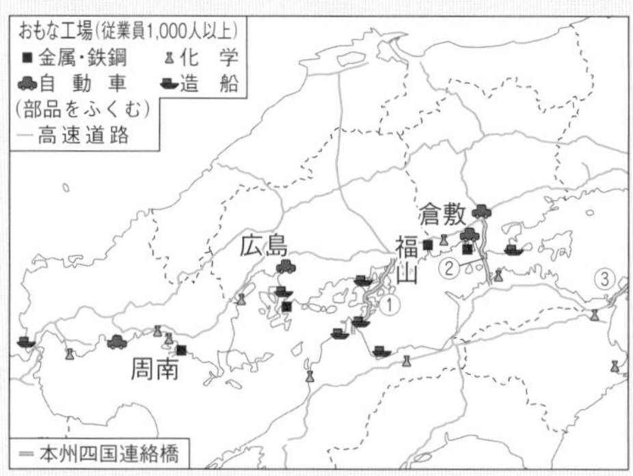

▲工業の分布，おもな高速道路と連絡橋

交通

交通の発達　中国自動車道の開通により，中国山地の山間部に工業団地が進出。本州四国連絡橋の開通により，四国地方と本州の行き来が便利に。

連絡橋は①尾道・今治（しまなみ海道），②児島・坂出（瀬戸大橋），③神戸・鳴門（明石海峡大橋・大鳴門橋）の3ルート。

即答チェック

- □ ① 南西諸島から九州南部にかけて，強風や集中豪雨による被害をもたらすことが多い熱帯低気圧を何といいますか。〔　　〕
- □ ② 火山の爆発や噴火による陥没によってできた大きなくぼ地を何といいますか。〔　　〕
- □ ③ 九州南部に広がっている，火山灰が積もってできた台地を何といいますか。〔　　〕
- □ ④ かつて，八幡製鉄所をもとに製鉄業が発達していた福岡県の都市はどこですか。〔　　〕
- □ ⑤ 温室などを使って作物の成長を早める栽培方法を何といいますか。〔　　〕
- □ ⑥ らっきょう・メロンなどの栽培がさかんな，山陰の砂丘を何といいますか。〔　　〕
- □ ⑦ 倉敷や周南などにつくられた，石油関連工場の集まりを何といいますか。〔　　〕
- □ ⑧ 過疎化が進んでいた中国山地では，高速道路の開通によって各地の盆地に工業団地が進出するようになりました。この高速道路を何といいますか。〔　　〕

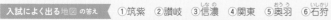

入試によく出る地図の答え　①筑紫　②讃岐　③信濃　④関東　⑤奥羽　⑥石狩

09 トレーニングテスト

→別冊解答 p.10

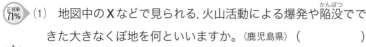

1 九州地方 （(1)〜(3)(6)(7)6点×7，(4)(5)8点×2，計58点）

右の地図を見て，次の各問いに答えなさい。

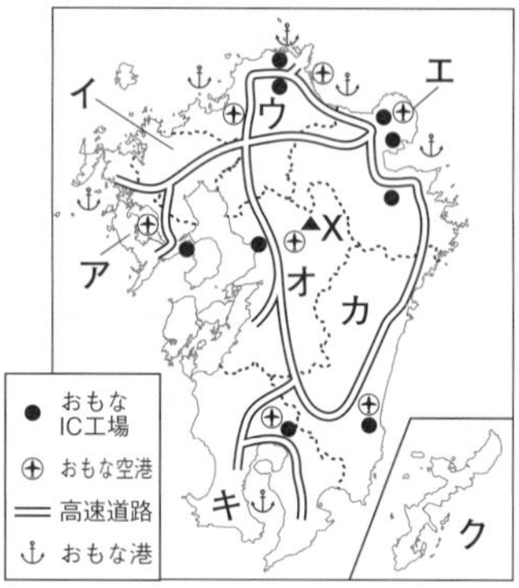

正答率71%
(1) 地図中のXなどで見られる，火山活動による爆発や陥没でできた大きなくぼ地を何といいますか。〈鹿児島県〉（　　　　）

重要
(2) 次の①〜③の説明にあてはまる県を，地図中のア〜クから1つずつ選び，記号で答えなさい。〈三重県・改〉

① 15世紀の初めには，琉球王国が建てられ，第二次世界大戦後には，アメリカの統治のもとに置かれた。

② 筑豊炭田の石炭と中国から輸入された鉄鉱石などを使って鉄を生産する，八幡製鉄所が20世紀の初めにつくられた。

③ 桜島があり，火山活動にともなう噴出物でできたシラス台地では，畑作や畜産がさかんである。　①（　　）②（　　）③（　　）

正答率71%
(3) 地図中クの県の沿岸部で見られる植物のようすとして適切なものを，次から1つ選び，記号で答えなさい。〈岐阜県〉（　　）

ア　マングローブ　　イ　ステップ　　ウ　タイガ　　エ　ツンドラ

差がつく
(4) 地図に示されたIC工場の分布には，どのような特徴が見られるか。また，なぜそのように分布しているのか，次の語句を使って説明しなさい。［製品の重量　輸送手段］〈富山県〉

（　　　　　　　　　　　　　　　　　　　　　　　　　　　　　　）

注意
(5) 右の表は，地図中の県が農産物出荷量の上位5位にふくまれている統計です。地図中のカ・クの県にあてはまる組み合わせを，次から1つ選び，記号で答えなさい。〈沖縄県〉（　　）

農産物	1位	2位	3位	4位	5位	備考
菊（切花）	A	B	福岡	C	長崎	2019年出荷量
とうがん	B	A	神奈川	岡山	和歌山	2018年出荷量
オクラ	C	高知	B	熊本	福岡	2018年出荷量
さとうきび	B	C				2019年出荷量
マンゴー	B	D	C			2017年出荷量

（2021年版「データでみる県勢」）

あ　AとD　　い　BとC　　う　BとD　　え　CとA

(6) 地図中オの県の都市では，かつて四大公害病の1つが発生しましたが，その後，人々の努力により安全な海を取り戻し，2008年には国から［　　］モデル都市に選定されました。［　　］にあてはまる語句を答えなさい。（　　　　）

(7) 北部九州の交通に関して，右の新聞記事にあるルートを走る予定の輸送機関を，次から1つ選び，記号で答えなさい。〈佐賀県〉（　　）

ア　ハイブリッドカー　　イ　地下鉄
ウ　高速バス　　エ　新幹線

> 長崎ルートの諫早－長崎間(21km)の起工式が(2012年)8月18日，長崎市であった。秋から測量などの準備に着手，既に建設中の武雄温泉－諫早間(45km)，在来線活用の新鳥栖－武雄温泉間(51km)と一体整備して，2022年の全線開業を目指す。(佐賀新聞社提供)

HINT (5)表中A〜Dの県のうち，1つだけ中部地方の県がふくまれる。

2 中国・四国地方 （6点×7＝42点）

右の地図を見て，次の各問いに答えなさい。

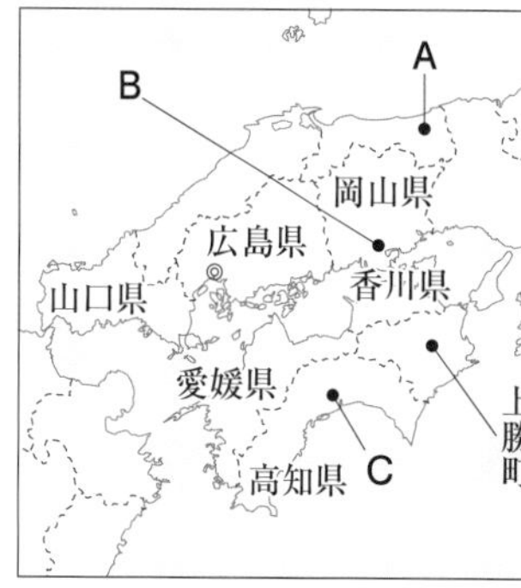

正答率34%　(1)　地図中にA～Cで示した３つの県庁所在地の気温と降水量を示した**資料１**のⅠ～Ⅲと，A～Cの組み合わせとして正しいものを，次から１つ選び，記号で答えなさい。〈埼玉県〉（　　　）

ア　Ⅰ－C　Ⅱ－B　Ⅲ－A　　イ　Ⅰ－B　Ⅱ－C　Ⅲ－A
ウ　Ⅰ－B　Ⅱ－A　Ⅲ－C　　エ　Ⅰ－C　Ⅱ－A　Ⅲ－B

(2)　**資料２**は，地図中に◎で示した広島市の中心市街地に見られる，河口に砂や泥（どろ）が積もってできた平坦（へいたん）な地形です。この地形を何といいますか。〈大分県〉

（　　　　　）

資料１

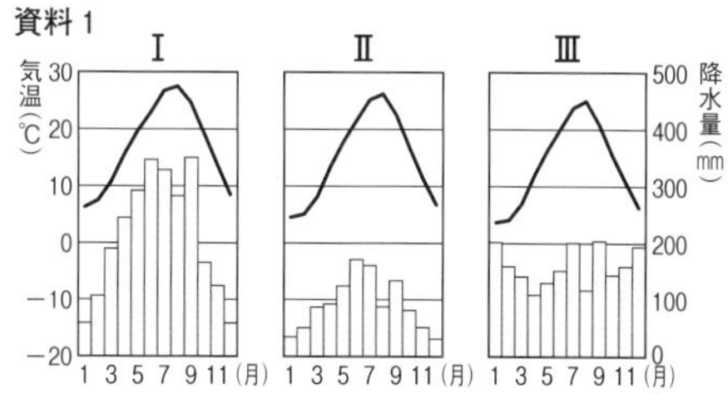

（令和３年「理科年表」）

資料２

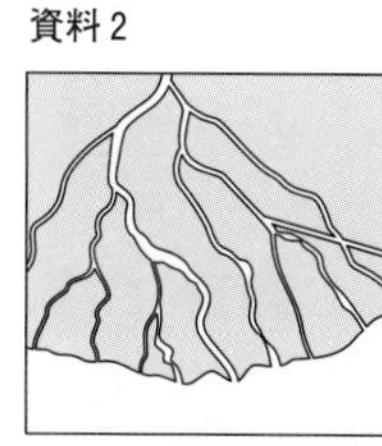

重要　(3)　地図中の愛媛県・香川県・山口県・広島県・岡山県の５県で形成されている工業地域名を答えなさい。〈長野県〉

（　　　　　）

正答率63%　(4)　地図中の高知県では，農作物の商品価値を高めるため，温暖な気候を利用し，ビニールハウスなどの施設で農作物を栽培して，出荷時期を早める栽培方法が行われています。この栽培方法を何といいますか。〈高知県〉（　　　　　）

(5)　**資料３**は，地図中の愛媛県で栽培のさかんな果物の生産量割合を示しています。この果物を次から１つ選び，記号で答えなさい。（　　　）

ア　パイナップル　　イ　もも　　ウ　みかん　　エ　りんご

資料３ （2019年）

（2021年版「データでみる県勢」）

(6)　中国・四国地方では，過疎（かそ）化が進むとともに，高齢化も極端（きょくたん）に進み，人口の半数以上を65歳以上の人がしめる集落が増えています。このような集落を何といいますか。〈大分県〉（　　　　　）

注意　(7)　右の表は，地図中の上勝（かみかつ）町（徳島県）の地域活性化の取り組みについてまとめたものです。この内容にあてはまる適切なものを，次から１つ選び，記号で答えなさい。〈長野県・改〉（　　　）

徳島県上勝町の「つまもの（料理にそえる葉など）」販売	
・過疎地域 ・65歳以上人口割合 52.8% ・人口1,510人（2020年）	・野山の葉や栽培した葉などを，全国の料理店等に販売。 ・生産者自らパソコンで，市場調査や売上確認。

（2021年版「データでみる県勢」）

ア　伝統のある特産品を活用し，品質にこだわりをもち，ブランド化している。
イ　若者のアイデアを活用し，外国製品より安価で安心な商品をつくっている。
ウ　販売地域を四国地方だけに限定し，地産地消（ちさんちしょう）に役立てている。
エ　地域にある資源や情報機器を活用し，高齢者にも働きやすい環境をつくっている。

HINT　(1)資料１の気候グラフの降水量と降水の多い時期に注目する。

歴史と産業の観点から地方の特色をつかもう！

重要度★★★

10 近畿地方，中部地方

学習日　　月　　日

ポイント整理

祇園祭は，京都の夏の風物詩といわれるね。

① 近畿地方

自然と環境保全

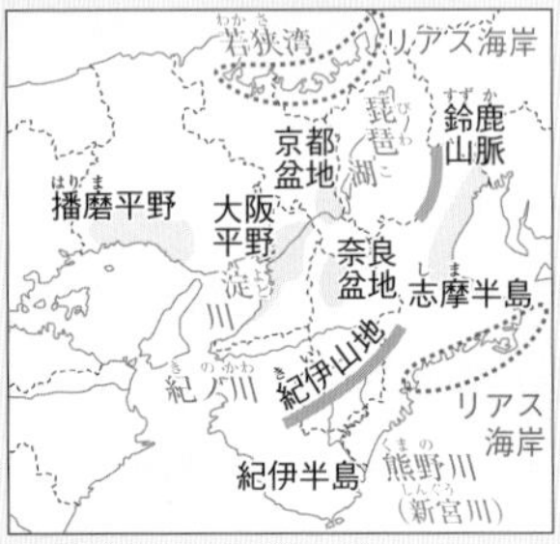

▲近畿地方の自然

琵琶湖の水質 琵琶湖は日本最大の湖。大阪(京阪神)大都市圏の人々が琵琶湖の水を利用。産業・生活排水により赤潮が発生→リンをふくむ合成洗剤の使用禁止など，環境保全の取り組み。

古都の景観保全

大切 **古都，奈良・京都**
かつて奈良に平城京，京都に平安京がおかれた。多くの文化財があり，世界遺産に登録。歴史的景観を保全する取り組みが進められている。京都の西陣織，奈良の筆など伝統産業もさかん。

都市開発 大阪や神戸の過密による住宅不足を解決するため，臨海部のうめ立てや人工島をつくり，ニュータウンを建設。

商工業

商業 大阪市では卸売業の割合が高く，特定の商品をあつかう問屋街を形成。

工業 阪神工業地帯では臨海部の鉄鋼，石油化学，内陸部の電気機械など重化学工業が発達。地盤沈下の問題。大阪湾岸に先端技術産業が進出。中小工場(中小企業の工場)の割合が高いのが特色。

注意 交通の面では，港湾施設が整えられたポートアイランド(神戸市)と，24時間利用することができる関西国際空港(大阪府)をおさえておこう。

農林水産業

農業 大都市郊外では京野菜などの近郊農業がさかん。

林業 紀伊山地で尾鷲ひのき，吉野すぎなどの高級な木材を生産。

漁業 志摩半島のリアス海岸の入り江で，真珠を養殖している。

神戸市などは，阪神・淡路大震災により大きな被害を受け，復興の努力を続けてきたよ。

入試によく出る資料　おもな農産物の生産県 (生産量の割合)

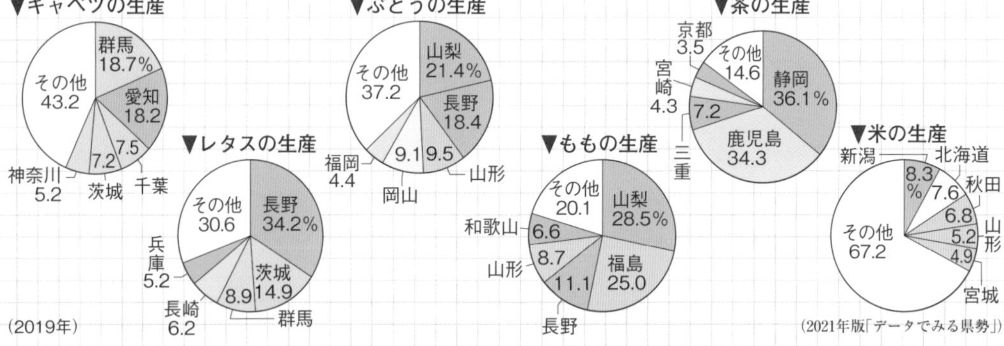

(2019年)　(2021年版「データでみる県勢」)

即答チェックの答え ①琵琶湖 ②伝統産業 ③卸売業 ④中小工場(中小企業) ⑤紀伊山地 ⑥豊田市 ⑦東海工業地域 ⑧甲府盆地

入試必勝ワード　琵琶湖　伝統産業　卸売業　中小工場　豊田市　東海工業地域

② 中部地方

南北にも東西にもはばが広い地方だね。

◐自然・人口・交通

自然　東海，中央高地，北陸に区分。中央高地に日本アルプス（飛驒・木曽・赤石山脈）。信濃川下流に越後平野。濃尾平野西部に輪中。

▲中部地方の自然

人口　名古屋大都市圏は，東京，大阪の大都市圏につぐ人口集中地域。名古屋市には国の出先機関や大企業の本社，支社などが集まる。

交通　名古屋港や中部国際空港から工業製品を輸出。東西を結ぶ東海道新幹線や東名・名神高速道路，中央自動車道などが通る。

◐農業・漁業

東海の農・漁業　知多半島に愛知用水，渥美半島に豊川用水が引かれ，野菜，花などの施設園芸農業。静岡県ではみかん，茶を栽培。焼津港は遠洋漁業の基地。

中央高地の農業　甲府盆地の扇状地でぶどうやもも，長野盆地ではりんごを栽培。八ヶ岳で高原野菜の栽培。

北陸の農業　雪が多いため，暖かい時期に稲作だけを行い，冬に農業をしない水田単作が中心。コシヒカリなどの銘柄米（ブランド米）を生産。

◐工業

大切　中京工業地帯では豊田市などで自動車工業がさかん。瀬戸市や多治見市で古くから陶磁器の産地。東海工業地域の浜松市では楽器の生産がさかん。

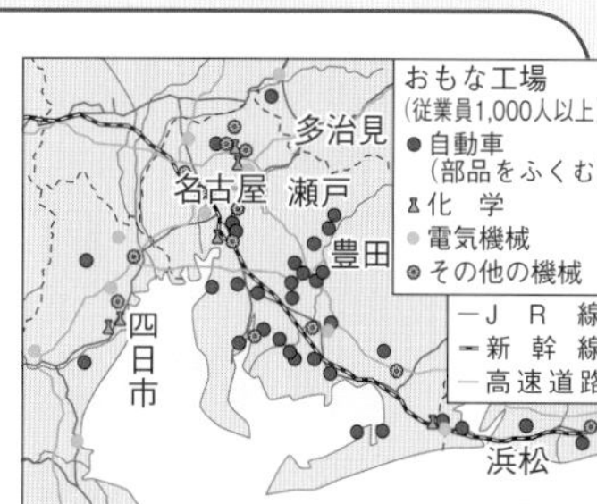

▲東海地方の工業

中央高地の工業　諏訪湖周辺の工業は，製糸業→精密機械工業→電子工業へと変化。

北陸の工業　アルミニウムなどの金属工業，薬品などの化学工業が発達。輪島市の漆器，高岡市の銅器，三条市の金物などの伝統産業や地場産業。

即答チェック

- □ ① 滋賀県にある，日本最大の湖を何といいますか。〔　　　〕
- □ ② 古くからの技術や原材料を用いて工芸品を生産する産業を何といいますか。〔　　　〕
- □ ③ 大阪市で特にさかんな，商品を生産者から小売業者へ流通させる商業を何といいますか。〔　　　〕
- □ ④ 阪神工業地帯で比較的割合の高い，生産規模の小さな工場（企業）を何といいますか。〔　　　〕
- □ ⑤ 吉野すぎ，尾鷲ひのきなどの生産がさかんな山地を何といいますか。〔　　　〕
- □ ⑥ 自動車会社に由来する市名をもつ，愛知県の自動車工業都市はどこですか。〔　　　〕
- □ ⑦ 静岡県の太平洋岸に発達した工業地域を何といいますか。〔　　　〕
- □ ⑧ ぶどう・ももの栽培がさかんな山梨県の盆地を何といいますか。〔　　　〕

トレーニングテスト

→別冊解答 p.11

1 近畿地方 (6点×8＝48点)

右の地図を見て，次の各問いに答えなさい。

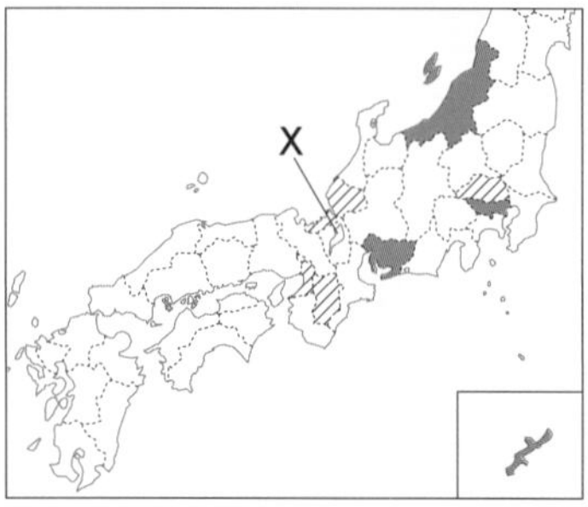

正答率49% (1) **資料1**は，地図中の▨で表された4府県の人口と昼夜間(ちゅうやかん)人口比率を表しています。このうち，奈良県について表しているものを**ア**～**エ**から1つ選び，記号で答えなさい。 〈青森県・改〉(　　　)

資料1

	人口(万人)	昼夜間人口比率(%)
ア	133.0	90.0
イ	880.9	104.4
ウ	76.8	100.0
エ	735.0	88.9

(2021年版「データでみる県勢」)

(注)昼夜間人口比率＝$\frac{\text{昼間人口}}{\text{夜間人口}}\times 100$

重要 (2) 奈良県の特産となっている木材を，次から1つ選び，記号で答えなさい。 (　　　)

ア 木曽(きそ)ひのき　**イ** 天竜(てんりゅう)すぎ　**ウ** 青森ひば　**エ** 吉野(よしの)すぎ

(3) 面積が日本最大である，地図中の**X**の湖を何といいますか。 (　　　　)

資料2　伝統的工芸品の指定品目数が上位の都府県

順位	都府県名	指定品目数
1	東京都	18
2	京都府	17
3	新潟県 沖縄県	16
4	愛知県	14

(経済産業省調べ)

正答率51% (4) **資料2**は，伝統的工芸品の指定品目数が上位の都府県を示したもので，資料中の5都府県のうち4都府県が地図中に●で示されています。地図中に示されていない1つの都府県名を答えなさい。 〈埼玉県・改〉(　　　　)

正答率62% (5) 近畿(きんき)地方の7府県を比較(ひかく)した**資料3**について，次の問いに答えなさい。 〈兵庫県・改〉

資料3

府県名	人口(東京都を100とした割合)(2019年)	Y (東京都を100とした割合)(2015年)	宿泊施設での宿泊者(万人)(2019年)	宿泊施設(施設数)(2018年)	スキー場(施設数)(2019年4月)
大阪	63	28	4,743	2,122	0
a	19	3	3,075	4,467	0
b	39	6	1,442	2,124	13
三重	13	1	860	1,586	1
滋賀	10	1	502	865	6
c	7	1	532	1,337	0
d	10	0.5	273	764	0

(2021年版「データでみる県勢」)

① **資料3**中の**Y**にあたる項目として適切なものを，次から1つ選び，記号で答えなさい。

ア 農業産出額　**イ** 工業出荷額　**ウ** 卸売業(おろしうりぎょう)年間販売額　**エ** 漁獲量(ぎょかくりょう)　(　　　)

② 兵庫県にあたるものを，**資料3**中の**a**～**d**から1つ選び，記号で答えなさい。 (　　　)

(6) 津和野(つわの)町(島根県)の伝統芸能である鷺舞(さぎまい)は，町衆(ちょうしゅう/まちしゅう)により応仁(おうにん)の乱(らん)後に復興(ふっこう)した京都の伝統的な祭りに源流があります。この京都の祭りを，次から1つ選び，記号で答えなさい。 〈山口県〉

ア 七夕(たなばた)まつり　**イ** ねぶた祭(まつり)　**ウ** 祇園(ぎおん)祭　**エ** 花笠(はながさ)まつり　(　　　)

重要 (7) 阪神(はんしん)工業地帯のかかえてきた問題点としてあてはまらないものを，次から1つ選び，記号で答えなさい。 (　　　)

ア 自動車工業などの機械工業の立地が進まず，工業製品出荷額がのびなやんだ。

イ 化学工場の廃水(はいすい)にふくまれた有機水銀(ゆうきすいぎん)が原因で，四大公害病の1つが発生した。

ウ 鉄鋼や石油化学工業が，アジアをはじめとする外国との競争でのびなやんだ。

エ 工業用に地下水をくみ上げすぎたことで地盤沈下(じばんちんか)が発生した。

HINT (5)①Yは東京都を100とした割合から，イかウにしぼられる。

2 中部地方 （(1)4点，(2)(3)(5)～(8)5点×6，(4)(9)9点×2，計52点）

右の地図を見て，次の各問いに答えなさい。

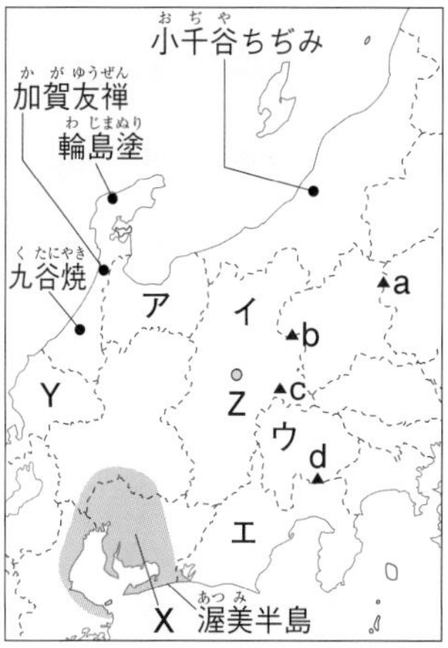

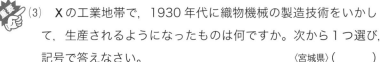

(1) 世界文化遺産に登録された富士山の位置を，地図中のa～dから1つ選び，記号で答えなさい。〈群馬県〉(　　　)

(2) 地図中のXの工業地帯を何といいますか。〈宮城県〉
(　　　　　　)

重要 (3) Xの工業地帯で，1930年代に織物機械の製造技術をいかして，生産されるようになったものは何ですか。次から1つ選び，記号で答えなさい。〈宮城県〉(　　　)
ア 自動車　イ テレビ　ウ 楽器　エ 食器

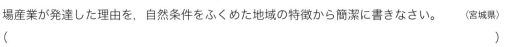

差がつく (4) 地図中にあるように，北陸では，伝統的な工芸品を生産する地場産業が，農家の副業から発達しました。北陸でこれらの地場産業が発達した理由を，自然条件をふくめた地域の特徴から簡潔に書きなさい。〈宮城県〉
(　　　　　　　　　　　　　　　　　　　　　　　　　　　　　)

(5) 地図中のYの県の地場産業でつくられ，国内生産量の約90%をしめるものを次から1つ選び，記号で答えなさい。〈石川県〉(　　　)
ア ピアノ　イ 眼鏡フレーム　ウ ファインセラミックス　エ IC(集積回路)

(6) 地図中のZの地域では，明治時代から現在まで次のような工業が発達してきました。このうち，最も新しく発達した工業を，次から1つ選び，記号で答えなさい。(　　　)
ア 電子工業　イ 製糸業　ウ 精密機械工業　エ 化学工業

正答率83% (7) 2019年における茶の生産量が47都道府県の中で最も多い県を，地図中のア～エから1つ選び，記号で答えなさい。また，その県の名を書きなさい。(完答)〈北海道〉
(　　　・　　　　　)

重要 (8) 地図中の渥美半島では，温室やビニールハウスを用いた野菜や花の促成栽培や抑制栽培が行われています。このように温室やビニールハウスを用いた農業のことを何といいますか。〈山口県〉
(　　　　　　)

(9) 右のグラフは，2020年の東京都中央卸売市場における長野県とその他の産地のレタスの月別出荷量を表したものです。長野県では，東京に近いこともあり，高原でレタスの栽培がさかんです。さかんな理由を，長野県の高原の気温の特徴と，資料から読み取れる長野県とその他の産地の出荷時期に着目して，書きなさい。〈徳島県〉

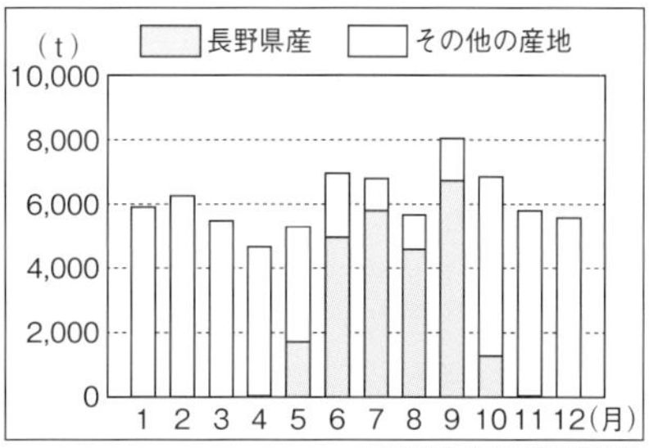

(東京都中央卸売市場資料)

(　　　　　　　　　　　　　　　　　　　　　　　　　　　　　)

HINT (9)長野県産レタスの出荷量は，他の産地に比べ，初夏から秋にかけて多くなっている。

重要度★★★

関東地方，東北地方，北海道地方

学習日　月　日

ポイント整理

① 関東地方

日本の総人口の約３分の１が関東地方に集中しているよ。

自然と農業

自然　冬には，乾燥したからっ風とよばれる冷たい北西の季節風がふく。台地は関東ロームという赤土がおおう。

農業　大都市の市場への出荷を目的として，野菜や花などを栽培する近郊農業がさかん。嬬恋村(群馬県)で高原野菜。

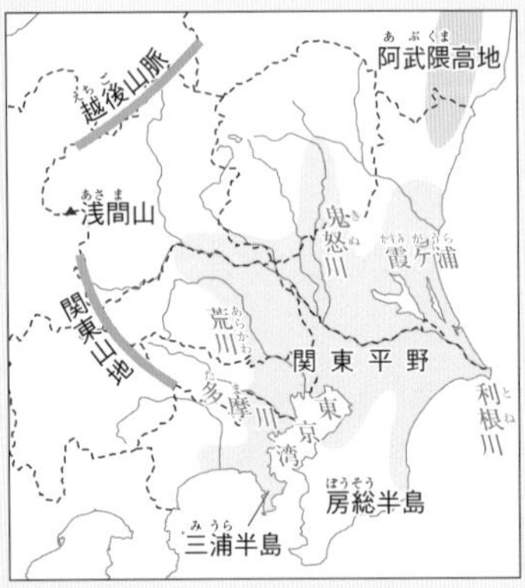

◀関東地方の自然

みなとみらい21，幕張新都心，さいたま新都心などが建設され，東京都心の機能の分散が進んでいるよ。

都市機能の集中

首都である東京の都心に，政治・経済の中枢機能が一極集中。新宿，池袋，渋谷などは副都心として発展。多くの人々が郊外から通勤・通学してくる東京都の東部では，夜間人口より昼間人口の方が多い。

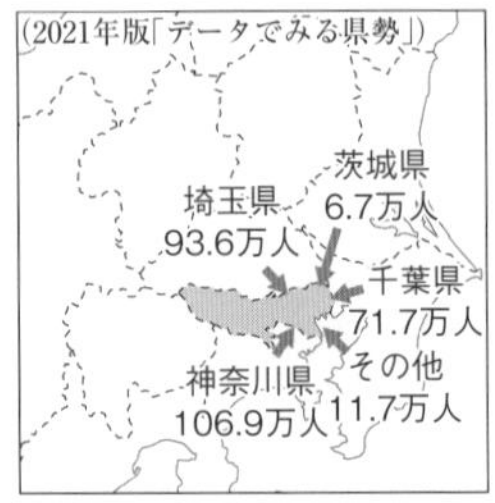

▲東京都への通勤・通学者

郊外の市街地　東京大都市圏では，過密による交通渋滞，ごみ処理場の不足などの問題が発生。多摩，港北などの丘陵地にニュータウンを開発。

工業

大切　**臨海部の工業**
京浜工業地帯に機械，鉄鋼，化学の重化学工業が立地。印刷業が集中。京葉工業地域には石油化学コンビナート。

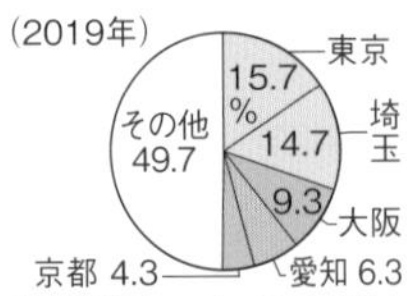

(2021年版「データでみる県勢」)
▲印刷・同関連業の出荷額割合

内陸部の工業　古くから製糸や絹織物などの繊維工業が発達。現在は，高速道路沿いに自動車などの機械工業の工業団地が進出し，関東内陸(北関東)工業地域を形成。

入試によく出る資料　おもな工業地帯・工業地域の出荷額割合 (2017年)

	金属	機械	化学	食料品	繊維	その他
京浜工業地帯(259,961億円)	8.9%	49.4	17.7	11.0	0.4	12.6
中京工業地帯(577,854億円)	9.4%	69.4	6.2	4.7	0.8	9.5
阪神工業地帯(331,478億円)	20.7%	36.9	17.0	11.0	1.3	13.1
(北九州工業地帯)(98,040億円)	16.3%	46.6	5.6	16.9	0.5	14.1
瀬戸内工業地域(306,879億円)	18.6%	35.2	21.9	8.1	2.1	14.1
関東内陸工業地域(320,844億円)	11.6%	45.9	9.6	15.1	0.7	17.1
東海工業地域(169,119億円)	7.8%	51.7	11.0	13.7	0.7	15.1
京葉工業地域(121,895億円)	21.5%	13.1	39.9	15.8	0.2	9.5

(2020/21年版「日本国勢図会」)

即答チェックの答え　①からっ風　②近郊農業　③ニュータウン　④京浜工業地帯　⑤潮目(潮境)　⑥伝統的工芸品　⑦アイヌ民族(アイヌの人々)　⑧根釧台地

② 東北地方

特色のある生活や文化が受けつがれている地方だよ。

自然・生活・文化

自然と伝統的な生活

中央に奥羽山脈，三陸海岸南部は，リアス海岸。太平洋岸はやませの影響で冷害が発生。国の重要無形民俗文化財が多い。青森ねぶた祭，秋田竿燈まつり，仙台七夕まつり。

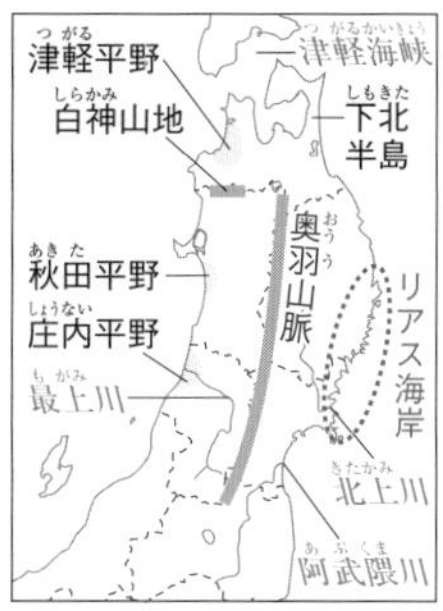

▲東北地方の自然

東北地方の太平洋側の地域は，2011年におこった東日本大震災の津波などで，大きな被害を受けたよ。

産業

農業・漁業　日本の穀倉地帯。青森でりんご，山形でおうとう，福島でももの栽培。三陸海岸沖の潮目（潮境）は好漁場。

伝統産業　会津塗（福島県），津軽塗（青森県），南部鉄器（岩手県），天童将棋駒（山形県）などは伝統的工芸品として指定。

▲交通網と工業団地

新しい工業　東北自動車道や東北新幹線の開通により，その沿線に電子部品や自動車部品などの工業団地が進出。

③ 北海道地方

自然　冷帯（亜寒帯）に属し，太平洋岸に濃霧発生。オホーツク海沿岸に流氷。

歩み　古くからアイヌ民族が住む。明治時代に屯田兵による開拓が進められた。札幌市街は碁盤目状に整備。

工業　札幌で食料品工業，苫小牧で製紙工業，室蘭で鉄鋼業。

大切　北海道の農業
石狩平野は，泥炭地の土地改良で稲作。十勝平野で畑作と酪農。根釧台地で酪農。

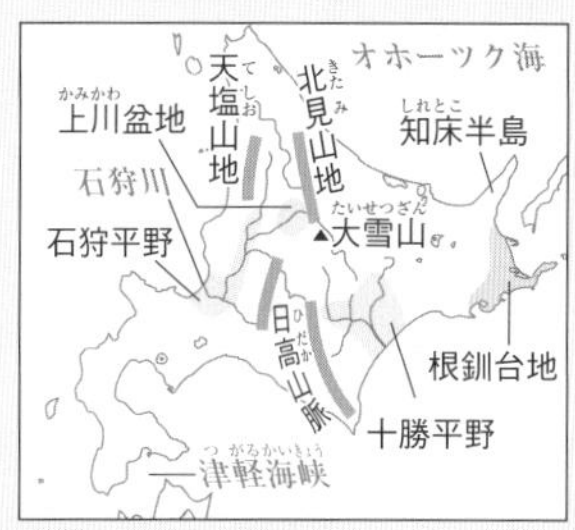

▲北海道地方の自然

即答チェック

- □ ① 冬に関東地方へふく，冷たく乾燥した北西の季節風を何といいますか。〔　　　〕
- □ ② 近くにある大都市の市場に野菜などを出荷する農業を何といいますか。〔　　　〕
- □ ③ 1960年代ごろから多摩などの丘陵地に開発された，大規模な住宅団地を何といいますか。〔　　　〕
- □ ④ 東京と横浜を中心に広がっている工業地帯を何といいますか。〔　　　〕
- □ ⑤ 三陸海岸沖に見られる，暖流と寒流がぶつかり好漁場となっている海域を何といいますか。〔　　　〕
- □ ⑥ 津軽塗・南部鉄器などの，国から特別の指定を受けた工芸品を何といいますか。〔　　　〕
- □ ⑦ 明治時代の開拓以前から北海道に住んでいる先住民族を何といいますか。〔　　　〕
- □ ⑧ 大規模な酪農が行われている北海道東部の台地を何といいますか。〔　　　〕

→別冊解答 p.12

1 関東地方 (6点×7＝42点)

右の地図を見て，次の各問いに答えなさい。

正答率46% (1) 関東平野に広がる，火山灰が積もってできた赤土の地層を何といいますか。 〈栃木県〉(　　　　　　　　)

(2) 下流が地図中の**ア**・**イ**の県の県境として用いられている，流域面積が全国一の川を何といいますか。 (　　　　　　　　)

注意 (3) **資料1**中のⓐ〜ⓔは，秋田県，茨城県，愛媛県，鹿児島県いずれかの農業産出額の品目別の割合を表したものです。茨城県を示しているものを1つ選び，記号で答えなさい。〈岩手県〉 (　　　)

資料1

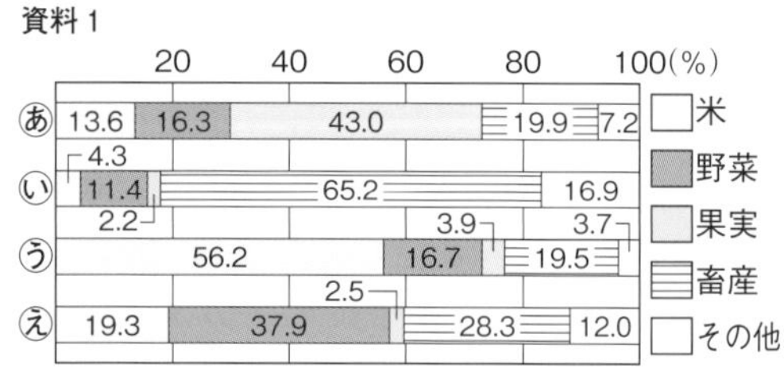

(2018年)(2021年版「データでみる県勢」)

重要 (4) 企業の工場移転に関して，次の**ア**〜**エ**のうち，内陸地域への移転に適している工業の種類を1つ選び，記号で答えなさい。 〈岩手県〉

ア 鉄鋼業　　**イ** 造船業 (　　　)

ウ 自動車工業　　**エ** 石油化学工業

注意 (5) **資料2**から読み取れる内容として正しいものを，次からすべて選び，記号で答えなさい。
(完答) 〈岡山県〉(　　　　　　　)

資料2

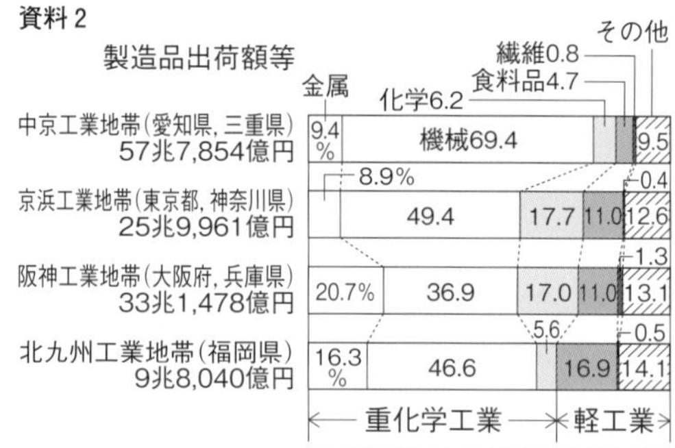

(2017年)(2020/21年版「日本国勢図会」)

ア 4つの工業地帯のすべてで，製造品出荷額等にしめる軽工業の割合は機械の割合よりも少ない。

イ 4つの工業地帯のすべてで，製造品出荷額等にしめる重化学工業の割合は70%を超えている。

ウ 4つの工業地帯の中で，製造品出荷額等が最も大きいのは，中京工業地帯である。

エ 4つの工業地帯の中で，製造品出荷額等にしめる化学の割合が最も大きいのは，京浜工業地帯である。

(6) 都市機能の分散について，「みなとみらい21」地区がある県を地図中の**ア**〜**エ**から1つ選び，記号で答えなさい。また，その県名を答えなさい。(完答)〈岩手県〉(記号　　　県名　　　　　)

差がつく (7) **資料3**は，東京都心への通勤・通学者が多い東京近郊のある地域を模式的に描いたものです。この地域に鉄道が建設されたあと，A→C→Bの順に市街地化が進みました。C地点はB地点よりも東京都心から遠いにもかかわらず，先に市街地化したのはなぜですか。その理由を通勤・通学時間の点から考えて，簡潔に書きなさい。 〈香川県〉

資料3

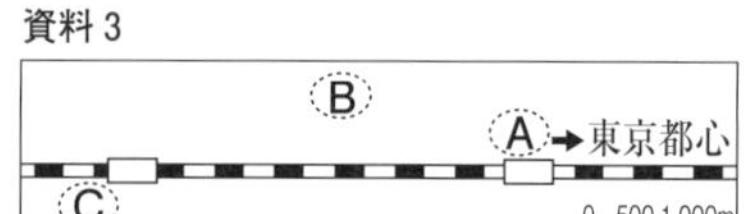

(　　　　　　　　　　　　　　　　　　　　　　　　　　　　　　　　　　　　)

HINT (7) A・B・C地点の駅までの距離に注目する。

目標時間 30分 目標点数 80点

／100点

2 東北地方 （7点×4＝28点）

右の地図を見て，次の各問いに答えなさい。 〈福島県・改〉

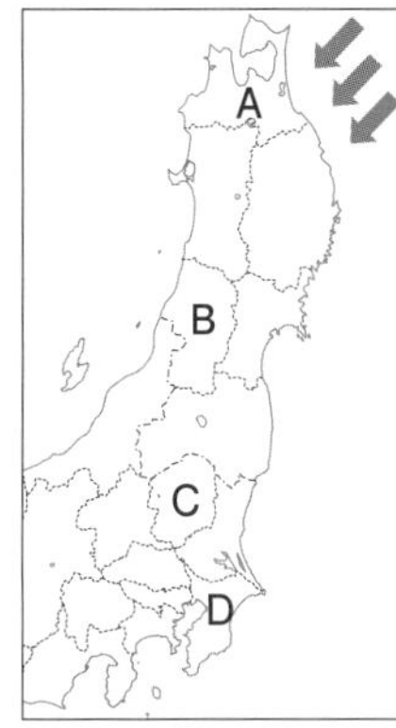

正答率80％ (1) 地図中の➡は，北海道から東北地方の太平洋岸にかけて北東方向からふく，冷たい湿った風を示しています。これは，冷夏の原因になることがあります。この風を何といいますか。 （　　　　）

正答率90％ (2) 東北地方を代表する伝統的な祭りについて，地図中のA県に最も関係のあるものを，次から１つ選び，記号で答えなさい。 （　　）

ア さんさ踊り　イ ねぶた祭
ウ 竿燈まつり　エ 花笠まつり

重要 (3) **資料１**はある農産物の生産量割合を示し，A・Bは地図中の県にあたります。この農産物を，次から１つ選び，記号で答えなさい。（　　）

ア りんご　イ もも
ウ さくらんぼ　エ かき

資料１

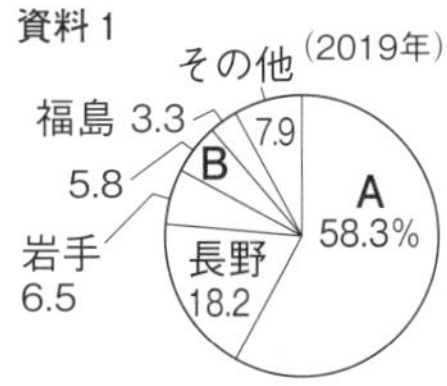

（2021年版「データでみる県勢」）

正答率61％ (4) **資料２**は，地図中のB・C・D県の第一次，第二次，第三次産業別の就業者の割合を表しています。B県にあてはまるグラフを，ア～ウから１つ選び，記号で答えなさい。 （　　）

資料２ B・C・D県の第一次，第二次，第三次産業別の就業者の割合

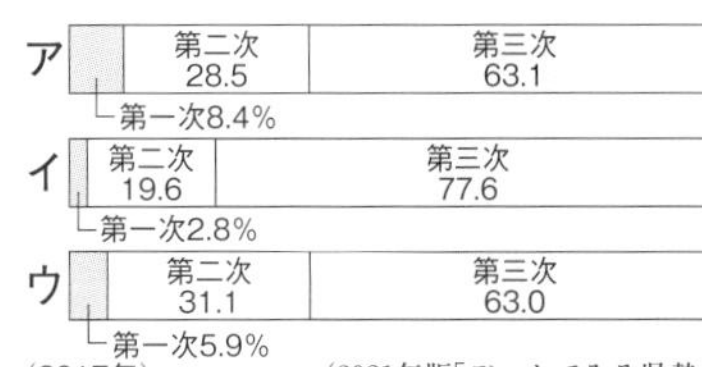

（2017年）（2021年版「データでみる県勢」）

3 北海道地方 （6点×5＝30点）

右の地図を見て，次の各問いに答えなさい。

(1) 北海道にある，ユネスコの世界自然遺産として最も適当なものを，次から１つ選び，記号で答えなさい。 〈三重県〉（　　）

ア 知床　イ 屋久島　ウ 白神山地　エ 小笠原諸島

注意 (2) 右の資料について，a～cは，旭川，根室，函館のいずれかの都市の月別平均気温を示しています。地図を参考に，a～cにあてはまる都市名をそれぞれ答えなさい。（完答） 〈富山県〉

３都市の月別平均気温（℃）

月	1	2	3	4	5	6	7	8	9	10	11	12	年平均
a	−2.6	−2.1	1.4	7.2	11.9	15.8	19.7	22.0	18.3	12.2	5.7	0.0	9.1
b	−7.5	−6.5	−1.8	5.6	11.8	16.5	20.2	21.1	15.9	9.2	1.9	−4.3	6.9
c	−3.7	−4.3	−1.3	3.4	7.3	10.6	14.2	17.3	15.7	11.3	5.3	−0.5	6.3

（令和３年「理科年表」）

（a　　　　b　　　　c　　　　）

重要 (3) 次の文のX～Zに入る適切な語を，あとから１つずつ選び，記号で答えなさい。〈富山県・改〉

「根釧台地とその周辺では，夏の［X］気候を利用して酪農がさかんであり，おもに［Y］や［Z］を全国に出荷している。」（Y・Zは順不同） X（　　）Y（　　）Z（　　）

ア 羊毛　イ バター　ウ チーズ　エ 比較的暖かい　オ 涼しい

HINT (2) bは，冬と夏の気温差が大きいので内陸部の気候。

ポイントチェック① 01~11

学習日　　月　　日

用語チェック

▶ 地理

01 ① 三大洋のうち，いちばん大きな大洋を何といいますか。（　　　）
② 緯度(いど)の基準となる０度の緯線(いせん)を何といいますか。（　　　）
③ フィリピンなどの，まわりを海に囲まれた国を何といいますか。（　　　）

02 ① 沿岸国が漁業や鉱産(こうさん)資源の採掘(さいくつ)の権利をもつ海域を何といいますか。（　　　）
② 択捉島(えとろふとう)・国後島(くなしり)・色丹島(しこたん)・歯舞群島(はぼまいぐんとう)をまとめて何といいますか。（　　　）
③ 日本の標準時子午線(ひょうじゅんじしごせん)は東経(とうけい)何度を通っていますか。（　　　）

03 ① 砂漠(さばく)の中でも，わき水がある地域を何といいますか。（　　　）
② タイガとよばれる針葉樹林(しんようじゅりん)が広がる気候帯は何ですか。（　　　）
③ タイやベトナムなどでさかんな宗教は何ですか。（　　　）

04 ① 中国(ちゅうごく)南東部の，外国企業を誘致(ゆうち)するための５地区を何といいますか。（　　　）
② 熱帯(ねったい)産の輸出用作物を栽培する大農園を何といいますか。（　　　）
③ イラク・クウェートなどの産油国が面する湾(わん)を何といいますか。（　　　）

05 ① ヨーロッパ 27 か国が加盟する地域統合の組織を何といいますか。（　　　）
② ヨーロッパに年じゅう西からふいている風を何といいますか。（　　　）
③ アフリカ北部に広がる，世界最大の砂漠(さばく)を何といいますか。（　　　）

06 ① アメリカの北緯(ほくい) 37 度以南の地域を何といいますか。（　　　）
② ブラジルの公用語は何ですか。（　　　）
③ オーストラリアの先住民を何といいますか。（　　　）

07 ① 実際の 250m が 1cm で表される地形図の縮尺(しゅくしゃく)は何ですか。（　　　）
② 標高(ひょうこう)が等しい地点を結んだ地図上の線を何といいますか。（　　　）

08 ① 三陸(さんりく)海岸南部などに見られる複雑な海岸地形を何といいますか。（　　　）
② 関東(かんとう)から九州(きゅうしゅう)北部まで広がる工業のさかんな地域を何といいますか。（　　　）

09 ① 阿蘇山(あそさん)に見られる，火山の噴火(ふんか)でできたくぼ地を何といいますか。（　　　）
② 稲作(いなさく)が終わった後の耕地で麦などを栽培する農業を何といいますか。（　　　）
③ 瀬戸内海(せとないかい)沿岸の，化学工業のさかんな工業地域を何といいますか。（　　　）

10 ① 生産者から商品を仕入れて，小売業者へ販売する仕事は何ですか。（　　　）
② 愛知県などに広がる，自動車工業がさかんな工業地帯は何ですか。（　　　）
③ ぶどう，ももの産地となっている山梨県の盆地はどこですか。（　　　）

11 ① 大都市の近くで野菜や花を栽培する農業を何といいますか。（　　　）
② 三陸(さんりく)海岸沖にある，黒潮(くろしお)と親潮(おやしお)がぶつかる海域を何といいますか。（　　　）
③ 北海道の海岸に１月ごろ押しよせる凍(こお)った海水を何といいますか。（　　　）

答え

01 ①太平洋
②赤道
③島国（海洋国）

02 ①排他的経済水域
②北方領土
③東経 135 度

03 ①オアシス
②亜寒帯（冷帯）
③仏教

04 ①経済特区（経済特別区）
②プランテーション
③ペルシア湾（ペルシャ湾）

05 ① EU（ヨーロッパ連合）
②偏西風
③サハラ砂漠

06 ①サンベルト
②ポルトガル語
③アボリジニ（アボリジニー）

07 ①2万5千分の1
②等高線

08 ①リアス海岸
②太平洋ベルト

09 ①カルデラ
②二毛作
③瀬戸内工業地域

10 ①卸売業
②中京工業地帯
③甲府盆地

11 ①近郊農業
②潮目（潮境）
③流氷

総合チェック

→別冊解答 p.13

1 右の地図を見て，次の各問いに答えなさい。>>> 01 〜 06

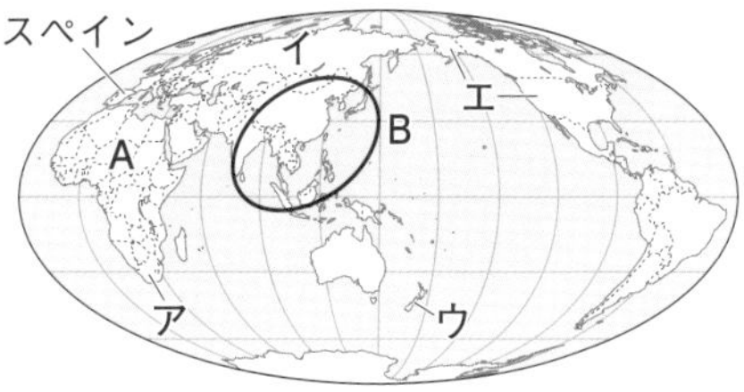

(1) この地図で正しく表現されているものを，次から１つ選び，記号で答えなさい。
ア 中心からの距離
イ 面積　ウ 角度　（　　）

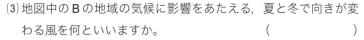

(2) 地図中のＡの大陸を何といいますか。（　　）

(3) 地図中のＢの地域の気候に影響をあたえる，夏と冬で向きが変わる風を何といいますか。（　　）

(4) スペイン語を話すヒスパニックが増加している国を，地図中のア〜エから１つ選び，記号で答えなさい。（　　）

2 右の地図を見て，次の各問いに答えなさい。>>> 07 〜 11

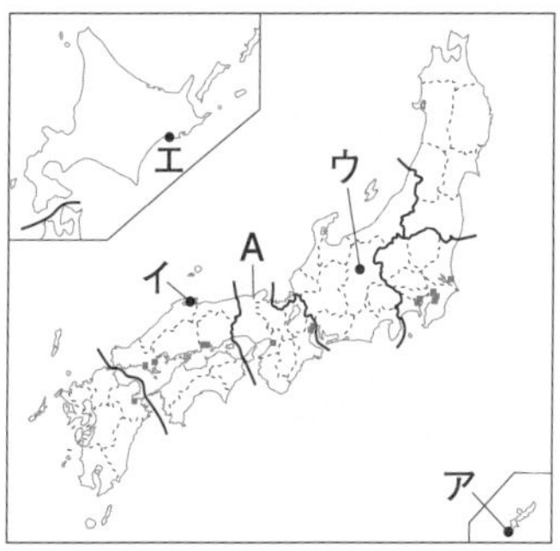

(1) 地図中のＡに適する地方名を答えなさい。（　　）

(2) **資料１**で気候の特色を示した都市を，地図中のア〜エから１つ選び，記号で答えなさい。（　　）

(3) 地図中に■で示した都市には，たがいに関連のある工場が原料・燃料・製品などを利用し合う大工場群が見られます。これを何といいますか。（　　）

資料１

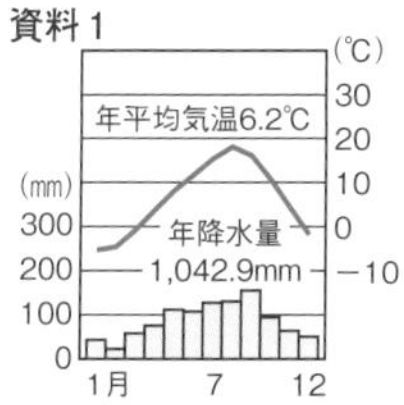

(4) **資料２**は，ある農産物の県別生産量割合を示しています。この農産物を，次から１つ選び，記号で答えなさい。（　　）
ア ピーマン
イ りんご
ウ ぶどう
エ みかん

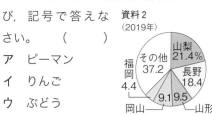

資料２

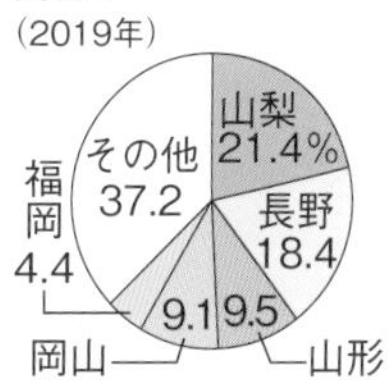

（2021年版「データでみる県勢」）

資料３

（2万5千分の1 地形図「石和」）

(5) **資料３**は，**資料２**の１位の県で見られる傾斜地です。この地形を何といいますか。（　　）

重要度★★★

文明のおこりと日本

学習日　　月　　日

ポイント整理

① 文明のおこり

サルの一種が直立二足歩行を始めたことで，人類が誕生したんだ。

人類の出現

旧石器時代　アフリカ大陸で最初の人類である**猿人**が出現。のち原人や新人（ホモ・サピエンス）へと進化し，言葉や火を使用。**打製石器**を使用。

新石器時代　氷河時代が終わった約１万年前から始まった。土器や**磨製石器**を使用。農耕，牧畜の開始。

文明の発展

メソポタミア文明　紀元前3000年ごろ。**太陰暦**（月の満ち欠けにもとづく）を発明し，ハンムラビ法典を制定。

インダス文明　紀元前2500年ごろ。モヘンジョ・ダロなどの都市を計画的に建設。

エジプト文明　紀元前3000年ごろ。**太陽暦**を発明し，ピラミッドなどを建設。

中国文明　紀元前16世紀ごろ殷という国がおこり，**甲骨文字**や青銅器を使用。

宗教のおこり

三大宗教
- 仏教…紀元前５世紀ごろに生まれたシャカ（釈迦）が開いた。
- キリスト教…１世紀に**イエス**が開いた。
- イスラム教…７世紀にムハンマドが開いた。

中国文明の変化

秦　紀元前３世紀，秦の**始皇帝**が中国を統一。**万里の長城**を築いた。

漢　秦にかわり中国を統一。シルクロード（絹の道）でローマ帝国と交易。**儒教**を重んじ，紙が発明された。

入試によく出る資料　原始・古代の日本でつくられた道具

①＿＿＿＿…旧石器時代の道具

③＿＿＿＿…縄文時代の焼き物

⑤＿＿＿＿…古墳時代の焼き物

②＿＿＿＿…新石器時代の道具

④＿＿＿＿…弥生時代の青銅器

⑥＿＿＿＿…渡来人が伝えた

即答チェックの答え　①アフリカ大陸　②太陰暦　③甲骨文字　④イエス　⑤万里の長城　⑥貝塚　⑦邪馬台国　⑧埴輪

入試必勝ワード　猿人　太陰暦　甲骨文字　イエス　貝塚　卑弥呼　埴輪

② 日本の古代国家の形成

◐ 日本列島の成立

旧石器時代 打製石器を用い，オオツノジカ，ナウマンゾウ，マンモスなどの狩りや植物の採集で食料を得ていた。

縄文時代 1万2000年ほど前から縄文土器がつくられた。狩り，採集，漁が行われ，食べ物の残りかすなどを捨てた貝塚ができた。人々は竪穴住居に住んだ。

▶大陸と陸続きのころの日本

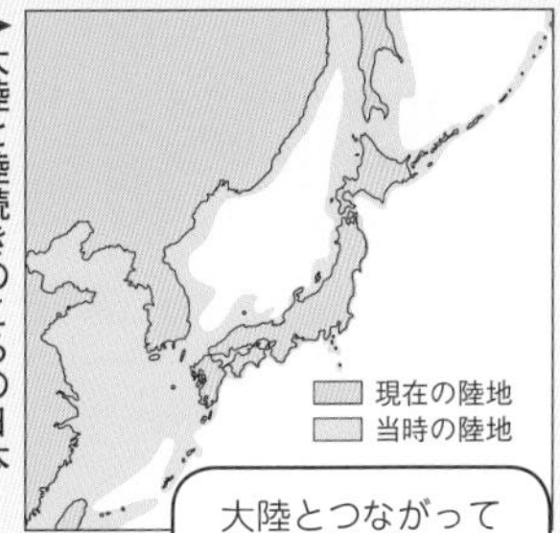

大陸とつながっていた日本が，氷河時代の終わりに海水面の上昇で切り離されたよ。

▲竪穴住居

◐ 弥生時代

米づくりの始まり 紀元前4世紀ごろ，大陸から米づくりが伝わった。稲は石包丁で収穫し，高床倉庫に貯蔵。弥生土器で調理。

土地・水をめぐる争い／食料をめぐる争い → 強いむらが周りのむらを従える → 小さなくにができる → 米づくりや戦争の指導者が，豪族や王となる

大切

奴国	1世紀半ば，倭(日本)の奴国の王が，漢(後漢)に使いを送り，皇帝から金印を授けられた。
邪馬台国	3世紀半ば，女王卑弥呼が魏に使いを送り，皇帝から金印や銅鏡をおくられた。

注意 奴国のことは『後漢書』，邪馬台国のことは魏志倭人伝(『三国志』魏書の倭人伝)に記されている。

◐ 古墳時代

古墳の出現 3世紀後半，奈良盆地を中心とする地域で王や豪族の墓として，前方後円墳などの古墳がつくられるようになった。

▼大型古墳の分布

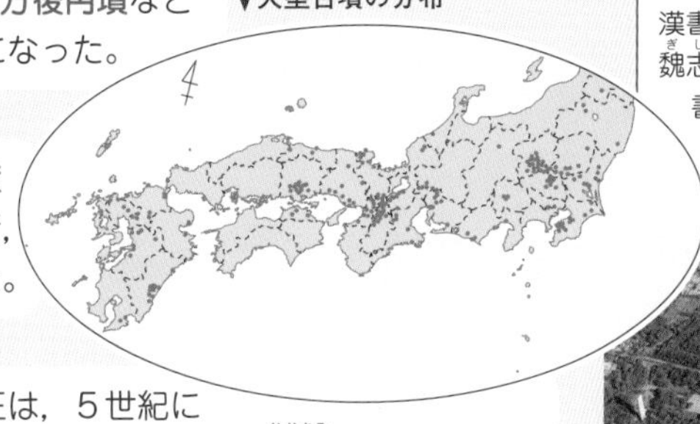

古墳文化 古墳の上や周囲に埴輪。渡来人が須恵器(かたい質の土器)をつくる技術，漢字や儒学(儒教)を伝えた。

▲大仙(仁徳陵)古墳(大阪府)

大和政権 大和政権(ヤマト王権)の王は，5世紀には九州から東北地方南部までの豪族を従え，大王とよばれた。

即答チェック

- ☐ ① 最古の人類である猿人が現れたのは，どの大陸ですか。〔　　〕
- ☐ ② メソポタミア文明で発明された，月の満ち欠けを基準にした暦を何といいますか。〔　　〕
- ☐ ③ 殷の時代に，占いの結果を記すのに使われた文字を何といいますか。〔　　〕
- ☐ ④ 紀元前後にパレスチナ地方に生まれ,「神は苦しんでいる者を救う」と説いてキリスト教をおこしたのはだれですか。〔　　〕
- ☐ ⑤ 秦の始皇帝が，北方遊牧民の侵入を防ぐために築いた城壁を何といいますか。〔　　〕
- ☐ ⑥ 縄文時代の人々が，食べ物の残りかすなどを捨てた跡を何といいますか。〔　　〕
- ☐ ⑦ 卑弥呼は何という国の女王でしたか。〔　　〕
- ☐ ⑧ 古墳の上や周りにおかれた焼き物を何といいますか。〔　　〕

入試によく出る資料の答え　①打製石器　②磨製石器　③土偶　④銅鐸　⑤埴輪　⑥須恵器

12 トレーニングテスト

→別冊解答 p.14

1 文明のおこり （8点×5＝40点）

次の各問いに答えなさい。

正答率81%

(1) 資料１は，Ａ班がまとめた資料の一部です。資料中の［　　］にあてはまる言葉を答えなさい。 〈高知県〉(　　　　　)

資料１

人類は，右の写真のように，石を打ち割ったり，打ち欠いたりしてつくった石器を使用していた。このようにしてつくった石器を総称して［　　］石器という。

(2) 資料２の遺跡がある国の位置を，右下の地図中のア〜エから１つ選び，記号で答えなさい。 〈島根県〉(　　　)

資料２

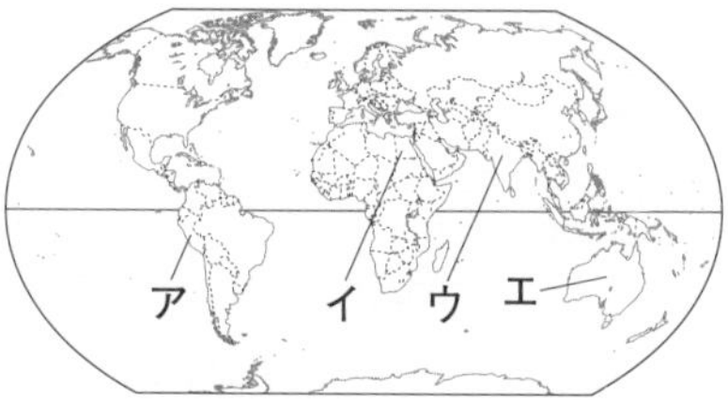

重要

(3) かつて世界には，いくつかの大きな河川の流域に古代文明が発生しました。次のア〜エのうち，中国の黄河流域に発生した文明で生まれたものはどれですか。１つ選び，記号で答えなさい。〈岩手県〉(　　　)

ア 仏教　イ 鉄砲　ウ 太陽暦　エ 甲骨文字

(4) 資料３中の［　　］にあてはまる最も適当な言葉を，漢字１字で答えなさい。なお，文章中の２か所の［　　］には同じ言葉があてはまります。 〈愛知県〉

(　　　　　)

資料３

右の写真は，発掘された始皇帝陵の兵馬俑を写したものである。紀元前３世紀に，［　　］の始皇帝は中国を統一したが，［　　］はすぐにほろび，漢が中国を支配した。

正答率61%

(5) 儒学（儒教）について説明した文として最も適切なものを，次から１つ選び，記号で答えなさい。 〈新潟県〉(　　　)

ア シャカは，心の迷いを取りさればこの世の苦しみからのがれられると説いた。

イ イエスは，神の前ではみな平等で，神を信じる者はだれでも救われると説いた。

ウ ムハンマドは，唯一の神アッラーの前ではみな平等であると説いた。

エ 孔子は，自分の行いを正すことが，国を治めるもとであると説いた。

HINT (5)儒教は，日本や朝鮮半島の国々の思想や政治に，大きな影響をあたえた。

2 日本列島の成立 （9点×2＝18点）

次の各問いに答えなさい。

差がつく

(1) 右の資料の下線部について，このことの背景には，地球規模の環境の変化があります。どのような環境の変化がありましたか。簡潔に書きなさい。 〈山口県〉

(　　　　　　　　　　　　　　　　　　　　　　　　)

資料 縄文時代の食生活

森林が広がり，食用となる木の実が豊富になった。また，ナウマンゾウなどの大型動物にかわって，シカやイノシシなどが増えた。

正答率38% (2) 青森県にある三内丸山遺跡は今から約5500年前～約4000年前の集落跡です。この集落跡から発見されたものとして最も適当なものを，右から1つ選び，記号で答えなさい。 〈千葉県〉(　　　)

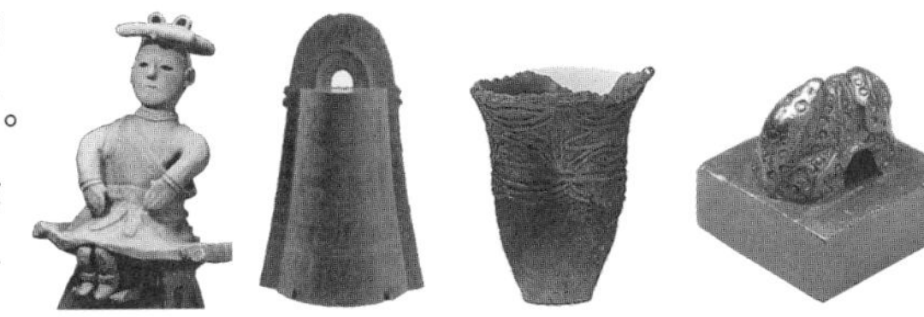

3 日本の古代国家 ((1)～(3)8点×3，(4)①②9点×2，計42点)

次の各問いに答えなさい。

正答率97% (1) **資料1**は，弥生時代の稲作において収穫した稲の穂をたくわえるための建物を復元したものです。この建物のよび名を次から1つ選び，記号で答えなさい。 〈奈良県〉(　　　)

ア 物見やぐら　　イ 高床倉庫
ウ 竪穴住居　　エ 水城

資料1

吉野ヶ里遺跡に復元された建物

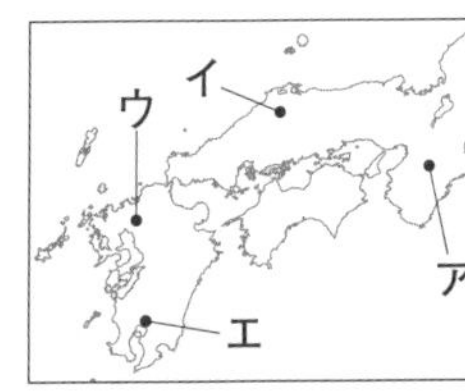

正答率64% (2) **資料1**の吉野ヶ里遺跡のある場所は，右の地図中の**ア**～**エ**のうちどれですか。1つ選び，記号で答えなさい。 〈鹿児島県〉(　　　)

(3) 卑弥呼が中国へ使者を送った目的として適切なものを，次から1つ選び，記号で答えなさい。 〈長野県〉(　　　)

ア 中国との貿易による利益に注目し，交易活動の拠点として兵庫の港を整備し，航路を整えようとした。
イ 倭寇の取りしまりを中国から求められたのを機に，朝貢貿易で利益をあげようとした。
ウ 中国の進んだ政治のしくみや文化を取り入れ，中国との対等な外交をめざそうとした。
エ 中国の皇帝の権威を借りて，国内での立場を優位なものにしようとした。

資料2

(4) **資料2**は，埼玉県稲荷山古墳から出土した鉄剣の一部を拡大したものです。そこには，大和政権(ヤマト王権)の大王の一人と考えられているワカタケルの名が漢字で刻まれています。このことについて，次の問いに答えなさい。 〈和歌山県〉

注意 ① この鉄剣がつくられたころの東アジアのできごととして適切に述べているものを，次から1つ選び，記号で答えなさい。 (　　　)

ア 朝鮮半島北部で，高句麗が力を強めた。　　イ 黄河流域で，殷という国がつくられた。
ウ 隋にかわって唐が中国を支配した。　　エ 新羅が朝鮮半島を統一した。

差がつく ② **資料2**と同じように，ワカタケルの名が刻まれているとされる鉄刀が熊本県の古墳からも出土し，これらの文字からは，古墳にほうむられた人物が，ワカタケル大王に仕えていたことが読み取れます。当時の大和政権について考えられることを，簡潔に書きなさい。

(　　　　　　　　　　　　　　　　　　　　　　　　　　　　　　　　　　　　)

HINT (4)②前方後円墳が近畿だけでなく全国各地に広がっていったことと，同じ背景が考えられる。

中国にならった国づくりと貴族の権力の強まりをとらえよう！

重要度★★★

古代国家の歩み

学習日　　月　　日

ポイント整理

① 律令国家の形成

大和政権（ヤマト王権）の大王は，のちに「天皇」とよばれるようになったよ。

◐ 飛鳥時代の国づくり

中国・朝鮮の統一 中国は６世紀末に隋，７世紀はじめに唐が統一。朝鮮では新羅（シルラ（しらぎ））が７世紀半ばに唐と結んで百済（ペクチェ）・高句麗（コグリョ）をほろぼした。

大切 **聖徳太子（厩戸皇子）の政治**
推古天皇の摂政となり，天皇中心の国づくり。能力に応じて役人に登用する**冠位十二階**，役人の心構えを示した**十七条の憲法**。
遣隋使の派遣（小野妹子）。

大化の改新 **中大兄皇子**と**中臣鎌足**らが，645年，蘇我氏をたおす。土地と人民を国が直接支配する（**公地・公民**）などの政治改革を始めた。

中大兄皇子は即位して天智天皇となる ➡ 白村江の戦いで新羅と唐の連合軍に敗退 ➡ 天智天皇の死後，壬申の乱がおこり天武天皇が即位

▼十七条の憲法

一に曰く，和をもって貴しとなし，さからうことなきを，宗となせ。
二に曰く，あつく三宝を敬え。三宝とは，仏・法（仏教）・僧なり。
三に曰く，詔（天皇の命令）を承りては必ず謹め（守りなさい）。

◐ 奈良時代の国づくり

奈良の都

701年，唐の律令にならって**大宝律令**がつくられ，貴族中心の律令国家が整備されていった。710年に，唐の都長安にならった**平城京**がつくられた。

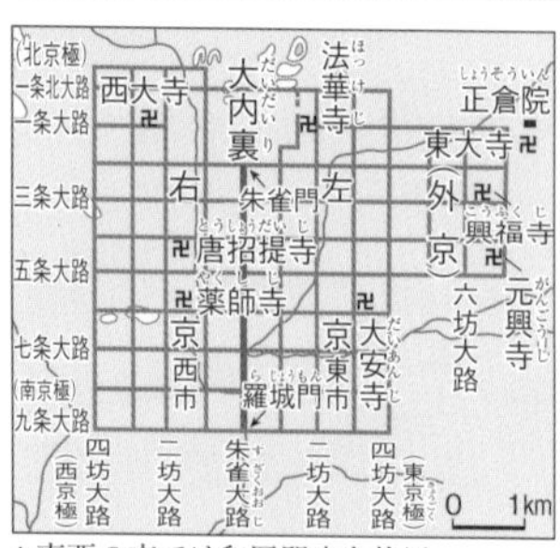

平城京▶
＊東西の市では和同開珎を使用。

奈良時代の農民の負担▶

租	稲（収穫量の約３％）
調	絹・糸・真綿・特産物
庸	労役のかわりに布
雑徭	地方での労役（年間60日以内）
兵役	食料・武器を自分で負担し訓練を受ける衛士は都で１年，防人は九州の大宰府で３年。

土地の制度 戸籍にもとづいて**口分田**をあたえる**班田収授法**が行われた。口分田が不足したため，743年，**墾田永年私財法**が定められ，開墾した土地の永久私有を認めた（→荘園（貴族や寺社の私有地）の発達）。

入試によく出る資料

奈良～平安時代の和歌

① 山上憶良の＿＿＿＿　（『万葉集』より）
人なみに働いているのに，ぼろぼろの服をかけ，つぶれて曲がった小屋の中で，地べたにわらをしき，父母は私のまくらもとで，妻子は足もとにいて悲しんでいる。かまどや米を蒸すこしきは使われず，長い間ご飯もたいていない。…そこにムチを持った里長が租を取り立てる声が聞こえてくる。これほどまでにどうしようもないものなのか，この世に生きていくことは。

② ＿＿＿＿の歌（作者未詳，『万葉集』より）
②に　行くは誰が背と　問ふ人を
見るが羨しさ　物思ひもせず

③ ＿＿＿＿の歌　（『小右記』より）
この世をば　わが世とぞ思う
望月の　欠けたることも　なしと思えば

即答チェックの答え ①冠位十二階　②中大兄皇子　③墾田永年私財法　④国分寺　⑤真言宗　⑥荘園　⑦藤原頼通　⑧清少納言

飛鳥時代の文化

飛鳥文化　日本最初の仏教文化。西アジアやギリシャの影響も見られる。
- **建築**　法隆寺(現存する世界最古の木造建築)
- **美術**　釈迦三尊像，玉虫厨子

奈良時代の文化

天平文化　聖武天皇のころ栄えた仏教文化。シルクロードを通って伝わったインドや西アジアの文化の影響。
- **建築**　東大寺，正倉院，唐招提寺
- **美術**　正倉院の五絃琵琶，興福寺の阿修羅像
- **書物**　『風土記』『古事記』『日本書紀』『万葉集』

聖武天皇は，仏教の力にたよって国を守ろうと考え，国ごとに国分寺と国分尼寺を建てたんだよ。

2 天皇・貴族の政治

桓武天皇の政治

京の都　桓武天皇は律令政治を立て直すため，794年に都を平安京に移した。

東北の平定　坂上田村麻呂を征夷大将軍に任じ，東北地方の蝦夷を平定。

注意　摂政は天皇が幼いときに補佐する役職，関白は天皇が成人した後に後見役として天皇を補佐する役職。

藤原氏の政治

大切　藤原氏が摂政・関白となり政治の実権をにぎった(摂関政治)。藤原道長・頼通のころ全盛。また，藤原氏は多くの荘園を所有。

▼藤原氏の系図

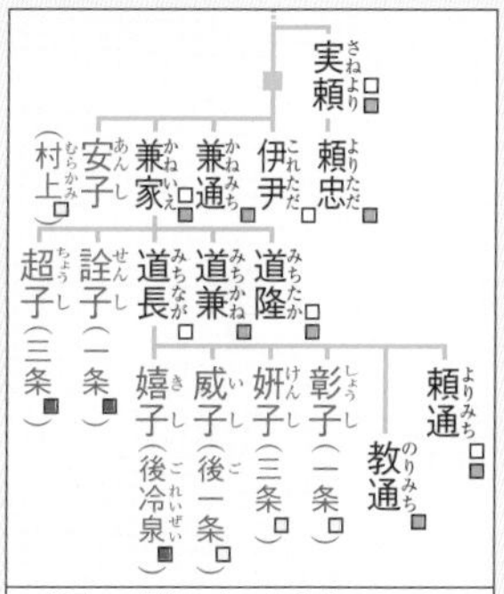

□摂政，■関白になった人物
赤字 女性
□藤原氏のむすめをきさきにした天皇
■藤原氏のむすめを母にもつ天皇

仏教の発展

密教　唐で学んだ最澄が比叡山延暦寺で天台宗，空海が高野山金剛峯寺で真言宗を広めた。

浄土信仰　死後に極楽浄土に生まれ変わることを願う浄土信仰(浄土教)が広まった。

平安時代の文化

国風文化　貴族の間に広まった，日本の風土や生活に合った文化。文学では漢字から生まれた仮名文字を使用。
- **建築**　寝殿造，平等院鳳凰堂(藤原頼通が建立)
- **美術**　大和絵，絵巻物
- **文学**　『源氏物語』(紫式部)，『枕草子』(清少納言)，『古今和歌集』(紀貫之ら)

即答チェック

- □ ① 家柄にとらわれず，才能や功績のある人物を役人に取り立てるために聖徳太子が定めた制度を何といいますか。〔　　　〕
- □ ② 中臣鎌足らとともに大化の改新を進め，のちに天智天皇となったのはだれですか。〔　　　〕
- □ ③ 新しく開墾した土地の永久私有を認めた法を何といいますか。〔　　　〕
- □ ④ 仏教の力にたよって国家を守るため，国ごとに建てた寺は国分尼寺と何ですか。〔　　　〕
- □ ⑤ 空海が広めた仏教の宗派を何といいますか。〔　　　〕
- □ ⑥ 貴族・寺社などが広げた私有地を何といいますか。〔　　　〕
- □ ⑦ 父である藤原道長とともに摂関政治の全盛を築き，宇治(京都府)に平等院鳳凰堂を建てたのはだれですか。〔　　　〕
- □ ⑧ 仮名文字を使って『枕草子』という随筆を書いた女性はだれですか。〔　　　〕

入試によく出る資料の答え　①貧窮問答歌　②防人　③藤原道長

13 トレーニングテスト

→別冊解答 p.15

1 律令国家の形成 (6点×9＝54点)

右の年表を見て，次の各問いに答えなさい。

年代	おもなできごと
593	聖徳太子が推古天皇の摂政となる…A
	↕ア
630	第1回遣唐使が送られる……………B
	↕イ
673	天武天皇が即位する…………………C
	↕ウ
710	新しい都がつくられる………………D
	↕エ
752	東大寺の大仏が完成する……………E

重要 (1) 年表中のAについて，聖徳太子が建てた寺院を，次から1つ選び，記号で答えなさい。〈岩手県〉

ア 東大寺　イ 中尊寺　（　　）

ウ 法隆寺　エ 延暦寺

正答率69% (2) 年表中のAについて，**資料1**の［　　］にあてはまる用語を答えなさい。〈新潟県〉（　　　　）

資料1 飛鳥時代について調べたこと

> 聖徳太子は，仏教や儒教の考え方を取り入れた［　　］を定め，役人の心構えを示した。

(3) 年表中のBの遣唐使は，この後もたびたび派遣され，多くのものや制度・思想などを日本にもち帰りました。これについて，次の問いに答えなさい。〈福島県〉

正答率80% ① 遣唐使の派遣により，Bの後に律令制度が取り入れられました。701年に完成した律令を何といいますか，漢字で答えなさい。（　　　　）

正答率53% ② Bの後に始められた班田収授法も，日本が唐から取り入れたものにふくまれます。班田収授法による口分田の収授について述べた次の文のX・Yにあてはまる正しいものを，下から1つ選び，記号で答えなさい。（　　）

「［X］年ごとにつくられる戸籍に登録された［X］歳以上のすべての人々に口分田があたえられた。口分田は，良民の男子には2段，女子にはその［Y］があたえられた。」

ア X－3　Y－2分の1　イ X－6　Y－2分の1　ウ X－6　Y－3分の2

(4) 年表中のCについて，天武天皇は，天智天皇が亡くなった後のあとつぎ争いに勝って，天皇の地位を大はばに高めました。下線部のできごとを何といいますか。〈岩手県〉（　　　　）

正答率76% (5) 年表中のDについて，唐の都長安にならって，奈良につくられた新しい都の名を答えなさい。〈岐阜県〉（　　　　）

(6) 年表中のDのころまとめられた，国ごとの地理を記した書物を何といいますか。（　　　　）

注意 (7) 年表中のEに関連して，**資料2**が建てられたころのわが国の社会状況や制度について述べたものとして，正しいものを次から1つ選び，記号で答えなさい。〈長崎県〉

資料2 東大寺の正倉院

ア 惣(惣村)とよばれる自治的な組織が発達した。

イ 備中ぐわなどの農具の改良がすすんだ。

ウ 地租改正により，地租が地価の3％と定められた。

エ 墾田永年私財法により，開墾地の私有が認められた。（　　）

(8) 中大兄皇子らが蘇我氏をたおし，大化の改新を始めた時期を，年表中のア～エから1つ選び，記号で答えなさい。（　　）

HINT (8)大化の改新には，遣唐使に同行して唐で学んだ留学生なども協力した。

2 天皇・貴族の政治 （(1)〜(5)(6)②6点×6，(6)①5点×2，計46点）

次の各問いに答えなさい。

重要 (1) 地図中のAの府県について，794年に□が都を平安京（へいあんきょう）に移しました。□にあてはまる天皇名を答えなさい。〈愛媛県〉(　　　　)

(2) 平安京に都があった時代の仏教は，都からはなれた山の中に寺院を建て，厳しい修行を行っていました。この仏教の宗派とそれをおこした人物，建てた寺院の正しい組み合わせを，次から1つ選び，記号で答えなさい。〈沖縄県〉
(　　　)

ア 天台宗（てんだいしゅう）ー最澄（さいちょう）ー延暦寺（えんりゃくじ）　イ 天台宗ー空海（くうかい）ー金剛峯寺（こんごうぶじ）
ウ 真言宗（しんごんしゅう）ー最澄ー金剛峯寺　エ 真言宗ー空海ー延暦寺

(3) 坂上田村麻呂（さかのうえのたむらまろ）が任じられた役職を，次から1つ選び，記号で答えなさい。(　　　)

ア 地頭（じとう）　イ 征夷大将軍（せいいたいしょうぐん）　ウ 太政官（だいじょうかん）　エ 守護（しゅご）

(4) 古代に国司（こくし）に任じられた人を，次から1つ選び，記号で答えなさい。〈京都府〉(　　　)

ア 中央の貴族　イ 地方の豪族　ウ 大寺院の僧（そう）　エ 防人（さきもり）

差がつく (5) 平安時代の皇族（こうぞく）や貴族の公的な行事は，藤原道長（ふじわらのみちなが）に代表される藤原氏が権力をにぎって行いました。右の**資料**を参考に，藤原氏が勢力をのばすことができた理由を書きなさい。ただし，藤原氏が就任（しゅうにん）した2つの役職名を必ず用いること。〈佐賀県〉

資料　藤原道長のむすめたち

道長┬彰子（しょうし）…一条（いちじょう）天皇のきさき，後（ご）一条天皇の母，後朱雀（ごすざく）天皇の母
　　├妍子（けんし）…三条（さんじょう）天皇のきさき
　　├威子（いし）…後一条天皇のきさき
　　└嬉子（きし）…後朱雀天皇のきさき，後冷泉（ごれいぜい）天皇の母

(　　　　　　　　　　　　　　　　　　　　)

(6) 右の文を読んで，次の問いに答えなさい。

> 中国の王朝の勢力がおとろえたため，中国の制度や文化を取り入れるために派遣していた遣唐使を平安時代の半ばに停止した。これにより，日本の風土や生活，日本人の感情に合った<u>独自の文化</u>が栄えた。

重要 ① 下線部の特色の1つとして，日本語の発音を表す文字が発達したことがあげられます。この文字は何とよばれますか，その名称を書きなさい。また，この文字を用いて，紫式部（むらさきしきぶ）は長編小説を書きました。この作品は何とよばれますか。〈静岡県〉文字(　　　　　)　作品(　　　　　)

② 下線部のころのできごとやようすについて述べた文として最も適切なものを，次から1つ選び，記号で答えなさい。〈福井県〉(　　　)

ア 防人（さきもり）や農民などの歌が収められた『万葉集（まんようしゅう）』が編さんされた。
イ 武士出身の歌人である西行（さいぎょう）などの歌が収められた『新古今（しんこきん）和歌集』がつくられた。
ウ 阿弥陀仏（あみだぶつ）にすがり，死後に極楽浄土（ごくらくじょうど）に生まれかわることを願う浄土信仰（しんこう）がおこった。
エ 和歌（わか）を上（かみ）の句と下（しも）の句に分けて次々に別の人がよむ連歌（れんが）が人々に流行した。

HINT (5)**資料**から，藤原道長の4人のむすめがみな，天皇のきさきとなっていることがわかる。

武家と朝廷の力関係が移り変わっていくようすをつかもう！

重要度★★★

武家社会の始まり

学習日　　月　　日

ポイント整理

武士が登場したのは平安時代の中ごろだよ。

① 武家政治の始まり

● 武士の登場

武士の成長 10世紀ごろから，各地の豪族や有力農民が武装して武士団を形成。なかでも，源氏と平氏が勢力をのばした。10世紀中ごろ，関東では平将門が，瀬戸内海では藤原純友が反乱をおこしたが，朝廷は武士団の力を使ってこれをおさえた。

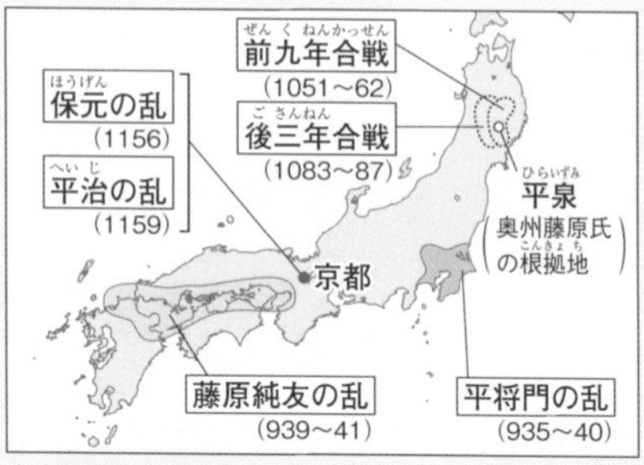

▲平安時代の争乱

● 院政と武士

院政 11世紀末，白河天皇は位をゆずって上皇となったのちも政治を行った。

源平の戦い 源氏が兵をあげ，壇ノ浦の戦いで平氏をたおした。この後，奥州藤原氏もほろんだ。

平氏の政権 保元の乱と平治の乱を経て，平氏が政治の実権をにぎった。平清盛は武士としてはじめて太政大臣となり，宋(中国)との貿易を行った。

● 鎌倉幕府の成立

武家政治の始まり

源頼朝は各地に守護・地頭をおき，御恩と奉公の関係で結ばれた御家人を任命した。頼朝は朝廷から征夷大将軍に任じられた。

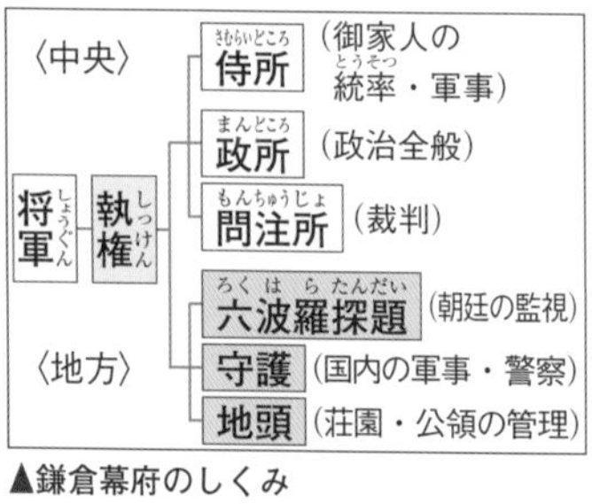

▲鎌倉幕府のしくみ

執権政治 頼朝の死後，北条氏が執権の地位を独占し，幕府の実権をにぎった。

承久の乱 1221年，後鳥羽上皇が倒幕の挙兵をしたが幕府軍に敗れた。幕府は京都に六波羅探題をおき，朝廷を監視。

御成敗式目 1232年に北条泰時が制定した最初の武士法。貞永式目ともいう。

入試によく出る資料　鎌倉時代の新しい仏教

宗派	開祖	教え
①〔　　　　〕	法然	「南無阿弥陀仏」と念仏を唱えれば極楽浄土に生まれ変われる。
②〔　　　　〕	親鸞	阿弥陀仏を信じ，自分の罪を自覚した悪人こそが救われる。
時宗	一遍	踊り念仏を行いながら布教の旅を続け，念仏信仰を人々にすすめる。
臨済宗	栄西	③〔　　　　〕による厳しい修行を行い，自らさとりを開くことをめざす。
曹洞宗	道元	
④〔　　　　〕	日蓮	「南無妙法蓮華経」と題目を唱えれば人も国家も救われる。

即答チェックの答え　①院政　②平清盛　③地頭　④御成敗式目(貞永式目)　⑤北条時宗　⑥南朝　⑦応仁の乱　⑧下剋上

入試必勝ワード　院政　平清盛　守護・地頭　御成敗式目　南北朝　応仁の乱　下剋上

モンゴル帝国の拡大と元の襲来

13世紀，モンゴル帝国が東西に拡大する中で，日本にも服属を求めたよ。

元寇　13世紀後半，執権の北条時宗は日本に服従を求める元の２度の襲来を退けた。

御家人の困窮　幕府は(永仁の)徳政令を出して，借金をして領地を失った御家人を救おうとした。

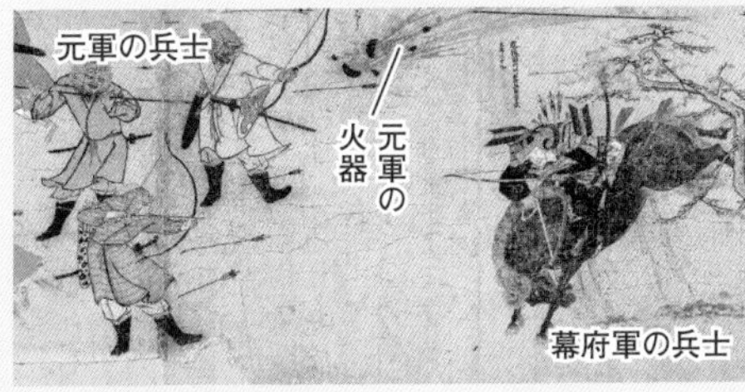

◀元軍との戦い

② 室町幕府と戦国の世

南北朝時代と足利氏の幕府

鎌倉幕府の滅亡と南北朝の動乱

1333年に鎌倉幕府が滅亡→後醍醐天皇は，公家重視の建武の新政を開始→新政は失敗。後醍醐天皇は吉野(奈良県。南朝)にのがれ，足利尊氏は京都に天皇をたてて(北朝)南北朝の動乱が始まった→足利尊氏は京都に室町幕府を開いた。(1338年)

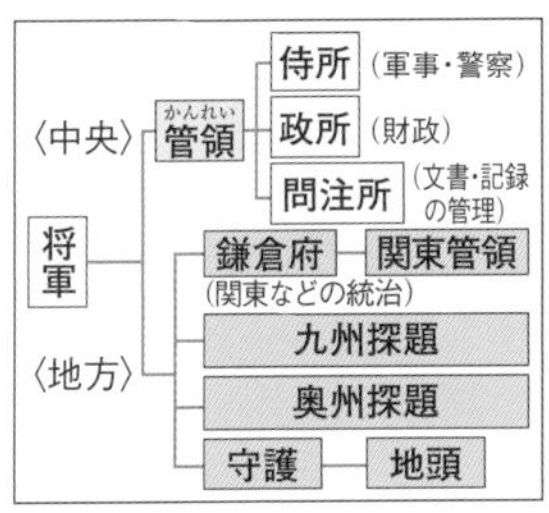

▲室町幕府のしくみ

足利義満の政治　3代将軍の足利義満は，有力な守護大名をおさえ，南北朝を合一。

大切　日明貿易
足利義満は，大陸の沿岸を荒らす倭寇を禁じ，明と日明貿易(勘合貿易)を開始。

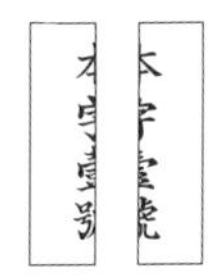
◀倭寇と正式の貿易船を区別するために使われた勘合

戦国時代の始まり

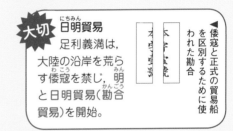

戦乱の広がり　8代将軍足利義政のあとつぎ争いから，1467年に応仁の乱がおこった。下剋上の風潮のもと，戦国大名が台頭。

民衆の成長　惣(惣村)で自治が行われた。土一揆や国一揆，一向一揆がおこった。

鎌倉時代の文化

鎌倉文化　武士や民衆の成長を背景とする力強い文化。
- **建築・美術**　東大寺南大門，金剛力士像
- **文学**　『平家物語』(軍記物)，『新古今和歌集』

室町時代の文化

室町文化　公家文化と武家文化が融合した文化。民衆にも文化が広まった。
- **建築**　金閣(足利義満)，銀閣(足利義政)
- **芸能・美術**　能(世阿弥ら)，狂言，水墨画(雪舟)

即答チェック

- □ ① 11世紀末に始まった，上皇による政治を何といいますか。〔　　〕
- □ ② 平治の乱に勝利し，武士としてはじめて太政大臣となったのはだれですか。〔　　〕
- □ ③ 源頼朝が，荘園・公領ごとにおいて管理を任せた役職を何といいますか。〔　　〕
- □ ④ 執権の北条泰時が，武士の社会で行われていた慣習にもとづいて定めた法律を何といいますか。〔　　〕
- □ ⑤ 服従するように求める元の要求を断り，元の襲来を退けた鎌倉幕府の執権はだれですか。〔　　〕
- □ ⑥ 後醍醐天皇が吉野(奈良県)に開いた朝廷は北朝，南朝のどちらですか。〔　　〕
- □ ⑦ 1467年に将軍のあとつぎ争いなどが原因でおこった戦乱は何ですか。〔　　〕
- □ ⑧ 下の地位の者が上の地位の者をたおしたりする風潮を何といいますか。〔　　〕

入試によく出る資料の答え　①浄土宗　②浄土真宗(一向宗)　③座禅　④日蓮宗(法華宗)

14 トレーニングテスト

→別冊解答 p.16

1 武家政治の始まり （5点×10＝50点）

次の各問いに答えなさい。

(1) 右の文を読んで，次の問いに答えなさい。

9世紀末から10世紀にかけて，武士の力が，しだいに認められるようになった。11世紀後半に奥州でおきた戦乱をきっかけに，［A］を根拠地として勢力を拡大したあ奥州藤原氏は，金や馬，北方の特産品などをもとに栄え，3代にわたり栄華を誇った。いっぽう，朝廷では摂関政治が栄えたのち，位をゆずった天皇が［B］になってからも，院政とよばれる政治を行った。やがて，平氏の統率者であるい平清盛は，武士として初めて［C］の地位につき，政治の実権をにぎった。

正答率64％ ① 文中のAにあてはまる語句を，次から1つ選び，記号で答えなさい。 〈千葉県〉（　　）

ア 鎌倉　イ 平泉　ウ 堺　エ 吉野

正答率64％ ② 文中のB・Cにあてはまる語句を答えなさい。 〈福岡県〉B（　　）

C（　　）

③ 文中の下線部あの一族が滅亡した時期を，右の年表中のア～エから1つ選び，記号で答えなさい。（　　）

④ 文中の下線部いの人物が兵庫の港を整えて貿易を行った相手国を，次から1つ選び，記号で答えなさい。（　　）

ア 明　イ 唐　ウ 隋　エ 宋

(2) 右の年表を見て，次の問いに答えなさい。

年代	おもなできごと
1185	壇ノ浦の戦いで源義経が平氏を破る…D
	↕ア
1221	承久の乱がおこる……………………E
	↕イ
1232	御成敗式目が制定される
	↕ウ
1274	文永の役がおこる } ……………F
1281	弘安の役がおこる }
	↕エ
1333	鎌倉幕府がほろびる

重要 ① 年表中のDと同じ年に，源頼朝が荘園・公領ごとにおいた役職名を，漢字2字で答えなさい。（　　）

差がつく ② 年表中のEについて，承久の乱の後，鎌倉幕府が京都に六波羅探題をおいた理由として考えられることを，次の文を参考にして，「朝廷」という言葉を用いて書きなさい。 〈三重県〉

（　　）

> 京都で院政を行っていた後鳥羽上皇は，1221年，鎌倉幕府をたおそうとして挙兵したが，北条氏に率いられた鎌倉幕府の大軍に敗れた。この承久の乱の後，鎌倉幕府は，京都に六波羅探題をおいた。

正答率72％ ③ 年表中のFで示した元寇について，次の文中のa・bにあてはまる語句を答えなさい。

「御家人たちは，モンゴル軍と戦い，それを退けたが，恩賞が少なかったことや領地の分割相続によって，生活が苦しくなった。鎌倉幕府は，領地を売った御家人を救うために，［a］を出して，ただで取りもどさせたりしたが，実権をにぎる［b］氏に失政が続いたので，幕府への反感が強まった。」 〈岐阜県・改〉a（　　）b（　　）

東大寺南大門の金剛力士像

④ 右の写真の像がつくられたころに活躍した僧と，その僧が開いた仏教宗派との組み合わせとして正しいものを，次から1つ選び，記号で答えなさい。 〈長崎県〉（　　）

ア 最澄－真言宗　イ 法然－浄土宗　ウ 日蓮－天台宗　エ 道元－浄土真宗

2 室町幕府と戦国の世 （5点×10＝50点）

右の年表を見て，次の各問いに答えなさい。

世紀	日本のできごと
14	・建武の新政が行われる…A
15	・室町幕府の３代将軍［　　］が，明と勘合を用いた貿易を始める…………B ・戦国大名が登場する……C

重要 (1) 年表中のAについて，右下のア～エのうち，建武の新政とよばれる政治を行った天皇と，その天皇に対して兵をおこし，京都に新たな天皇を立てて幕府を開いた人物の組み合わせとして正しいものを１つ選び，記号で答えなさい。 〈岩手県〉（　　）

	ア	イ	ウ	エ
天皇	桓武天皇	桓武天皇	後醍醐天皇	後醍醐天皇
幕府を開いた人物	源頼朝	足利尊氏	源頼朝	足利尊氏

(2) 室町幕府において，有力な守護大名の中から任命された，将軍の補佐役を何といいますか。〈茨城県〉（　　）

(3) 年表中のBの［　　］にあてはまる適切な人物名を答えなさい。 〈富山県〉（　　）

(4) 年表中のBの貿易で日本が中国から大量に輸入したものとして最も適切なものを，次から１つ選び，記号で答えなさい。 〈神奈川県〉（　　）

ア 機械で生産された生糸　　イ 銅の銭貨
ウ 昆布などの海産物　　エ 干鰯などの肥料

(5) 年表中の15世紀の社会について，右の**まとめ**を見て，次の問いに答えなさい。 〈秋田県〉

正答率55% ① X・Yにあてはまる語句を，それぞれ書きなさい。 X（　　） Y（　　）

正答率12% ② 次の文は，「農村の変化」と「都市の変化」から読み取ったことをまとめたものです。Zに入る適切な内容を書きなさい。
（　　　　　　）

「この時代になると，一部の農村や都市では，有力な農民や町衆を中心に［Z］。」

まとめ

「農村の変化」

一　村で管理する共有地と私有地の境界の争いは金銭で処理すること
（「村のおきて」の例）

有力な農民を中心に，［X］とよばれる組織がつくられ，「村のおきて」を定めるところもあった。

「都市の変化」

（当時の祇園祭）

1467年に京都でおきた［Y］によって中断した祇園祭は，寄合で物事を決めていた町衆により再開された。

重要 (6) 年表中のCについて，右の資料は今川氏が領国支配のために定めた法令の一部です。このように戦国大名が領国を治めるために制定した独自の法を何といいますか。 〈山口県・改〉（　　）

> 今川家の家臣は，かってに他国より嫁や婿をとったり，他国へむすめを嫁に出すことは，今後は禁止する。 「今川仮名目録」

(7) 年表中の時期の社会のようすを次のア～エから，文化のようすをカ～ケから１つずつ選び，記号で答えなさい。 〈徳島県・改〉社会（　　） 文化（　　）

ア 馬借や問（問丸）という運送業者が活躍した。
イ 備中ぐわや千歯こきなどの農具が使われた。
ウ 日本海側から大阪までの西廻り航路が開かれた。
エ 和同開珎が発行され，貨幣として使用された。

カ 千利休が茶の湯を大成した。
キ 観阿弥が能（能楽）を大成した。
ク 歌舞伎踊りが流行した。
ケ 浮世絵が描かれるようになった。

HINT (5)②自ら「村のおきて」を定めるという点や，「物事」を決めるという点から考える。

歴史

15 武家社会の展開

中世から近世へ移り変わる流れを理解しよう！

重要度★★★

学習日　月　日

ポイント整理

① ヨーロッパ人との出会い

宗教改革と新航路の開拓が日本にもたらした影響をとらえよう。

中世のヨーロッパ

ルネサンス 古代ギリシャやローマなどの文化への関心から，14世紀ごろルネサンス(文芸復興)とよばれる新しい風潮が生まれた。

宗教改革 免罪符を売り出したローマ教皇に対して，ドイツのルターは，「聖書だけが信仰のよりどころだ」と説いて宗教改革を始めた。

新航路 香辛料を目的に，ポルトガルやスペインがアジアやアメリカへの航路を開いた。

イスラム勢力 イスラム勢力が聖地エルサレムを占拠したため，ローマ教皇のよびかけで11世紀末から十字軍の遠征が行われた。

注意 ルネサンスで活躍した人物として，地動説を唱えたコペルニクスやガリレイ，絵画を描いたレオナルド＝ダ＝ビンチ，彫刻をつくったミケランジェロなどをおさえておこう。

ヨーロッパ人の来航

カトリックの布教 宗教改革に対抗して，カトリック教会はアジアや中・南アメリカで布教活動。

ヨーロッパとの貿易 ポルトガルやスペインとの南蛮貿易によって，ヨーロッパの文物や天文学・医学などがもたらされた。

鉄砲とキリスト教の伝来

1543年，種子島(鹿児島県)に流れ着いたポルトガル人が，鉄砲を伝えた。鉄砲は堺(大阪府)などでつくられ，戦国大名に普及。

1549年，イエズス会のフランシスコ＝ザビエルが鹿児島に来て，西日本各地でキリスト教を布教。信者(キリシタン)の数は増加。貿易の利益のためにキリスト教を保護する大名(キリシタン大名)もいた。

▲ザビエル

ポルトガル船	スペイン船
1543年から来航	1584年から来航
↓	↓
中国(マカオ)	フィリピン(マニラ)

銀↑　↓鉄砲・火薬・絹織物・生糸など↓　↑銀

日本
- 平戸(長崎県)，長崎で貿易。
- 島津氏(鹿児島県)など，九州の大名。
- 京都，堺，博多などの商人。

入試によく出る地図　ヨーロッパ人の新航路開拓

- **スペイン**…南北アメリカへ勢力を広げ，インカなどの文明をほろぼした。
- **ポルトガル**…アフリカやアジアへ勢力を広げた。

地図中の①②は国名，③④は人物名。

① [　　　]　② [　　　]

③ [　　　]　④ [　　　]

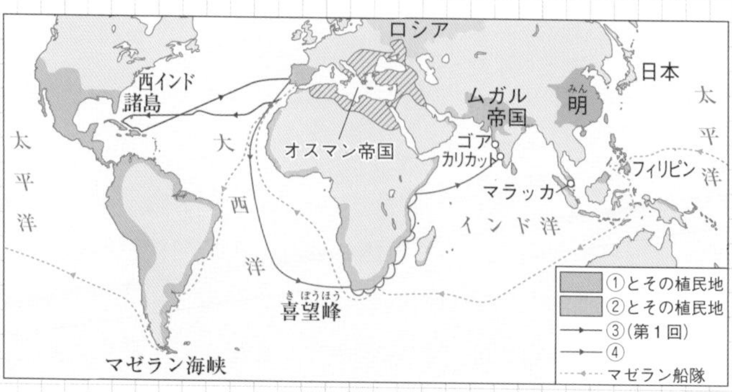

即答チェックの答え　①ルネサンス　②ルター　③バスコ＝ダ＝ガマ　④フランシスコ＝ザビエル　⑤安土城　⑥太閤検地　⑦刀狩(令)　⑧狩野永徳

入試必勝ワード　ルネサンス　宗教改革　フランシスコ＝ザビエル　太閤検地　刀狩

② 天下統一への歩み

仏教とキリスト教に対する信長と秀吉の政策のちがいに注意しよう。

織田信長の統一事業

信長の台頭　**織田信長**は駿河(静岡県)の今川義元を**桶狭間の戦い**で破り，のちに室町幕府をほろぼした。**長篠の戦い**では，足軽鉄砲隊を使って武田氏を破った。

信長の最期　1582年，家臣の**明智光秀**にそむかれて，京都の本能寺で自害した。

信長の政策　**安土城**を本拠地とし，城下で**楽市・楽座**を実施して商工業を発展させた。キリスト教を保護する一方で，比叡山延暦寺，一向一揆などの仏教勢力をおさえこんだ。

▼楽市・楽座令

この地(安土城下)に対して楽市を命じた上は，いろいろな座の特権・座役・座の雑税などは，すべて免除する。

豊臣秀吉の統一事業

秀吉の台頭　明智光秀をたおした**豊臣秀吉**が，信長の後継者となり，**大阪城**を築いて本拠地とした。

大切　秀吉は，**太閤検地**を行い，全国の田畑の面積や土地のよしあしを調べ，収穫量を**石高**で示し，検地帳に記された**百姓**に**年貢**を納めさせた。
また，**刀狩**で百姓から武器を取り上げた
→**兵農分離**。

▲検地のようす

全国統一　秀吉は，キリスト教をはじめは保護したが，のちに布教を禁止した。1590年に北条氏をほろぼし，全国統一。しかし，2度の**朝鮮侵略**(朝鮮出兵)は失敗に終わった。

▼刀狩令

諸国の百姓が刀やわきざし，弓，やり，鉄砲その他の武具などを持つことはかたく禁止する。不必要な武具をたくわえ，年貢その他の税をなかなか納入せず，ついには一揆をくわだてたりして，領主に対しよからぬ行為をする者は，もちろん処罰する。

太閤検地と刀狩により，武士と農民の身分を区別する兵農分離が実現したのよ。

桃山文化　大名や商人の力を背景にした雄大で豪華な文化。
- **建築**　天守閣(**姫路城**など)
- **美術**　障壁画(**狩野永徳**)
- **その他**　茶の湯(**千利休**)，歌舞伎踊り(**出雲の阿国**)

即答チェック

□ ① ヨーロッパで14世紀ころにおこった，古代ギリシャやローマの文化を学びなおす風潮を何といいますか。〔　　　　〕
□ ② ローマ教皇の免罪符販売を批判し，ドイツで宗教改革を始めたのはだれですか。〔　　　　〕
□ ③ アフリカ南端を回りインドに達する航路を開いたのはだれですか。〔　　　　〕
□ ④ 1549年，日本にキリスト教を伝えたイエズス会の宣教師はだれですか。〔　　　　〕
□ ⑤ 織田信長が本拠地として琵琶湖畔に築いた城を何といいますか。〔　　　　〕
□ ⑥ 豊臣秀吉が，全国の田畑を統一基準で調べさせた政策を何といいますか。〔　　　　〕
□ ⑦ 豊臣秀吉が，一揆を防ぐために農民から武器を取り上げた政策を何といいますか。〔　　　　〕
□ ⑧ 城のふすまや屏風に，「唐獅子図屏風」などのはなやかな絵を描いたのはだれですか。〔　　　　〕

入試によく出る地図の答え　①スペイン　②ポルトガル　③コロンブス　④バスコ＝ダ＝ガマ

15 トレーニングテスト

→別冊解答 p.17

1 ヨーロッパ人との出会い （(1)〜(3)(6)(7)6点×5，(4)4点，(5)8点，計42点）

右の年表を見て，次の各問いに答えなさい。

世界のできごと	世紀	日本のできごと
・ヨーロッパで□（文芸復興）とよばれる新しい文化の風潮が生まれる……………A	14	・鎌倉幕府がほろびる
・ヨーロッパ人が直接にアジアへ到達する航路を開く……B	15	・戦国時代が始まる
・ヨーロッパ人がアジアとの貿易をさかんに行う…………C	16	・鉄砲が伝わる………………D ・キリスト教が伝わる………E ・戦国大名の中には南蛮貿易を行う者も現れる……………F

(1) 年表中のAの□は，古代ギリシャ・ローマの文化を復興させようとする動きです。□にあてはまる語句を答えなさい。 (　　　　)

(2) 年表中のBについて，**地図1**中でスペインの勢力範囲とマゼラン船隊の航路を示した記号の組み合わせを，次から1つ選び，記号で答えなさい。地図中のa・bは，スペインまたはポルトガルの勢力範囲を，A〜Cは，コロンブス，バスコ＝ダ＝ガマ，マゼラン船隊のいずれかの航路を示しています。 〈愛知県〉(　　　)

ア　a・A　　イ　a・B　　ウ　a・C
エ　b・A　　オ　b・B　　カ　b・C

地図1

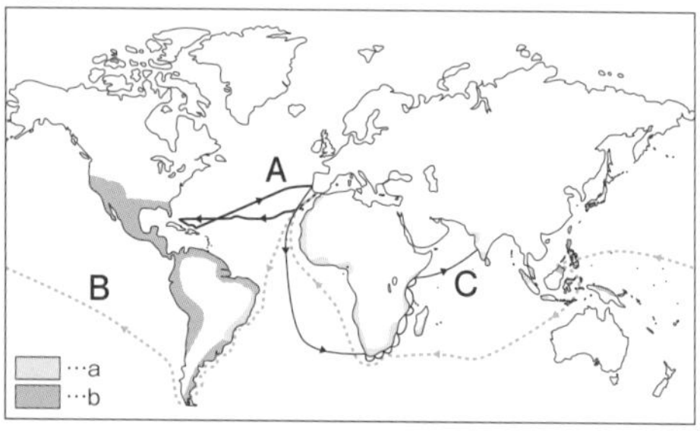

(3) 年表中のCについて，ポルトガルやスペインは，ヨーロッパでは貴重な農産物を求めてアジアをめざしました。その農産物名を，漢字3字で答えなさい。 〈沖縄県〉(　　　　)

(4) 年表中のDについて，次の文章で述べているできごとがあった位置を，**地図2**中のア〜エから1つ選び，記号で答えなさい。 〈東京都〉
「ポルトガル人を乗せた中国の船がこの地に漂着した。この地の領主はポルトガル人から鉄砲を買い求め，家臣にその使用法と製造法を学ばせた。」 (　　)

地図2

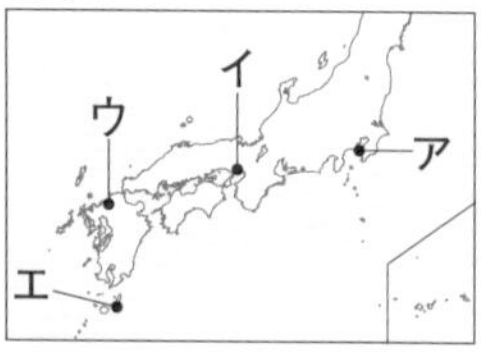

(5) 年表中のEについて，キリスト教を伝えたザビエルが所属する教団はアジアなどへの布教に力を入れ，信仰を広めました。どのような目的でこうした活動をしたのですか。教団名を明らかにしながら，次の2つの語句を用いて説明しなさい。 〈福島県〉[宗教改革　カトリック教会]
(　　　　　　　　　　　　　　　　　　　　)

(6) 年表中のFについて，宣教師は布教の成果を示すため，伊東マンショなど4人の少年を九州の□大名からの使節として，ローマ教皇のもとへ連れていきました。キリスト教を信仰する人々を表す，□にあてはまる語句を答えなさい。 (　　　　)

(7) 年表中のFについて，南蛮貿易で，貿易相手が日本から大量にもち帰ったものとして最も適切なものを，次から1つ選び，答えなさい。 〈富山県〉(　　　　)
[生糸　　金　　銀　　銅銭　　火薬]

HINT (5)宗教改革の結果，プロテスタントが勢力を拡大したことから考える。

2 天下統一への歩み

((1)①4点，(1)②8点，(2)～(4)(6)～(8)6点×6，(5)5点×2，計58点)

右のまとめを見て，次の各問いに答えなさい。

織田信長	織田信長は，勢力を拡大し，室町幕府をほろぼした。A同盟を結んでいた徳川家康とともに，武田氏を破った後，B安土城を築いた。
豊臣秀吉	信長の後継者となった豊臣秀吉は，全国統一を果たした後に，C2度にわたり朝鮮に大軍を派遣したが，水軍などにより苦戦した。

差がつく (1)　資料1は，下線部Aの戦いのようすをえがいた屏風の一部です。①この戦いの名称と，②織田・徳川連合軍が勝利した理由を，資料からわかる織田・徳川連合軍の戦法に着目して，簡潔に書きなさい。〈群馬県〉

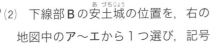

①(　　　　　　)　②(　　　　　　　　　　　　　　)

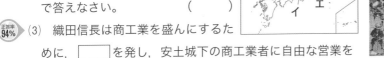

重要 (2)　下線部Bの安土城の位置を，右の地図中のア～エから1つ選び，記号で答えなさい。(　　)

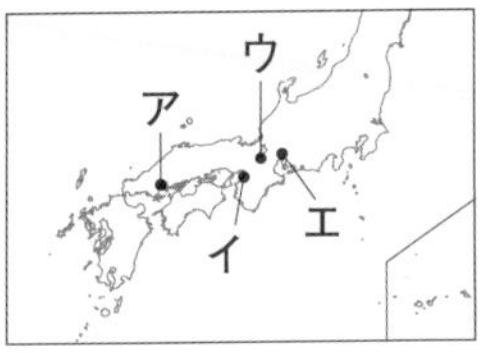

資料1

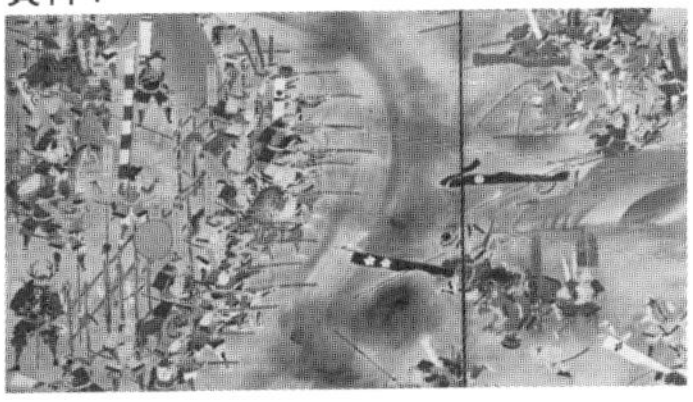

正答率94% (3)　織田信長は商工業を盛んにするために，[　　]を発し，安土城下の商工業者に自由な営業を認めました。[　　]にあてはまる語句を，次から1つ選び，記号で答えなさい。〈栃木県〉(　　)

ア　楽市・楽座令　　イ　刀狩令　　ウ　御成敗式目　　エ　武家諸法度

(4)　豊臣秀吉が行った太閤検地と刀狩で，武士と農民の身分の区別が明らかになりました。このことを何というか，漢字4字で答えなさい。〈福井県〉(　　　　)

重要 (5)　豊臣秀吉の太閤検地について，次の文中のa・bにあてはまる語句を答えなさい。〈大分県〉

「ますの大きさを統一するとともに，全国の土地を資料2のように調べ，予想される生産量を[a]で表した。この政策によって，百姓は，土地の耕作権を保障されるかわりに，[a]に応じた年貢を納める責任を負い，土地から勝手に離れられなくなった。それにともない，貴族や寺社などがもっていた私有地である[b]のしくみは，完全にくずれた。」

a(　　　　)　b(　　　　)

資料2

注意 (6)　豊臣秀吉が全国統一を完成したときの南蛮人との貿易やキリスト教に対する政策について述べた文として最も適当なものを，次から1つ選び，記号で答えなさい。〈三重県〉(　　)

ア　南蛮人の来航を禁止するいっぽうで，キリスト教を保護していた。

イ　南蛮人の来航を禁止するとともに，キリスト教の布教も禁止していた。

ウ　南蛮貿易を進めるいっぽうで，キリスト教の布教を禁止していた。

(7)　下線部Cについて，このときに，朝鮮から連れ帰った技術者により新たな製法が伝えられたものを，次から1つ選び，記号で答えなさい。(　　)

ア　青銅器　　イ　絹織物　　ウ　貨幣　　エ　焼き物

重要 (8)　織田信長や豊臣秀吉に仕え，茶の湯を大成した人物を，次から1つ選び，記号で答えなさい。

ア　千利休　　イ　出雲の阿国　　ウ　狩野永徳　　エ　雪舟　　(　　)

HINT (1)右の武田軍は騎馬隊で戦っているのに対し，左の織田・徳川連合軍の戦法はどうか。

重要度★★★

近世社会の発展①

学習日　　月　　日

ポイント整理

徳川氏は下のように大名を区分し，外様大名は江戸や大阪から遠い地域に配置したよ。

① 江戸幕府の成立

幕藩体制

江戸幕府の成立

関ヶ原の戦い(1600年)に勝利した徳川家康が1603年，江戸(東京)幕府を開いた。

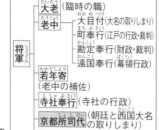

江戸幕府のしくみ ▶

- 将軍
  - 大老(臨時の職)
  - 老中
    - 大目付(大名の取りしまり)
    - 町奉行(江戸の行政・裁判)
    - 勘定奉行(財政・裁判)
    - 遠国奉行(幕領行政)
  - 若年寄(老中の補佐)
  - 寺社奉行(寺社の行政)
  - 京都所司代(朝廷と西国大名の取りしまり)
  - 大阪城代(西日本の軍事)

朝廷の統制 幕府は京都所司代の設置や禁中並公家諸法度を制定し，朝廷を統制した。

▼大名の種類

親藩	徳川氏の一門
譜代大名	古くからの徳川氏の家臣
外様大名	関ヶ原の戦い以降の徳川氏の家臣

大切 武家諸法度を定め，大名を統制。3代将軍徳川家光のとき，参勤交代を制度化。

▼武家諸法度

一，城は，たとえ修理であっても必ず幕府に報告せよ。ましてや，新しく城を築くようなことは固く禁ずる。
一，幕府の許可なく，勝手に婚姻を結んではいけない。
一，大名が自分の領地と江戸とを交代で住むように定める。

江戸時代の身分制度

身分制度 武士と百姓(農民など)，町人(商人・職人)に分けて支配した。

五人組 年貢の納入や犯罪の防止のために，連帯して責任を負わせる制度。

▼江戸時代の人口の割合

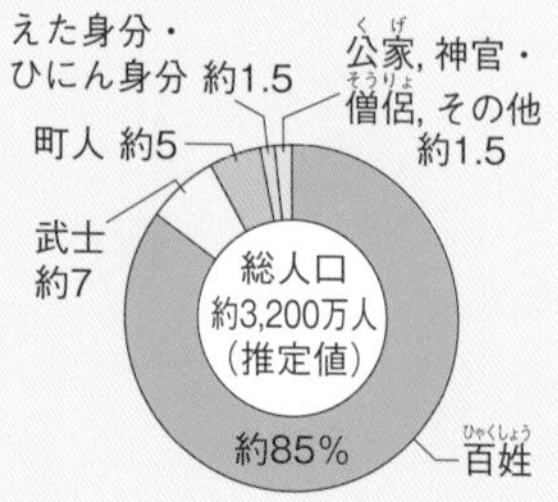

(関直太郎「近世日本の人口構造」)

▼江戸時代の農民

江戸時代前期～		江戸時代中期～	
本百姓	水のみ百姓	地主	小作
自分の農地で耕作を行って，年貢を納める。	本百姓の下で耕作を行うが，年貢は納めなくてよい。	土地を買い集めて貸し出す。年貢を納める。	地主から土地を借りて耕作を行う。地主に借地料をはらう。

入試によく出る地図　江戸時代の産業・交通と三都

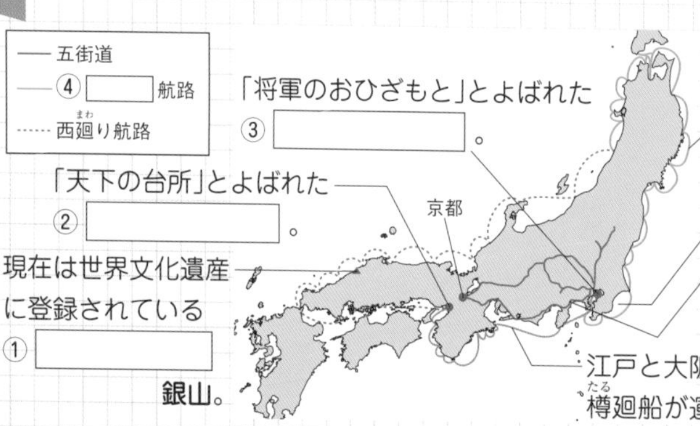

「将軍のおひざもと」とよばれた③□。

「天下の台所」とよばれた②□。

現在は世界文化遺産に登録されている①□銀山。

東北地方と江戸を結ぶ④□航路。

九十九里浜の沖合いではいわし漁がさかん。

五街道の１つである⑤□。五街道の要所には関所がおかれた。

江戸と大阪を結ぶ航路には，菱垣廻船や樽廻船が運航した。

即答チェックの答え　①関ヶ原の戦い　②武家諸法度　③参勤交代　④五人組　⑤商品作物　⑥工場制手工業(マニュファクチュア)　⑦徳川吉宗　⑧松平定信

入試必勝ワード　武家諸法度　参勤交代　享保の改革　寛政の改革

② 江戸時代の産業

三都の発展　江戸…幕府がある政治の中心地。
大阪…諸藩の蔵屋敷がある商業の中心地。
京都…朝廷がある歴史的文化の中心地。

農業　幕府や大名による新田開発が進む。
千歯こき・備中ぐわなどの農具も発達。
→耕地・収穫量が増加

工業　問屋制家内工業から工場制手工業(マニファクチュア)へと発展。→近代工業化の基礎

交通　五街道などの道路整備や航路が発展。
街道に関所を設置し，人々の通行を監視。

商業　三都や城下町では，商人が同業者ごとに株仲間をつくった。商品作物などの売買で貨幣も流通した。

株仲間は，税を納める代わりに営業特権を得て利益を上げたよ。

鉱業　貨幣の原料や輸出品として，佐渡金山(新潟県)，石見銀山(島根県)，生野銀山(兵庫県)，足尾銅山(栃木県)を開発。

災害によるききんの発生などで，幕府の財政を立て直すために改革が行われたよ。

③ 江戸時代の政治

綱吉の政治　５代将軍徳川綱吉が儒学をもとに政治を行う。貨幣の質を落として，物価上昇を招いた。生類憐みの令を出した。

新井白石　綱吉のあと新井白石は，貨幣の質をもどし，長崎貿易を制限。

享保の改革　８代将軍徳川吉宗が，新田開発を進めるなど，財政の立て直しを図った。公事方御定書を定めて裁判の基準を示し，目安箱を設置して庶民の意見を取り入れた。

田沼の政治　田沼意次は，株仲間を奨励。蝦夷地の開発を計画。長崎貿易を拡大。しかし，政治の乱れの責任をとり，失脚。
(わいろの横行や，天明のききんによる一揆の発生)

寛政の改革　老中松平定信は，出かせぎ農民を村に帰し，ききんに備え米を備蓄させた。朱子学を奨励。武士には倹約を命じた。

大切　民衆の抵抗

百姓一揆	百姓らが年貢の引き下げなどを求め，大勢で城下に押しかけた。
打ちこわし	都市の貧しい人々が，米を買いしめる商人などをおそった。

即答チェック

□ ① 徳川家康が石田三成らの大名を破った1600年の戦いを何といいますか。〔　　〕
□ ② 江戸幕府が，大名を統制するために定めた法律を何といいますか。〔　　〕
□ ③ 大名に，１年おきに領地と江戸を往復させる制度を何といいますか。〔　　〕
□ ④ 年貢納入や犯罪防止などで連帯責任を負わせる，５戸１組の制度を何といいますか。〔　　〕
□ ⑤ 菜種，紅花，あいなど，販売を目的につくられる作物を何といいますか。〔　　〕
□ ⑥ 江戸時代後半に広まった，地主が働き手を作業所に集めて，製品を分業で仕上げる生産方法を何といいますか。〔　　〕
□ ⑦ 享保の改革を行った８代将軍はだれですか。〔　　〕
□ ⑧ 寛政の改革を行った老中はだれですか。〔　　〕

入試によく出る地図の答え　①石見　②大阪　③江戸　④東廻り　⑤東海道

トレーニングテスト

→別冊解答 p.18

1 江戸幕府の成立 ((1)(2)①(4)(5)6点×4，(2)②(3)8点×2，計40点)

右のまとめを見て，次の各問いに答えなさい。

【江戸幕府の大名支配】
将軍から1万石以上の領地をあたえられた武士を大名という。A江戸幕府は，B全国に大名をたくみに配置し，Cさまざまな法や制度などにより大名を厳しく統制した。

【江戸幕府の百姓支配】
江戸幕府は あ を組織させ，年貢の納入や犯罪の防止などで，百姓たちに連帯責任を負わせた。

【江戸幕府の都市】
D江戸は将軍のおひざもととよばれ，諸藩が大名屋敷を置いた。

重要 (1) 下線部Aについて，江戸幕府を開いた人物の名前を答えなさい。
(　　　　　)

(2) 下線部Bについて，次の問いに答えなさい。〈静岡県・改〉

① 大名は，江戸幕府から領地をあたえられ，その領地を支配しました。大名が，江戸幕府からあたえられた領地とその領地を支配するしくみは何とよばれるか，漢字1字で答えなさい。(　　　)

② **表1**は，譜代大名と外様大名が徳川氏に従った時期を示しています。**資料の**　　　**は**，外様大名にあたえられた領地を示しています。**表1**から，江戸幕府にとって，外様大名はどのような存在であったと考えられますか。**資料**から読み取れる，江戸から見た外様大名の配置の特徴とあわせて簡潔に書きなさい。
(　　　　　　　　　　　　　　　　)

表1

	徳川氏に従った時期
譜代大名	関ヶ原の戦い以前
外様大名	関ヶ原の戦い以後

資料

＊外様大名の領地は，1664年ごろのもの。

(3) 下線部Cについて，次の文の　　　にあてはまる文を書きなさい。〈岡山県〉
「幕府は参勤交代の制度(きまり)を定めた。この制度により，大名は，おもに1年おきに，　　　ことになり，大きな負担を強いられた。」
(　　　　　　　　　　　　　　　　)

(4) あ にあてはまる語句を答えなさい。〈和歌山県〉(　　　　　)

差がつく (5) 下線部Dについて，**表2**は，江戸，大阪，京都における，それぞれの都市の総面積にしめる居住地ごとの面積の割合を表したものであり，**表2**中のa～cは，江戸，大阪，京都のいずれかです。a～cにあてはまる都市の組み合わせとして適切なものを，次から1つ選び，記号で答えなさい。〈愛媛県〉(　　　)

表2 (単位：%)

都市＼項目	公家地	武家地	町人地	寺社地	その他
a	—	77.4	9.8	10.3	2.5
b	3.3	5.0	40.1	14.0	37.6
c	—	22.3	57.7	7.8	12.2

＊17世紀中ごろのようすである。公家地，武家地，町人地は，それぞれ，公家，武家，町人が居住する区域であり，寺社地は，寺や神社が所有する区域である。その他は，空き地などである。－は，面積の割合が少なく，数値化されていないことを表している。

ア a－江戸　b－大阪　c－京都
イ a－江戸　b－京都　c－大阪
ウ a－大阪　b－江戸　c－京都
エ a－大阪　b－京都　c－江戸

HINT (2)②江戸の周辺よりも東北地方や九州地方に多く配置されている。

2 江戸時代の産業 （(1)(2)6点×2，(3)8点，計20点）

右の地図を見て，次の各問いに答えなさい。

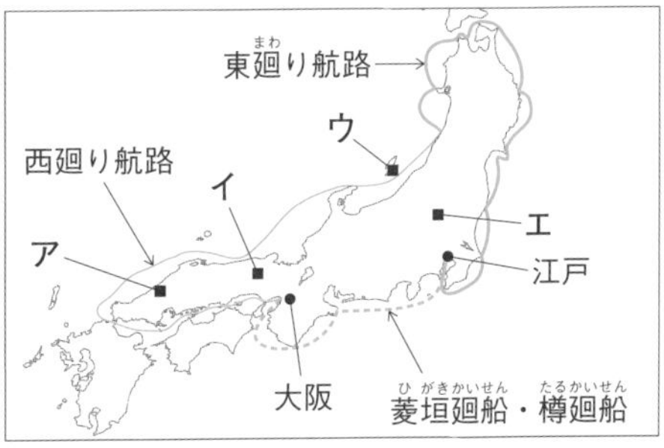

正答率48%　(1) 石見銀山の場所を，地図中のア～エから1つ選び，記号で答えなさい。　〈滋賀県〉（　　　）

注意　(2) 石見銀山は，現在の何県にありますか。
（　　　　　）

正答率7%　(3) 江戸時代，大阪が「天下の台所」として栄えた理由を，地図を参考にして，「蔵屋敷」という語句を使って書きなさい。　〈滋賀県・改〉
（　　　　　　　　　　　　　　　　　　　　　）

3 江戸幕府の政治 （(1)(3)8点×2，(2)(4)～(6)6点×4，計40点）

右の年表を見て，次の各問いに答えなさい。

年代	おもなできごと
1680	徳川綱吉が5代将軍となる…A
	↕ア
1716	享保の改革が始まる…………B
	↕イ
1787	寛政の改革が始まる…………C

正答率48%　(1) 老中田沼意次の政治は，年表中のア・イどちらの時期に行われたか，記号で答えなさい。また，田沼意次が行ったことについて述べた下の文中の□にあてはまる適切な内容を書きなさい。(完答)　〈青森県・改〉
「商工業者が□ことを奨励し，特権をあたえるかわりに税を徴収した。」
（記号　　　　内容　　　　　　　　　　　　）

(2) 年表中のAにおいて発せられた法令を，次から1つ選び，記号で答えなさい。（　　　）
ア 生類憐みの令　　イ 墾田永年私財法　　ウ 徳政令　　エ 刀狩令

差がつく　(3) 右の**資料**は，年表中のBに関する法令の一部です。この改革の目的を，資料を参考にして，簡潔に書きなさい。　〈群馬県〉
（　　　　　　　　　　　　　　　）

資料　徳川吉宗が制定した法令の一部

> 幕府の年貢収入は以前より多くなっているが，家臣にわたす米や必要経費とくらべると，結局毎年不足になっている。一般の行政費もさしつかえるようになっている。(部分要約)

(4) 年表中のBにおいて定められた，当時の裁判の基準となる法律を，次から1つ選び，記号で答えなさい。　〈京都府〉（　　　）
ア 武家諸法度　　イ 御成敗式目　　ウ 大宝律令　　エ 公事方御定書

重要　(5) 年表中のCの内容として誤っているものを，次から1つ選び，記号で答えなさい。〈沖縄県・改〉
ア 都市に出かせぎにきていた農民を帰し，ききんに備えて米をたくわえさせた。
イ 幕府の学校をつくり，朱子学以外の儒学を禁止した。
ウ 江戸や大阪の周辺を幕府が直接支配しようとした。　（　　　）

(6) 18世紀初めごろに新井白石が行った政策を，次から1つ選び，記号で答えなさい。〈愛媛県・改〉
ア 貨幣の質を落とし，量を増やした。　　イ 印旛沼の干拓工事を始めた。　（　　　）
ウ 低くなっていた貨幣の質をもどした。　　エ 湯島に昌平坂学問所をつくった。

HINT　(3)資料からは，財源が不足し，財政が苦しいことが読み取れる。

幕府の海外に対する政策や鎖国下で栄えた日本文化をおさえよう！

重要度★★★

近世社会の発展②

学習日　　月　　日

ポイント整理

① 江戸幕府の対外政策

アジアやヨーロッパとの貿易

朱印船貿易　徳川家康は，大名や豪商に渡航を許可する朱印状を発行し，東南アジアの国々やオランダ，イギリスとの貿易を許可。

日本町　朱印船貿易の影響で，多くの日本人が東南アジア各地に移住した。

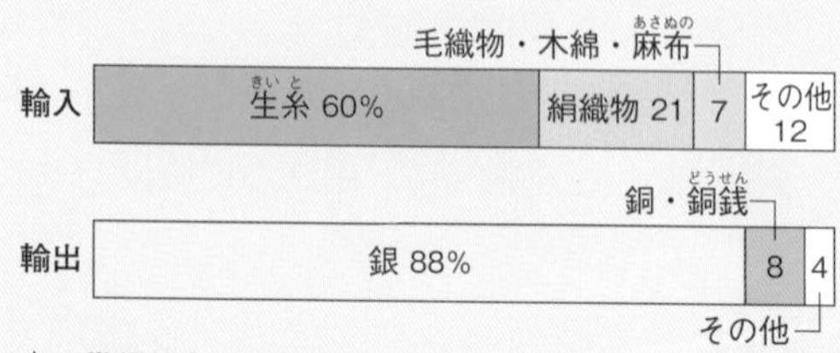

▲17世紀前半の貿易品目　（日本歴史館）

江戸時代のはじめは朱印船貿易がさかんだったけど，1635 年以降は行われなくなったんだ。

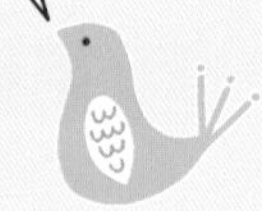

キリスト教の禁止と貿易統制

鎖国　幕府による，禁教，貿易統制，貿易独占の体制。家康は禁教令を発布。家光のときに鎖国体制が固まった。

▼鎖国までの流れ

1612 年 幕領にキリスト教の禁教令 → 1624 年 スペイン船の来航禁止 → 1635 年 日本人の海外への行き来を禁止 → 1637 年 島原・天草一揆 → 1639 年 ポルトガル船の来航禁止 → 1641 年 オランダ商館を長崎の出島に移す

禁教政策　絵踏や宗門改めを行い，キリスト教徒への弾圧を行った。

海外情報　オランダに『オランダ風説書』の提出を義務付け，幕府が海外情報を独占した。

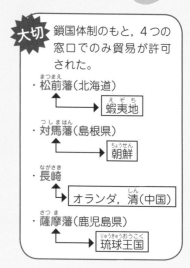

大切　鎖国体制のもと，4つの窓口でのみ貿易が許可された。

- 松前藩（北海道）⇔ 蝦夷地
- 対馬藩（島根県）⇔ 朝鮮
- 長崎 ⇔ オランダ，清（中国）
- 薩摩藩（鹿児島県）⇔ 琉球王国

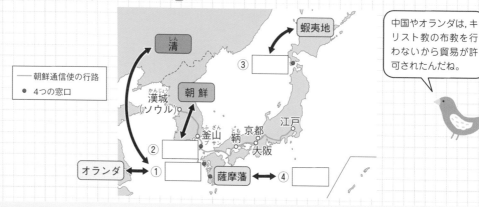

入試によく出る地図

鎖国体制下の４つの窓口

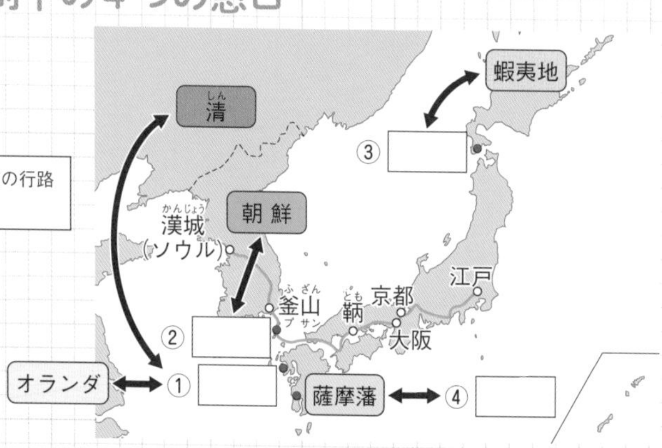

中国やオランダは，キリスト教の布教を行わないから貿易が許可されたんだね。

即答チェック の答え　①朱印船貿易　②キリスト教　③オランダ　④中継貿易　⑤朝鮮通信使　⑥近松門左衛門　⑦浮世絵　⑧国学

入試必勝ワード 朱印船貿易 | 鎖国 | 琉球王国 | 浮世絵 | 国学

② 琉球王国とアイヌ民族

琉球王国 15世紀はじめ，尚氏が沖縄島を統一。日本や中国，朝鮮半島，東南アジアとの**中継貿易**で繁栄。

↓

1609年，薩摩藩によって征服される。将軍や琉球国王の代がわりに**琉球使節**が江戸に派遣。

朝鮮 将軍の代がわりごとには**朝鮮通信使**が来日した。

蝦夷地 15世紀半ば，蝦夷地(北海道)に住む**アイヌ民族**は本州からの移住者と戦ったが，敗退。

↓

1604年，松前藩がアイヌ民族との貿易独占を認められた。**シャクシャイン**を中心として松前藩と戦ったが，敗退。

豊臣秀吉の侵攻で，国交がとだえていた朝鮮と日本は，対馬藩のなかだちで国交を回復したよ。

③ 江戸時代の文化・学問

文化

元禄文化 **上方**(大阪・京都)の町人を中心とする文化。(17世紀前半～)

- **文学** 浮世草子(**井原西鶴**)，人形浄瑠璃(**近松門左衛門**)，俳諧(**松尾芭蕉**)
- **美術** 装飾画(**尾形光琳**)，**浮世絵**(**菱川師宣**)

化政文化 江戸の町人を中心とする文化。地方にも広まった。(19世紀前半～)

- **文学** 小説(**十返舎一九**・**滝沢馬琴**「南総里見八犬伝」)，俳諧(**与謝蕪村**・**小林一茶**)
- **美術** **錦絵**(**喜多川歌麿**・**葛飾北斎**「富嶽三十六景」・**歌川広重**)

学問

蘭学・国学 **杉田玄白**らによる『**解体新書**』(医学書)の出版をきっかけに**蘭学**が広まる。**本居宣長**が『**古事記伝**』を著し，**国学**を大成。

地図 **伊能忠敬**が正確な日本地図を作成。

藩校・寺子屋 諸藩が武士の人材育成のために**藩校**を開いた。町人や百姓も「読み・書き・そろばん」を**寺子屋**で学んだ。

即答チェック

- □ ① 江戸時代はじめのころに行われた，朱印状を用いた貿易を何といいますか。〔　　〕
- □ ② 徳川家康が禁教令を出して信仰を禁止した宗教は何ですか。〔　　〕
- □ ③ 鎖国のもと，長崎での貿易を許されたヨーロッパの国はどこですか。〔　　〕
- □ ④ 琉球王国が行っていた，他国から輸入したものを別の国に輸出する貿易形態を何といいますか。〔　　〕
- □ ⑤ 江戸時代，将軍の代替わりごとに送られた朝鮮からの使節を何といいますか。〔　　〕
- □ ⑥「曽根崎心中」などの人形浄瑠璃や歌舞伎の脚本家であった人物はだれか。〔　　〕
- □ ⑦ 菱川師宣などが作品を残した，庶民の生活などを描いた絵画を何といいますか。〔　　〕
- □ ⑧ 本居宣長が大成した，仏教や儒教が伝わる前の，日本古来の精神や文化を明らかにしようとする学問を何といいますか。〔　　〕

入試によく出る地図の答え　①長崎　②対馬藩　③松前藩　④琉球王国

17 トレーニングテスト

→別冊解答 p.19

1 江戸幕府の対外政策 ((1)〜(3)(5)①〜③(6)6点×7,(4)8点,計50点)

右の文を読んで，次の各問いに答えなさい。

> 鎖国は，江戸幕府によるA禁教，B貿易統制，C外交独占の体制である。中でも幕府は禁教を徹底するため，下の資料1のようなものを使用して絵踏を行い，［あ］教の信者を発見しようとした。

正答率98% (1) ［あ］にあてはまる語句を答えなさい。〈岐阜県〉

(　　　　　)

(2) 下線部Aについて，次のア〜エのできごとが行われた順に並べなさい。(完答)　〈徳島県〉(　　→　　→　　→　　)

資料1

ア　幕領(幕府領)に禁教令を出した。

イ　日本人の海外渡航を禁止した。

ウ　平戸のオランダ商館を長崎の出島に移した。

エ　天草四郎が中心となっておこした一揆に対して大軍を送った。

重要 (3) 下線部Bについて，1639年に日本への来航を禁止されたのは，どこの国の船でしたか。国名を答えなさい。　〈和歌山県〉(　　　　　)

正答率50% (4) 下線部Cについて，オランダ船が長崎に来航したときに，幕府は風説書を提出させていました。これを提出させた幕府の目的を簡潔に書きなさい。　〈奈良県〉

(　　　　　　　　　　　　　　　　　　　　)

(5) 鎖国下で対外的な交渉にあたった窓口について，資料2を見て，次の問いに答えなさい。〈宮城県〉

資料2　交渉の窓口

① 資料2中のaは窓口の1つです。この窓口の藩名として正しいものを，次から1つ選び，記号で答えなさい。　(　　)

ア　水戸藩　　イ　肥前藩　　ウ　土佐藩　　エ　松前藩

注意 ② 対馬藩は，朝鮮との窓口でした。江戸時代の朝鮮について述べた文として最も適切なものを，次から1つ選び，記号で答えなさい。　(　　)

ア　百済・新羅・高句麗が，勢力を争っていた。

イ　高麗がたおれ，朝鮮国が成立した。

ウ　外交の使節として，日本に通信使を派遣した。

エ　モンゴル軍とともに，2度にわたって日本に攻めてきた。

③ 次の［　　］にあてはまる国名を答えなさい。　(　　　　)

「薩摩藩は，江戸時代初期，［　　］との交易の窓口となり，大きな利益を得ていた。」

(6) 鎖国体制が固まる前，徳川家康の許可をうけた大名や豪商によって行われた朱印船貿易について，資料3のX，Yにあてはまる語句の組み合わせとして適切なものを，次から1つ選び，記号で答えなさい。〈群馬県〉　(　　)

ア　X－金　Y－木綿　　イ　X－金　Y－生糸

ウ　X－銀　Y－木綿　　エ　X－銀　Y－生糸

資料3　朱印船貿易によるおもな物資の流れ

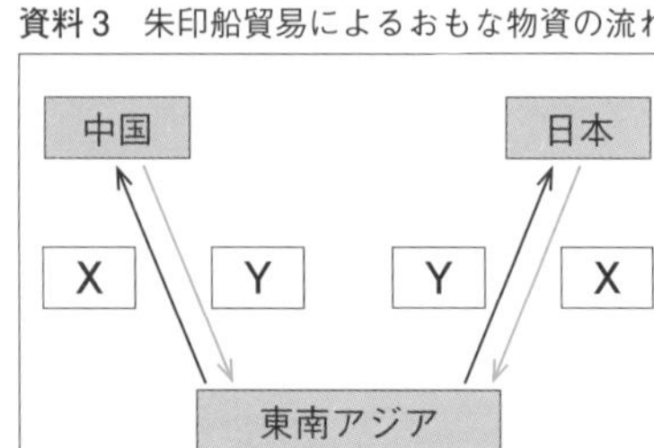

HINT (4)オランダ風説書には，ヨーロッパやアジアの情勢が記載されていた。

2 琉球王国とアイヌの人々 (10点×2＝20点)

次の各問いに答えなさい。

差がつく
(1) 右の**資料**は，琉球王国の都である首里の位置と，琉球王国の交易路を示したものです。琉球王国が栄えた理由を，この王国の位置に着目して説明しなさい。〈山口県〉

(　　　　　　　　　　　　　　　　　　　　　　　)

資料

(2) 下の図は，東北地方や北海道地方のできごとをおこった順に並べたものです。A，B，Cにあてはまる人物を，あとのア～ウから１つずつ選び，記号で答えなさい。(完答)　(A　　B　　C　　)

［A］を征夷大将軍とする軍が蝦夷のおもな拠点を攻め，東北地方への支配を広げた。	➡	和人(本州の人々)の進出に圧迫されたアイヌ民族が，［B］を指導者として和人と衝突した。	➡	アイヌ民族は，当時，交易を行っていた藩と対立し，［C］を指導者として反乱をおこした。

ア　コシャマイン　　イ　坂上田村麻呂　　ウ　シャクシャイン

3 江戸時代の文化・学問 (6点×5＝30点)

次の各問いに答えなさい。

(1) 次の［　］の文は，17世紀末から18世紀初めにかけて，京都や大阪などの上方の町人がにない手になった文化について述べたものです。文中の［　］にあてはまる語句を答えなさい。また，文中のX，Yにあてはまる語句の組み合わせを，あとから１つ選び，記号で答えなさい。〈茨城県・改〉

> ［　　］文化では，［X］が浮世草子に町人の生活を生き生きと描き，［Y］は人形浄瑠璃の脚本家として，おもに現実におこった事件をもとに，義理と人情の板ばさみのなかで懸命に生きる男女をえがいた。

語句(　　　　　　)　記号(　　　)

ア　X－井原西鶴　　Y－近松門左衛門
イ　X－井原西鶴　　Y－十返舎一九
ウ　X－松尾芭蕉　　Y－近松門左衛門
エ　X－松尾芭蕉　　Y－十返舎一九

(2) 次の文のa，bの｛　｝の中から適切なものを，１つずつ選び，記号で答えなさい。(完答)〈愛媛県〉

(a　　b　　)

徳川吉宗は，新しい知識の導入をはかるため，a｛ア　中国語　　イ　オランダ語｝に翻訳されたヨーロッパの書物のうち，b｛ウ　儒教　　エ　キリスト教｝に関係のない書物の輸入を許可した。

(3) 本居宣長が大成した学問を，次から１つ選び，記号で答えなさい。(　　)

ア　蘭学　　イ　朱子学　　ウ　国学　　エ　陽明学

(4) 右の作品がつくられた時期の文化の中心地はどこですか。当時の都市名で答えなさい。〈群馬県〉(　　　　　)

HINT (4)右の作品は，19世紀初めの化政文化のもの。

近代化の進んだ欧米諸国のアジアへの進出と，日本の開国を結びつけよう！

重要度★★★

ヨーロッパの近代化と開国

学習日　月　日

ポイント整理

蒸気機関などの新しい技術の開発が，産業革命をもたらしたんだよ。

① 欧米の近代化とアジア

ヨーロッパの繁栄

イギリス
17世紀の市民革命を経て議会政治が確立。18世紀には世界ではじめて産業革命。

フランス
フランス革命で人権宣言を発表し，王政を廃止した。その後，ナポレオンが皇帝となった。

【イギリス】【フランス】
絶対王政
- 【イギリス】ピューリタン革命（1642～1649年）→ 名誉革命（1688年）・権利の章典 → 議会政治の確立
- 【フランス】フランス革命（1789年）→ 共和政の成立

→ 産業革命 → アジアへの進出

アメリカの独立と発展

【アメリカ】
イギリスによる植民地支配 → 独立戦争（1775～1783年）・合衆国憲法 → 産業革命 → 南北戦争（1861～1865年）

独立
イギリスの支配に反発して独立宣言を発表。独立後はワシントンが初代大統領となった。

内戦
奴隷制と貿易政策をめぐって南北戦争がおこり，リンカン（リンカーン）の率いる北部が勝利した。

資本主義の発展

資本主義 産業革命が進んだ結果，資本家が労働者をやとって生産する資本主義のしくみが広まった。

社会問題 労働者は低賃金・長時間労働を強いられた。

アジアへの進出

清（中国） アヘンの密貿易が原因で，イギリスと清（中国）でアヘン戦争（1840年）。清を破ったイギリスは南京条約（～42年）を結び，香港を獲得。1851年には洪秀全を中心に太平天国の乱（～64年）がおこった。

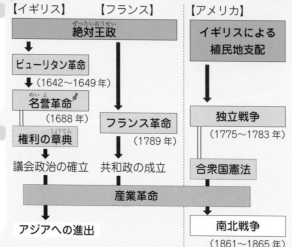

▲アヘン戦争

インド インド大反乱をしずめたイギリスは，インドを植民地化した。

入試によく出る資料　イギリスとアジアの国々との関係

紅茶を飲む習慣が広まったイギリスでは，清からの茶の輸入が増えたが，その代金として支払う①［　　　］が不足したため，インド産の②［　　　］を清へ密輸して，銀を手に入れた。 →

▼19世紀前半の三角貿易

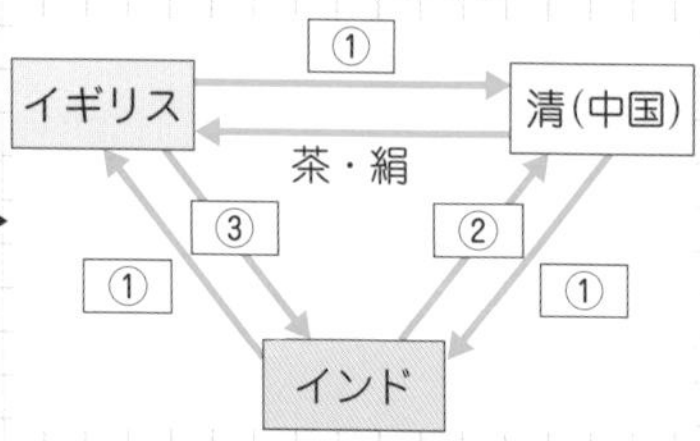

産業革命が進んだイギリスは，インドへ多くの③［　　　］を輸出するようになったため，インドの工業はおとろえた。 →

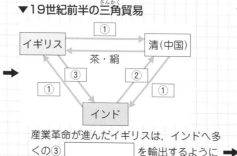

▼イギリスの ③ の貿易

即答チェックの答え　①名誉革命　②人権宣言　③資本主義（経済）　④異国船（外国船）打払令　⑤水野忠邦　⑥日米修好通商条約　⑦桜田門外の変　⑧大政奉還

入試必勝ワード 名誉革命　人権宣言　天保の改革　日米修好通商条約　大政奉還

② 開国と江戸幕府の滅亡

外国船を追い払おうとする幕府の政策を批判した渡辺崋山や高野長英は，処罰されたんだ。

● 外国船の接近と幕府の改革

外国船の接近 ロシアからラクスマンやレザノフが来航し，通商を求めるなどした。このような外国船に対して江戸幕府は，1825年に異国船(外国船)打払令を出した。

天保の改革 大阪では，元役人の大塩平八郎が乱をおこした。幕府では老中の水野忠邦が株仲間の解散を命じるなどの改革を行ったが，失敗に終わった。

● 開国と不平等条約

欧米との条約

1853年，ペリーが浦賀に来航して開国を要求。翌年日米和親条約を結び，函館と下田を開港した。1858年，ハリスが日米修好通商条約を結び，貿易開始。

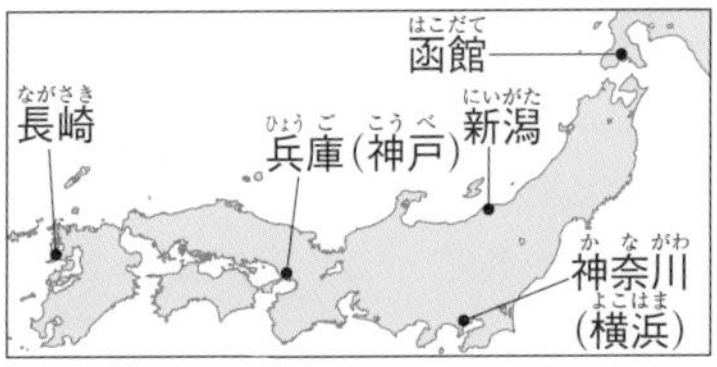

▲日米修好通商条約で開港された５港

大切 日米修好通商条約…領事裁判権(治外法権)を認め，関税自主権のない不平等条約。

貿易の開始 安価な綿製品の輸入で，国内生産地は打撃。日本からは生糸・茶などが輸出され品不足となり，物価は上昇した。

幕府への批判 大老の井伊直弼は開国反対派を弾圧(安政の大獄)。この結果，1860年に直弼は暗殺された(桜田門外の変)。

● 江戸幕府の滅亡

尊王攘夷 朝廷の権威を高め，外国勢力を排除する尊王攘夷運動が高まり，薩摩藩による生麦事件，長州藩による外国船砲撃がおこった。

幕府の滅亡 攘夷が不可能と知った薩摩藩と長州藩は，坂本龍馬らのなかだちで薩長同盟を結び，倒幕へ動いた。1867年，将軍の徳川慶喜が朝廷へ政権を返上し(大政奉還)，これに対して，朝廷は，王政復古の大号令を発表。続く戊辰戦争で新政府軍は旧幕府軍を破った。

幕末には，世直しを求める打ちこわしや百姓一揆が多発したんだ。

即答チェック

- □ ① 1688年にイギリスでおこり，翌年，権利の章典を国王に認めさせた革命を何といいますか。〔　　〕
- □ ② 1789年のフランス革命のときに発表された宣言を何といいますか。〔　　〕
- □ ③ 資本家が労働者を使って生産を行う経済のしくみを何といいますか。〔　　〕
- □ ④ 1825年に江戸幕府が出した，外国船を追い払うための法令を何といいますか。〔　　〕
- □ ⑤ 天保の改革を行った老中はだれですか。〔　　〕
- □ ⑥ 1858年にアメリカとの間に結ばれた条約を何といいますか。〔　　〕
- □ ⑦ 大老の井伊直弼が暗殺された事件を何といいますか。〔　　〕
- □ ⑧ 徳川慶喜が政権を朝廷に返上したできごとを何といいますか。〔　　〕

入試によく出る資料の答え　①銀　②アヘン　③綿織物

→別冊解答 p.20

1 欧米の近代化とアジア （(1)～(5)6点×5，(6)5点，計35点）

右の年表を見て，次の各問いに答えなさい。

年代	おもなできごと
1765	蒸気機関が改良される……A
1776	ア独立宣言が発表される
1789	フランス革命が始まる……B
	↕あ
1804	イナポレオンが皇帝となる
	↕い
1825	ウ世界初の鉄道が開通する
	↕う
1840	アヘン戦争がおこる………C
	↕え
1861	エ南北戦争がおこる………D

資料1　権利の章典（1689年）

> 1　国王は，自分の権力によって国会の承認なしに法律を停止できると言っているが，それは違法である。
> （「世界史史料」より要約）

資料2

> 第1条　人間は，生まれながらにして自由かつ平等な権利をもっている。
> 第3条　主権のみなもとは，もともと国民のなかにある。　（部分要約）

正答率62%　(1)　年表中のAについて，イギリスでは，工業力が大きく向上し，鉄道の整備が進むなど，人々の生活が大きく変わりました。このような，社会を大きく変化させた工業化を何といいますか。　〈新潟県〉（　　　　）

(2)　資料1が定められた国でおこったできごとを，年表中のア～エから1つ選び，記号で答えなさい。〈長野県・改〉（　　）

重要　(3)　資料2は年表中のBのときにフランスで出されたものです。何とよばれますか。　〈富山県〉（　　　　）

正答率37%　(4)　年表中のCについて，この戦争の原因ともなった，清からイギリスへの輸出品として，最も適当なものを，次から1つ選び，記号で答えなさい。　〈新潟県〉（　　）

ア　茶　　イ　砂糖　　ウ　香辛料　　エ　綿織物

(5)　年表中のDについて，この戦争の最中に奴隷解放宣言を発表した，北部の指導者はだれですか。（　　　　）

(6)　インド大反乱がおこった時期を，年表中のあ～えから1つ選び，記号で答えなさい。（　　）

2 外国船の接近と幕府の改 （5点×4＝20点）

右の文を読んで，次の各問いに答えなさい。　〈埼玉県・改〉

> 漂流民をわたそうとしたアメリカの商船を打ち払うという事件がおこると，A〔前野良沢　渡辺崋山　本居宣長〕らは外国船の打ち払いを批判する書物を書いた。幕府は彼らを厳しく処罰したが，Bその後の幕府政治の改革のときに，異国船打払令を緩和した。

(1)　Aにあてはまる人物名を，〔　〕から選んで答えなさい。（　　　　）

正答率27%　(2)　下線部Bの幕府政治の改革のときに，異国船打払令（外国船打払令）の緩和のほかに行われた政策について述べた文として，正しいものには○を，まちがっているものには×を答えなさい。

①　この改革のときに，大名の参勤交代を一時ゆるめるかわりに上げ米の制を定めて，幕府に米を献上させた。（　　）

②　この改革のときに，江戸・大阪周辺の農村を幕府の領地にしようとしたことで，大名や旗本に反対された。（　　）

③　この改革のときに，商工業者に株仲間を結ぶことを奨励し，これに特権をあたえるかわりに税を取った。（　　）

HINT　(2)水野忠邦による天保の改革の内容にあったものを選ぶ。

3 開国と江戸幕府の滅亡 （5点×9＝45点）

右の年表を見て，次の各問いに答えなさい。

年代	おもなできごと
1853	ペリーが来航する……………………A
1858	日米修好通商条約が結ばれる…B
1862	生麦事件がおこる
	↕ C
1866	薩長同盟が結ばれる………………D
1867	大政奉還が行われる………………E
1868	鳥羽・伏見の戦いがおこる……F

正答率82%　(1)　年表中のAの来航地を，右の地図中のア～エから1つ選び，記号で答えなさい。〈滋賀県〉

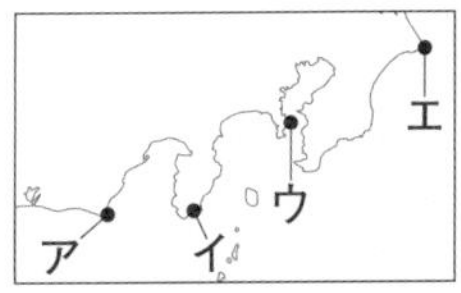

（　　　）

正答率55%　(2)　次の文は，年表中のBの条約と，その影響についてまとめたものです。X・Yにあてはまる語句を書きなさい。〈埼玉県・改〉

「大老の井伊直弼は，朝廷の許可を得ないまま，日米修好通商条約を結び，5港を開いて，自由な貿易を行うことを認めた。その後，幕府は，その他4か国とも，ほぼ同じ内容の条約を結んだ。しかし，この条約は，［X］を認め，［Y］がないなど，日本にとって不利で，不平等な内容をふくんでいた。」

X（　　　　　　）　Y（　　　　　　）

差がつく　(3)　年表中のBについて，**資料1**を参考にして，文中の①・②にあてはまる内容を，それぞれ5字以上10字以内で書きなさい。

「各国と修好通商条約を結んだ翌年から貿易が始まると，輸出品が品不足となった。さらに，米の買いしめや，幕府が貨幣にふくまれる金の量を減らしたこともあり，価格の変化がおきた。その結果，人々の不満が高まり，朝廷をおし立てようという尊王論と，［①］という攘夷論とが結びついた。また，各地で民衆による［②］などの動きが表れ，幕府の権威は大きくゆらいだ。」

〈大分県〉①（　　　　　　）

②（　　　　　　）

資料1　日常品の価格指数の変化

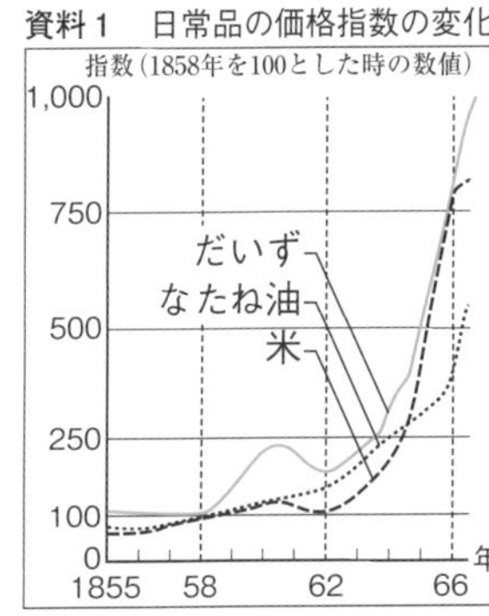

資料2

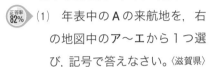

(4)　**資料2**は，年表中のCの時期に長州藩がイギリスなど4か国の艦隊と戦って，砲台を占領されたときのようすを示しています。このできごとがおきた場所を，次から1つ選び，記号で答えなさい。〈岡山県・改〉（　　　）

ア　鹿児島　　イ　下田　　ウ　長崎　　エ　下関

(5)　年表中のDは，幕府政治を終わらせようと考えた土佐藩出身の人物のなかだちによって結ばれました。この人物を次から選び，記号で答えなさい。（　　　）

ア　木戸孝允　　イ　吉田松陰　　ウ　坂本龍馬　　エ　高杉晋作

(6)　年表中のEについて，大政奉還とはどのようなできごとですか。「将軍が」の書き出しに続けて書きなさい。〈福島県・改〉（　将軍が　　　　　　）

(7)　年表中のFから始まり，翌年に旧幕府軍が新政府軍に敗北して終わるまでの戦争は，一般に何とよばれていますか。〈愛媛県〉（　　　　　）

重要度★★★

近代日本の始まり

学習日　　月　　日

ポイント整理

① 明治維新

欧米の強国に対抗できる国づくりをめざして，近代化が進められたんだね。

◐ 新政府による改革

中央集権　五箇条の御誓文で新政府の方針を示した。版籍奉還と廃藩置県によって，政府が全国を直接治める中央集権国家をめざした。

身分制度の変更　天皇の一族を皇族，公家と大名を華族，武士を士族，百姓と町人を平民とした(四民平等)。

殖産興業　富岡製糸場などの官営模範工場をつくり近代産業を育成。鉄道や郵便制度を整備。北海道に開拓使をおき，屯田兵を派遣。

文明開化　西洋の文化を取り入れる動きが活発化。都市ではれんが造りの建物や，ガス灯などが増えた。また，太陰暦にかわって太陽暦を採用。

大切　富国強兵の三大改革
- 学制…6歳以上の男女に小学校教育。
- 徴兵令…満20歳以上の男子に兵役の義務。
- 地租改正…地価の３％を現金で納入→財政安定。

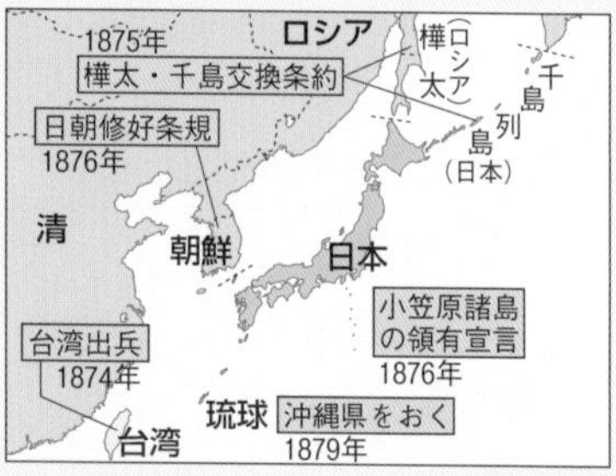

▲国境の画定

◐ 新しい国際関係

岩倉使節団　不平等条約の改正をめざし，岩倉具視らを派遣→欧米の進んだ制度や文化を学んだ。

中国　清との間に対等な日清修好条規を結び，国交を開いた。

朝鮮　征韓論が高まり，江華島事件で，不平等な日朝修好条規を結ばせ，朝鮮を開国させた。

ロシア　樺太・千島交換条約を結び，樺太をロシア領，千島列島を日本領と定めた。

琉球　武力を背景に，琉球藩を廃止し，沖縄県を設置(琉球処分)。

入試によく出る資料　明治政府の方針，日清・日露戦争後の条約

① ＿＿＿＿

一　広ク会議ヲ興シ万機公論ニ決スベシ
一　上下心ヲ一ニシテ盛ニ経綸ヲ行フベシ
一　官武一途庶民ニ至ル迄，各其志ヲ遂ゲ，人心ヲシテ倦マザラシメンコトヲ要ス
一　旧来ノ陋習ヲ破リ，天地ノ公道ニ基クベシ
一　知識ヲ世界ニ求メ，大ニ皇基ヲ振起スベシ

下関条約
- 清は，② ＿＿＿＿ の完全な独立を認めること。
- 清は，遼東半島・台湾・澎湖諸島を日本にゆずること。
- 清は，賠償金２億両を日本に支払うこと。

ポーツマス条約
- 韓国の指導，監督は日本が行う。
- 旅順と大連は，日本が借り受ける。
- ロシアは③ ＿＿＿＿ の南半分を日本にゆずる。

即答チェックの答え　①版籍奉還　②徴兵令　③官営模範工場　④板垣退助　⑤ロシア　⑥イギリス　⑦伊藤博文　⑧八幡製鉄所

② 立憲国家への歩み

明治時代の文化では，夏目漱石・森鷗外(小説)，与謝野晶子(短歌)，北里柴三郎・志賀潔・野口英世(医学)をおさえておこう。

新政府への不満

自由民権運動　1874年，板垣退助らが民撰議院設立の建白書を政府に提出し，国会を開くことを要求した。

士族の反乱　西郷隆盛を中心として1877年に西南戦争をおこしたが，政府軍に敗れた。

立憲国家の成立

政党の結成　1881年に政府が国会開設を約束すると，板垣退助は自由党を，大隈重信は立憲改進党を結成した。

内閣制度　1885年に内閣制度が創設され，伊藤博文が初代内閣総理大臣となった。

憲法の制定　君主権の強いドイツ(プロイセン)の憲法を参考にして草案を作成。1889年，天皇が国民にあたえる形で大日本帝国憲法が発布された。

③ 日清・日露戦争と条約改正

日清戦争

1894年
甲午農民戦争　日本や欧米の排除をめざし，朝鮮でおこった
↓
日清戦争　日本と清(中国)が朝鮮へ出兵し，両国が衝突
↓
1895年
下関条約　日本が勝利し，日本は賠償金とともに遼東半島・台湾などを得た
↓
三国干渉　ロシア・ドイツ・フランスが遼東半島を清に返すよう日本に求めた
↓
1901年
八幡製鉄所　日清戦争の賠償金をもとに，北九州に建設

日露戦争

1899～1900年
義和団事件　清で外国を排除しようとする運動がおこった
↓
1902年
日英同盟　ロシアの南下に対抗し，イギリスと同盟を結んだ
↓
1904年
日露戦争　満州・朝鮮をめぐり日本とロシアが開戦した
↓
1905年
ポーツマス条約　アメリカのなかだちで講和が行われたが，賠償金は得られなかった
↓
1910年
韓国併合　日本は韓国を植民地化した

条約改正

大切
・領事裁判権(治外法権)の撤廃…1894年，外務大臣の陸奥宗光の交渉。
・関税自主権の回復…1911年，外務大臣の小村寿太郎の交渉。

日本の産業革命　日清戦争前後，軽工業。日露戦争後，重工業。

即答チェック

□ ① 1869年，全国の藩主に領地と領民を天皇に返上させた改革を何といいますか。〔　　〕
□ ② 満20歳になった男子に兵役の義務を課すこととした法令を何といいますか。〔　　〕
□ ③ 富岡製糸場など，明治政府が直接経営した工場を総称して何といいますか。〔　　〕
□ ④ 民撰議院設立の建白書を提出して自由民権運動のさきがけとなり，のちに自由党を結成したのはだれですか。〔　　〕
□ ⑤ 下関条約後に，ドイツ・フランスを率いて三国干渉を行った国はどこですか。〔　　〕
□ ⑥ 1902年に，日本が同盟を結んだ国はどこですか。〔　　〕
□ ⑦ 初代内閣総理大臣となり，のちに満州で暗殺された人物はだれですか。〔　　〕
□ ⑧ 日清戦争の賠償金でつくられた官営の製鉄所を何といいますか。〔　　〕

入試によく出る資料の答え　①五箇条の御誓文　②朝鮮　③樺太

19 トレーニングテスト

→別冊解答 p.21

1 明治維新 （5点×8＝40点）

次の各問いに答えなさい。

重要 (1) **資料1**は，近代国家をめざす明治政府によって，わが国の政治の方針を示すために発布されたものの一部です。これは何ですか。次から1つ選び，記号で答えなさい。 〈岩手県〉（　　）

資料1

広ク会議ヲ興シ万機公論ニ決スベシ

ア　国家総動員法　　イ　大日本帝国憲法
ウ　五箇条の御誓文　　エ　民撰議院設立の建白書

重要 (2) 次の文中の［　　］にあてはまる語句を答えなさい。

① 明治政府は，1871年に［　　］を実施し，その結果，政府の役人が全国を統治する中央集権国家への基礎がつくられた。 〈山口県〉（　　　　）

② 1872年にわが国では，満6歳以上のすべての男女に学校教育を受けさせる［　　］が公布され，全国各地に小学校がつくられ始めた。 〈長崎県〉（　　　　）

重要 (3) **資料2**を見て，次の問いに答えなさい。 〈和歌山県〉

① 下線部aの発行にともなう，土地や税についての制度改革を何といいますか。
（　　　　）

② 下線部bのようなことを何といいますか。 （　　　　）

資料2

右の写真はa<u>地券</u>とよばれているもので，土地の所有者や地価などが書かれている。この時代，政府は，欧米諸国に対抗するために，b<u>経済を発展させ，国力をつけ，軍隊を強くすること</u>を目的とした政策を進めた。	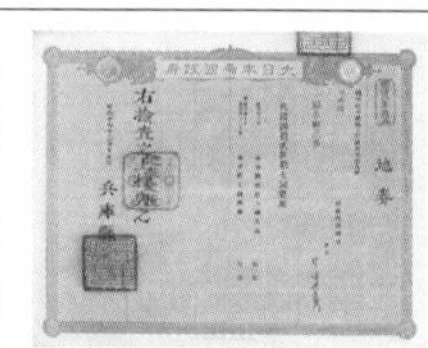

注意 (4) 次の文は**資料3**について説明したものです。X・Yのア～ウから適切なものを1つずつ選び，記号で答えなさい。 〈富山県〉X（　　） Y（　　）

資料3　官営模範工場

「この工場は，日本の重要な輸出品となったX｛ア　綿織物　イ　生糸　ウ　鉄｝を生産するため，Y｛ア　足尾　イ　八幡　ウ　富岡｝に設立された。」

(5) 文明開化の内容として適切でないものを，次から1つ選び，記号で答えなさい。（　　）

ア　郵便制度の創設　　イ　ラジオ放送の開始
ウ　ガス灯の使用　　エ　太陽暦の導入

HINT (3)②「経済発展，軍隊を強くする」から考える。

2 立憲国家への歩み （6点×4＝24点）

次の各問いに答えなさい。

(1) 右の資料中の下線部aの中心となった，薩摩藩出身の人物を答えなさい。
（　　　　）

士族の反乱の中で最大規模のa<u>西南戦争</u>が鎮圧されると，藩閥政治への批判は言論によるものが中心となりb<u>自由民権運動</u>が広まっていった。	

正答率56%　(2)　資料中の下線部bについて，次の文中の［　　］にあてはまる語句を答えなさい。〈福島県〉
「自由民権運動の高まりは，政党結成の動きへと進み，板垣退助を党首とする自由党や，大隈重信を党首とする［　　］党が結成された。」（　　　　）

注意　(3)　資料中の下線部bに関連する次のア〜ウのできごとを，年代の古い順に並べなさい。（完答）
ア　内閣制度がつくられる。　　イ　民撰議院設立の建白書が提出される。
ウ　はじめての衆議院議員選挙が行われる。（　　→　　→　　）

差がつく　(4)　伊藤博文らは，ドイツ(プロイセン)の憲法を参考に，大日本帝国憲法の草案を作成しました。これは，ドイツの政治制度にどのような特徴があったためか，説明しなさい。
（　　　　　　　　　　　　　　　　）

3　日清・日露戦争　（(1)8点，(2)10点，(3)〜(5)6点×3，計36点）

右の年表を見て，次の各問いに答えなさい。

年代	おもなできごと
1894	日清戦争がおこる……………A
1902	日英同盟が結ばれる…………B
1904	日露戦争がおこる……………C

重要　(1)　年表中のAの戦争の講和条約によって清から遼東半島が日本にゆずりわたされました。しかし，このあと，ロシアをふくむ3国が，遼東半島を再び清に返還するよう，日本に要求してきました。ロシア以外の2国を次から選び，記号で答えなさい。（完答）〈静岡県〉（　　，　　）
ア　ドイツ　　イ　イギリス　　ウ　フランス　　エ　アメリカ

正答率2%　(2)　年表中のAに関連して，日清戦争に勝利した日本は，この戦争の講和条約で得た賠償金を使って，八幡村(現在の北九州市)に，日本の重工業の中心となる製鉄所(右の**資料1**)を建設しました。この地に製鉄所ができた理由を，製鉄に必要な原料とその産地を示して，書きなさい。〈鳥取県〉
（　　　　　　　　　　　　　　　　）

資料1

(3)　欧米などの列強が清の国内で勢力圏を広げる中で，1900年に，清の一部の民衆が列強を追い出そうとして，北京の各国公使館を包囲しました。この事件は何とよばれますか。〈静岡県〉（　　　　）

資料2
X　　日本　イギリス　アメリカ

重要　(4)　年表中のBについて，**資料2**は，日英同盟が締結されたころの国際関係を表した風刺画の一部です。このころ，わが国は，Xで示した国と対立し，戦争になりました。その国を次から1つ選び，記号で答えなさい。〈岩手県・改〉（　　　　）
ア　ロシア　　イ　ドイツ　　ウ　フランス　　エ　イタリア

(5)　年表中のCについて，このころ，この戦争に出征した弟を思って詩を発表し，当時の社会に影響をあたえた人物を，次から1つ選び，記号で答えなさい。〈山口県・改〉（　　　　）
ア　樋口一葉　　イ　与謝野晶子　　ウ　平塚らいてう　　エ　津田梅子

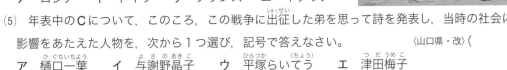

HINT　(2)製鉄に必要な原料は，鉄鉱石と石炭である。

重要度★★★

2度の世界大戦と日本

学習日　　月　　日

ポイント整理

第一次世界大戦時の国際関係をつかもう。

① はじめての世界大戦

第一次世界大戦

第一次世界大戦の始まり

ドイツ中心の三国同盟（同盟国）と，イギリス中心の三国協商（連合国）の対立が深まり，バルカン半島でのサラエボ事件をきっかけに，1914年に第一次世界大戦が始まった。

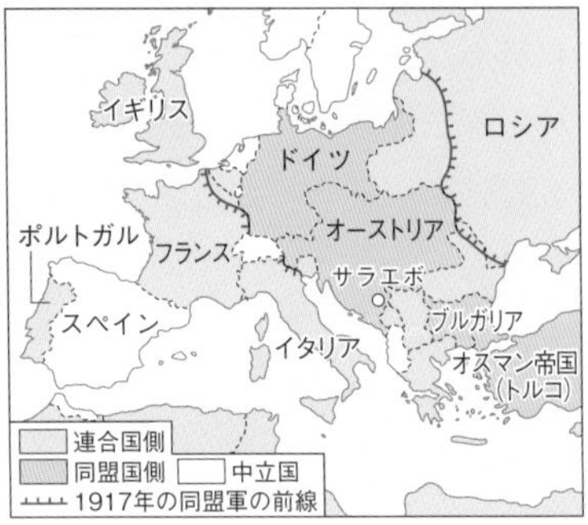

▲第一次世界大戦のときの対立

戦争の経過　総力戦となった。1917年，ロシア革命がおこり，ロシアはドイツと講和した。

日本の参戦　日本は日英同盟を理由に連合国（三国協商）側で参戦。1915年には中国に対して二十一か条の要求を出した。

戦争の講和　連合国が勝利。1919年にパリ講和会議が開かれ，ドイツに賠償金を命じるベルサイユ条約が結ばれた。

アジアの民族運動　1919年，朝鮮で三・一独立運動，中国で五・四運動。インドでガンディーが反英運動。

国際協調　アメリカ大統領のウィルソンの提案で，1920年に国際連盟が発足した。ワシントン会議では軍縮が行われた。

大正デモクラシー

護憲運動　立憲政治を求める護憲運動が高まり，藩閥の内閣がたおれた。

米騒動　1918年，シベリア出兵を背景に米価が上昇し，米騒動が全国に広まった。

政党内閣　米騒動でたおれた内閣にかわり，原敬が日本初の本格的な政党内閣を組織。

普通選挙　1925年，男子の普通選挙法が成立し，同時に治安維持法が制定された。

大切　選挙権の拡大

1889年	直接国税15円以上を納める満25歳以上の男子
1925年	満25歳以上の男子
1945年	満20歳以上の男女

入試によく出る資料　第一次世界大戦中の貿易，大正～昭和時代の社会運動

第一次世界大戦中の日本では重化学工業が急成長した。その結果，貿易では①［　　　］額が②［　　　］額を上回るようになった。

▼第一次世界大戦中の貿易額

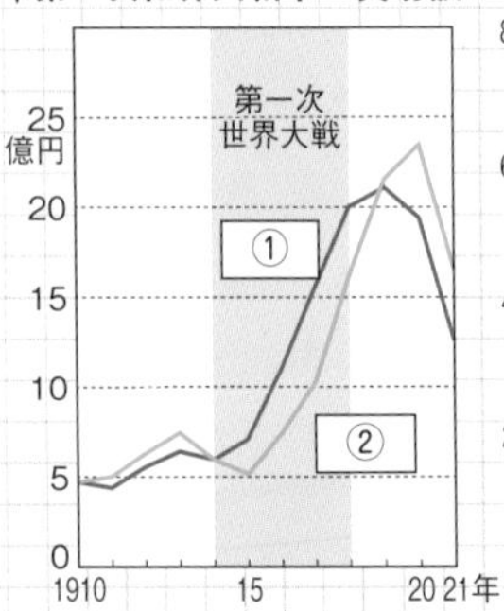

▼争議の発生件数

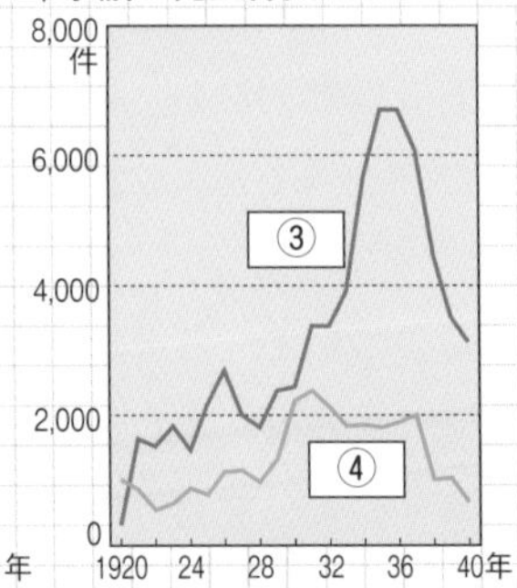

農村では，地主に対して耕作権や小作料引き下げを要求する③［　　　］が増加した。労働者は，賃上げや労働時間の短縮を要求して④［　　　］をおこした。

即答チェックの答え　①イギリス　②三・一独立運動　③米騒動　④満25歳以上の男子　⑤ニューディール（新規まき直し）　⑥五・一五事件　⑦国家総動員法　⑧ポツダム宣言

② 恐慌から戦争へ

世界恐慌が各国におよぼした影響をつかもう。

世界恐慌

世界恐慌　1929年，アメリカでの株価の大はばな暴落から，世界的不況におちいった。

大切　各国の恐慌対策
- イギリス・フランス…ブロック経済政策。
- アメリカ…ローズベルト大統領がニューディール（新規まき直し）とよばれる政策。
- ソ連…五か年計画で，影響なし。

ファシズム　民主主義や自由主義を否定。イタリアでムッソリーニ，ドイツでヒトラーが主導。

満州事変　1931年，日本軍が満州全土を占領し（満州事変），翌年満州国を建てた。国際連盟が撤退を要求すると，日本は国際連盟を脱退した。

軍人による事件　1932年に犬養毅を暗殺した（五・一五事件）。1936年に東京中心部を一時占拠した（二・二六事件）。

日中戦争　1937年，盧溝橋事件をきっかけに開始。戦争が長期化。翌年，国家総動員法を公布し，戦時体制強化。

第二次世界大戦

1939年
第二次世界大戦　ドイツがポーランドに侵攻し，イギリスとフランスがドイツに宣戦して開戦
↓
1940年
日独伊三国同盟　アメリカをけん制するため，日本がドイツ・イタリアと軍事同盟を結成
↓
1941年
太平洋戦争　日本軍がマレー半島に上陸するとともに，ハワイの真珠湾の基地を奇襲攻撃し，アメリカ・イギリスに宣戦
↓
1945年
原子爆弾　アメリカ軍が広島・長崎に原子爆弾を投下
ポツダム宣言　連合国の発表した宣言を受け入れ，日本が無条件降伏

戦時下の生活　生活物資の不足→切符制，配給制。勤労動員，学徒出陣，集団疎開。朝鮮では，皇民化政策→創氏改名。

空襲が激化したため，都市の小学生が集団で農村へ移動したんだ（疎開）。

即答チェック

- □ ① ロシア・フランスとともに三国協商を結んでいた国はどこですか。〔　　　〕
- □ ② 1919年に朝鮮でおこった，日本からの独立運動を何といいますか。〔　　　〕
- □ ③ 米の安売りを要求して，1918年に富山県から全国へ広まった騒動を何といいますか。〔　　　〕
- □ ④ 1925年の普通選挙法で選挙権をあたえられたのは，どのような人々ですか。〔　　　〕
- □ ⑤ アメリカが公共事業や経済統制によって世界恐慌からの景気回復を図った政策を何といいますか。〔　　　〕
- □ ⑥ 1932年に犬養毅首相が暗殺された事件を何といいますか。〔　　　〕
- □ ⑦ 1938年制定の，国民や物資を優先的に戦争に動員する法律を何といいますか。〔　　　〕
- □ ⑧ 連合国が日本の無条件降伏を求めて1945年に発表した宣言を何といいますか。〔　　　〕

入試によく出る資料 の答え　①輸出　②輸入　③小作争議　④労働争議

→別冊解答 p.22

1 はじめての世界大戦 （(1)①②(4)~(6)6点×5，(2)(3)(7)7点×3，計51点）

次の各問いに答えなさい。

第一次世界大戦は，世界じゅうをまきこんで，４年あまり続いた。大戦中に，日本は，中国に対して［ A ］を出して，その要求の大部分を認めさせた。その後，B日本は中国のドイツ権益を継承した。

重要 (1) 右の文を読んで，次の問いに答えなさい。〈福井県〉

① Aにあてはまる語句を答えなさい。 (　　　　　)

② 下線部Bについて，これと特に関係の深いできごとを，次から２つ選び，記号で答えなさい。(完答) (　　，　　)

ア 五・四運動　　イ 三・一独立運動

ウ サンフランシスコ講和会議　　エ パリ講和会議

(2) 第一次世界大戦の期間中におこったできごととしてあてはまるものを，次から１つ選び，記号で答えなさい。〈茨城県・改〉(　　)

ア 桂太郎が３度目の内閣を組織すると，護憲運動がおこり，内閣は退陣した。

イ レーニンの指導のもと，ロシア革命によって，社会主義を唱える世界最初の政府ができた。

ウ 国どうしの争いごとをなくし，戦後の平和を維持するための国際連合が発足した。

エ ムッソリーニがイタリアの首相となった。

正答率40% (3) 右のグラフは，1910年から1921年までの日本の貿易の輸出額と輸入額を示しています。グラフの中で，輸出額が輸入額より多い期間があります。この期間に輸出額が輸入額より多くなったのはなぜか，書きなさい。〈滋賀県・改〉

(　　　　　　　　　　　　　　　　　　　　)

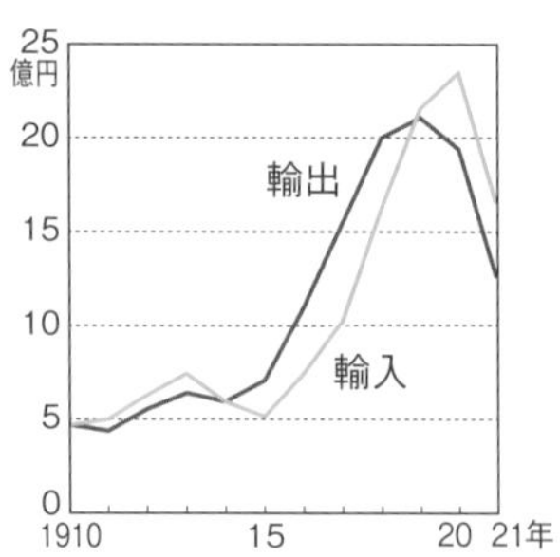

注意 (4) 第一次世界大戦の講和会議で結ばれた，ドイツに巨額の賠償金の支払いや軍備縮小などを要求した条約を何といいますか。〈島根県・改〉(　　　　　)

重要 (5) 1918年には，大部分の閣僚を衆議院の第一党である立憲政友会の党員がしめる，はじめての本格的な政党内閣が成立しました。この内閣を組織した首相はだれですか。(　　　　　)

重要 (6) 1925年の選挙法が成立した同じ年に，思想や言論の抑圧を強める法律も成立しました。この法律を次から１つ選び，記号で答えなさい。〈宮城県〉(　　)

ア 大日本帝国憲法　　イ 国家総動員法　　ウ 治安維持法　　エ 日本国憲法

差がつく (7) 「大正時代の社会と民衆」というテーマで調べ学習をする際，最も参考となる資料を，次から１つ選び，記号で答えなさい。〈茨城県・改〉(　　)

ア 学徒出陣をした学生が書いた日記

イ 新しい安保条約に反対する人々(安保闘争)の写真

ウ ええじゃないかの騒動を描いた絵

エ 米騒動を報じた新聞記事

HINT (3)輸出額が輸入額を上回った期間におこった世界的なできごとと関連づける。

2 恐慌から戦争へ (7点×7＝49点)

右の年表を見て，次の各問いに答えなさい。

年代	おもなできごと
1929	世界恐慌がおこる…………A
	↕ア
1933	日本が国際連盟を脱退……B
	↕イ
1940	日独伊三国同盟が結ばれる…C
	↕ウ
1941	太平洋戦争が始まる………D
	↕エ
1945	日本が無条件降伏をする…E

(1) 年表中のAに対して，ブロック経済政策を実施した国を次から1つ選び，記号で答えなさい。 (　　)

ア ドイツ　　イ イギリス

ウ イタリア　　エ ソ連

正答率25% (2) 右下の**資料1**は，年表中のAの前後の，わが国の生糸輸出相手国と生糸輸出額を，**資料2**は同じ時期のわが国の経済成長率の変化を示しています。**資料2**の中で経済成長率が最も大きく変化した時期に着目し，大きく変化した理由の1つを，**資料1**のXにあてはまる国名を使い，**資料1**から読み取り，書きなさい。 〈福岡県〉

(　　　　　　　　　　　　　　　　)

資料1 (百万円)

年＼国	X	フランス	イギリス	その他	合計
1928年	687	35	4	7	733
1929年	755	13	4	9	781
1930年	399	8	3	7	417
1931年	342	2	6	5	355

(「日本貿易精覧」)

資料2

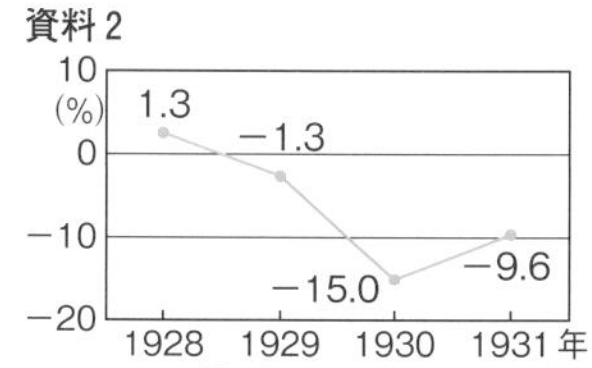

(「エネルギー・経済統計要覧」)

重要 (3) 年表中のBより以前の日本に関するできごとを述べている文を，次から1つ選び，記号で答えなさい。〈石川県〉 (　　)

ア 満州事変がおこった。　　イ 二・二六事件がおこった。

ウ 国家総動員法が制定された。　　エ 日中戦争がおこった。

(4) 年表中のCが結ばれた年に，わが国では，ほとんどの政党や政治団体が解散して，［　　］が結成されました。［　　］にあてはまる言葉として最も適切なものを，次から1つ選び，記号で答えなさい。 〈愛媛県・改〉 (　　)

ア 憲政会　　イ 大政翼賛会　　ウ 立憲改進党　　エ 自由党

(5) 年表中のDについて，太平洋戦争中のできごとについて述べた次の文のうち，内容が正しいものを2つ選び，記号で答えなさい。(完答) 〈大分県・改〉 (　　,　　)

ア 日本はアジアの解放を唱え，アメリカ・イギリス・イタリアなどの連合国と戦った。

イ 工場や鉱山では労働力が不足し，学生や女性の労働にたよらざるを得なくなった。

ウ 戦争初期は日本が勝利を重ねたが，真珠湾での敗北を境に戦況が不利になった。

エ 空襲が激化したため，都市部の小学生は親もとを離れ，集団で地方に疎開した。

注意 (6) 次のア～ウは，年表中のEにいたるまでにおこった1945年のできごとを述べています。これらをおこった時期の古いものから順に並べなさい。(完答) (　　→　　→　　)

ア 連合国が発表したポツダム宣言を日本が無視する。

イ 広島と長崎に原子爆弾が投下される。

ウ 沖縄にアメリカ軍が上陸する。

(7) 五・一五事件がおこった時期を，年表のア～エから1つ選び，記号で答えなさい。(　　)

HINT (2)**資料1**から世界恐慌後の1930年以降，生糸の輸出額が激減しているのがわかる。

重要度★★★

現代の日本と世界

学習日　月　日

ポイント整理

① 戦後の日本と世界

冷戦が始まると，日本はアメリカを中心とする西側陣営に組みこまれていったんだよ。

占領下の日本

連合国軍最高司令官（最高司令官：マッカーサー）総司令部（GHQ）による民主化政策が進められ，戦争犯罪容疑者が極東国際軍事裁判で処罰された。物価は急上昇し，食料が不足した。

第二次世界大戦後の日本の民主化

政治の改革	新選挙法	満 20 歳以上の男女に選挙権をあたえた。
	日本国憲法	国民主権・平和主義・基本的人権の尊重が基本原理。
経済の改革	財閥解体	産業や経済を独占してきた財閥を解体した。
	農地改革	地主の土地を国が買い上げ，小作人に安く売り渡した。
	労働組合法	労働者が労働組合をつくり，争議を行う権利を保障。
教育の改革	教育基本法	教育の機会均等，男女共学，義務教育を定めた。
	学校教育法	六・三・三・四の学校制度を定めた。

戦後の世界

国連の成立　国連憲章にもとづき，1945 年に 51 か国により国際連合が発足した。

東西の対立　アメリカを中心とする資本主義陣営（西側）と，ソ連を中心とする社会主義陣営（東側）の厳しい対立が始まり，冷たい戦争（冷戦）とよばれた。西側は北大西洋条約機構（NATO，ナトー），東側はワルシャワ条約機構を結成して対抗した。

◀東西両陣営の勢力

ヨーロッパ　敗戦国のドイツは東西に分割され，東ドイツの首都にはベルリンの壁が築かれた。

アジア　日本から独立した朝鮮では，南に大韓民国（韓国），北に朝鮮民主主義人民共和国（北朝鮮）が樹立された。中国では中華人民共和国が成立。1950 年に朝鮮戦争。南北ベトナムが対立してベトナム戦争。

入試によく出る資料　第二次世界大戦後の条約・決議

① ＿＿＿＿ 平和条約（1951 年）
第１条　連合国は，日本国とその領海に対する日本国民の完全な主権を承認する。
第２条　日本国は，朝鮮の独立を承認し，すべての権利を放棄する。
第６条　連合国のすべての占領軍は，90日以内に日本から撤退する。

② ＿＿＿＿ 条約（1951 年）
第１条　アメリカの陸軍・空軍および海軍を，日本国内やその付近に配備する権利をあたえる。この軍隊は，極東の平和と安全の維持に寄与する。

③ ＿＿＿＿ 三原則（1971 年）
政府は，核兵器を持たず，つくらず，持ちこませずの ③ 三原則を遵守する…（後略）…

即答チェック の答え　①連合国軍最高司令官総司令部（GHQ）　②国際連合（国連）　③ベルリンの壁　④ 1950 年　⑤日米安全保障条約　⑥高度経済成長　⑦石油危機（オイル・ショック）　⑧日中平和友好条約

入試必勝ワード　GHQ　冷戦　朝鮮戦争　日米安全保障条約　高度経済成長　石油危機

② 独立の回復と現代の世界

日本の国際社会への復帰

大切 日本の独立回復
1951年にサンフランシスコ平和条約→日本が独立を回復。同時に日米安全保障条約が結ばれ，アメリカ軍が引き続き日本に駐留することになった。

▲サンフランシスコ平和条約に調印する吉田茂首相

国連加盟 1956年，日ソ共同宣言に調印し，ソ連と国交を回復した。この結果，日本は国際連合への加盟を認められた。

日本の国際社会への復帰が問われる。日ソ共同宣言→国際連合加盟の流れをおさえよう。

国民生活の変化

高度経済成長 1955〜73年までの間，国民総生産(GNP)が急拡大し，高度経済成長とよばれた。池田勇人首相は所得倍増政策を打ち出した。

社会問題 大都市では過密化が，地方では過疎化が問題に。大量生産・大量消費が進んだが，深刻な公害問題を引きおこした。

石油危機 1973年，第四次中東戦争をきっかけとする原油価格の急上昇で，先進国経済が打撃(石油危機(オイル・ショック))→日本の高度経済成長も終了。

領土問題 奄美群島が1953年，小笠原諸島が1968年，沖縄が1972年に日本に復帰。ロシアと北方領土問題。

アジアとの関係 韓国と1965年に日韓基本条約。中国と1972年に日中共同声明，78年に日中平和友好条約に調印。

日本では1990年代初めにバブル経済が崩壊し，長い平成不況が続いたよ。

冷戦の終結

1980年代 ソ連のゴルバチョフ政権が民主化を進める → 1989年 ベルリンの壁の崩壊／東ヨーロッパの社会主義政権が崩壊 → 1990年 東西ドイツの統一 → 1991年 ソ連の崩壊

冷戦後の世界

1991年 湾岸戦争 → 1990年代 各地で民族紛争が多発 → 2001年 アメリカ同時多発テロ → 2003年 イラク戦争 → 2000年代以降 イスラム過激派によるテロが多発

即答チェック

□ ① 戦後の日本の民主化を実施した，マッカーサーを最高司令官とする組織を何といいますか。〔　　〕
□ ② 1945年に発足した，世界の平和と安全をめざす国際組織を何といいますか。〔　　〕
□ ③ 東ドイツの首都に築かれた，冷戦を象徴する建築物を何といいますか。〔　　〕
□ ④ 朝鮮戦争が始まったのは，西暦何年ですか。〔　　〕
□ ⑤ 独立回復後も，日本に米軍が駐留することを認めた法律を何といいますか。〔　　〕
□ ⑥ 1950年代半ばから始まった，日本のめざましい経済成長を何といいますか。〔　　〕
□ ⑦ 1973年に原油価格が急上昇し，先進国の経済が打撃を受けたできごとを何といいますか。〔　　〕
□ ⑧ 1978年に中華人民共和国との間に結ばれた条約を何といいますか。〔　　〕

入試によく出る資料の答え　①サンフランシスコ　②日米安全保障　③非核

21 トレーニングテスト

→別冊解答 p.23

1 戦後の日本と世界 （6点×8＝48点）

次の各問いに答えなさい。

正答率54%
(1) ポツダム宣言の受諾(じゅだく)ののちに行われた民主化政策のうち，わが国の農村における，地主と小作人との関係を改める政策を何といいますか。 〈新潟県〉(　　　　　)

差がつく
(2) **資料1**は，1924年，1928年，1942年，1946年の有権者数を表したものです。この**資料1**を見て，1942年から1946年にかけて，有権者が急増した理由を，有権者の資格と関連づけて書きなさい。 〈福井県〉

(　　　　　　　　　　　　　　　　　　　　　　)

資料1

(「日本長期統計総覧」より作成)

重要
(3) 次の文は，第二次世界大戦後に行われた経済の民主化と労働者に関わる改革について述べたものです。文中の①・②にあてはまる語句を，それぞれ答えなさい。 〈徳島県〉

「連合国軍最高司令官総司令部(そうしれいぶ)(GHQ)は日本政府に経済の民主化などの改革を指令し，鉱山業や金融(きんゆう)業などで成長した三井(みつい)・三菱(みつびし)などの［①］は，戦前の日本経済を独占支配し，戦争に協力してきたとして解体された。また，労働者の地位を向上させるために，労働者の団結やストライキを行う権利などを認めた［②］法が制定された。」

①(　　　　　)　②(　　　　　)

正答率79%
(4) 次の文中の［　　］にあてはまる語句を答えなさい。 〈岐阜県〉

「戦後，1946年に公布された日本国憲法は，［　　］と平和主義と基本的人権の尊重を三原理とした。」

(　　　　　)

(5) 連合国軍最高司令官総司令部が進めた日本の民主化政策のうち，1947年に制定された，教育の機会均等や男女共学などを定めた法律を何といいますか。 〈山口県・改〉(　　　　　)

(6) 右のまとめを読んで，次の問いに答えなさい。

> **【冷たい戦争（冷戦）】**
> 西側陣営のアメリカと東側陣営のソ連は，軍事的優位に立とうと，兵器の開発競争を始めた。

① 下線部の西側陣営(じんえい)が組織した軍事同盟を，次から1つ選び，記号で答えなさい。 (　　　)

ア ワルシャワ条約機構

イ 日独伊三国同盟(にちどくいさんごくどうめい)　**ウ** 三国協商(きょうしょう)

エ 北大西洋(きたたいせいよう)条約機構

差がつく
② **資料2**は，兵器の開発競争が進められる中で，1954年に被害を受け，のちに，東京に保存・展示された，まぐろ漁船(第五福竜丸(ふくりゅうまる))の写真です。この船が保存・展示されたのは，どのようなことを多くの人々に伝えるためと考えられますか。この船が1954年に受けた被害(ひがい)にふれて書きなさい。 〈三重県〉

(　　　　　　　　　　　　　　　　　　　　　　)

資料2

HINT (6)②第五福竜丸はアメリカの水爆実験で被ばくした。

2 独立の回復と現代の世界 （(1)～(6)6点×7，(7)(8)5点×2，計52点）

右の年表を見て，次の各問いに答えなさい。

年代	おもなできごと
1950	［　　］戦争がおこる……………………A
1951	サンフランシスコ平和条約が結ばれる……B
1964	アジアで初のオリンピックが開催される…C
1968	わが国の国民総生産(GNP)が資本主義国で第２位となる……………………D
1972	［　　］との国交を正常化する…………E
1990年代	世界の各地で地域紛争や国家に対するテロが多発するようになる………………F

(1) 年表中のAの［　　］にあてはまる地域名を答えなさい。（　　　　）

重要 (2) 年表中のBについて，**資料１**を参考にして，次の説明文のＸ・Ｙにあてはまる語句を答えなさい。〈群馬県〉

「日本と条約を結んだ48か国は，アメリカなどの資本主義国が多く，条約に調印しなかった３か国は，ソ連などの［Ｘ］主義の国である。この条約により日本は独立を回復し，同時にアメリカと［Ｙ］条約を結び，アメリカ軍が日本に駐留することになった。」

Ｘ（　　　　）　Ｙ（　　　　）

資料１

会議に招かれた国	55か国（日本をふくむ）
出席を拒否した国	３か国
条約に調印しなかった国	３か国
日本と条約を結んだ国	48か国

(3) 年表中のＡとＢの間に，警察予備隊がつくられました。これをもとに1954年に発足した組織を何といいますか。（　　　　）

正答率71% (4) 年表中のCについて，このころの日本のようすを述べた文として最も適切なものを，次から１つ選び，記号で答えなさい。〈千葉県・改〉（　　）

ア　東海道新幹線や首都高速道路が開通するなど，交通網が整備された。
イ　株式や土地への投資が増え，バブル経済とよばれる経済状態が続いた。
ウ　NHKによるテレビの本放送が始まり，街頭にテレビが設置された。
エ　朝鮮戦争の影響で，アメリカ軍の軍需品の需要が増え，景気が上向いた。

資料２

差がつく (5) 年表中のCについて，**資料２**は，このオリンピックに際して行われた聖火リレーを記念して，沖縄で発行された切手です。この切手からわかるように，当時の沖縄では現在のわが国とは異なる通貨単位(¢)が使用されていました。その理由を簡潔に書きなさい。〈長崎県〉（　　　　）

正答率39% (6) 年表中のBからDまでの期間のできごととして，正しいものを次から１つ選び，記号で答えなさい。〈新潟県・改〉（　　）

ア　北方領土が日本に復帰する。　イ　東西ドイツが統一される。
ウ　満州事変がおこる。　エ　日韓基本条約が結ばれる。

(7) 年表中のEの［　　］にあてはまる国名を，次から１つ選び，記号で答えなさい。（　　）

ア　大韓民国　イ　朝鮮民主主義人民共和国　ウ　中華人民共和国　エ　台湾

(8) 年表中のFの原因としてあてはまるものを，次から１つ選び，記号で答えなさい。（　　）

ア　冷戦の開始　イ　冷戦の終結　ウ　民族自決　エ　社会主義国の拡大

HINT (5)切手の通貨単位は，どこの国のものかを考える。

ポイントチェック② 12~21

学習日　　月　　日

用語チェック

▶ 歴史

12 ① 紀元前３世紀，中国をはじめて統一した秦の皇帝はだれですか。（　　　　）

② ３世紀に魏へ使いを送った邪馬台国の女王はだれですか。（　　　　）

③ 四角形と円形を組み合わせた古墳の形を何といいますか。（　　　　）

13 ① 推古天皇のもと，蘇我馬子とともに政権をにぎったのはだれですか。（　　　　）

② 国ごとに国分寺と国分尼寺をつくらせた天皇はだれですか。（　　　　）

③ 藤原氏が摂政と関白の職について行った政治を何といいますか。（　　　　）

14 ① 皇位をゆずった白河上皇により行われた政治を何といいますか。（　　　　）

② 源頼朝との間で主従関係を結んだ，家来の武士を何といいますか。（　　　　）

③ 後醍醐天皇により行われた，公家中心の政治を何といいますか。（　　　　）

15 ① 大西洋を渡り，西インド諸島へ到達したヨーロッパ人はだれですか。（　　　　）

② 安土城下で楽市・楽座を行った戦国大名はだれですか。（　　　　）

③ 豊臣秀吉が全国規模で行った土地の調査を何といいますか。（　　　　）

16 ① 参勤交代を大名に義務づけた３代将軍はだれですか。（　　　　）

② 徳川吉宗が裁判の基準として定めた法令を何といいますか。（　　　　）

③江戸時代につくられた，商工業者の同業者組織を何といいますか。（　　　　）

17 ①アイヌの人々との貿易の独占を許可された藩はどこですか。（　　　　）

②江戸時代，正確な日本地図を完成させた人物はだれですか。（　　　　）

③ 西洋の学問をオランダ語で研究する学問を何といいますか。（　　　　）

18 ① 1688 年にイギリスでおこった革命を何といいますか。（　　　　）

② 1840 年にイギリスと中国の間でおこった戦争を何といいますか。（　　　　）

③ 老中の水野忠邦が行った政治改革を何といいますか。（　　　　）

④ 1853 年に浦賀に来航したアメリカの使節はだれですか。（　　　　）

19 ① 明治政府は百姓と町人を，新たに何という身分としましたか。（　　　　）

② 日清戦争で勝利した日本は，何という講和条約を結びましたか。（　　　　）

③ 日本が 1910 年に併合した国はどこですか。（　　　　）

20 ① 第一次世界大戦後に設立された，平和をめざす国際組織は何ですか。（　　　　）

② 大正期に高まった，自由主義や民主主義の風潮を何といいますか。（　　　　）

③ 1931 年，日本軍が満州地域を占領したできごとを何といいますか。（　　　　）

21 ① 戦後の民主化政策を主導した GHQ の最高司令官はだれですか。（　　　　）

② 1951 年に，日本が独立を回復した条約を何といいますか。（　　　　）

③ 1972 年に日本へ返還されたのはどの地域ですか。（　　　　）

総合チェック

→別冊解答 p.24

1 右の表を見て，次の各問いに答えなさい。>>> 12 〜 18

時代	おもな遺跡・史跡
縄文	三内丸山遺跡…ア
弥生	吉野ヶ里遺跡…イ
古墳	大仙(仁徳陵)古墳…ウ
飛鳥	法隆寺
奈良	東大寺…エ
平安	平等院鳳凰堂…オ
鎌倉	東大寺南大門
室町	金閣…カ
安土桃山	大阪城…キ
江戸	江戸城…ク

(1) 表中のア～ウの遺跡を，西から東の順に並べなさい。
(→ →)

(2) 表中のエ・オは，天平文化・国風文化のいずれかにあてはまります。天平文化の建物をエ・オから1つ選び，記号で答えなさい。 ( )

(3) 表中のカがつくられたころ，政治を行っていた一族を，次から1つ選び，記号で答えなさい。 ( )
a 徳川氏　b 源氏　c 蘇我氏　d 足利氏

(4) 表中のキを本拠地とした人物を答えなさい。 ( )

(5) 旧幕府軍と新政府軍との戦いで，表中のクは明け渡されました。最終的に新政府軍が勝利した，旧幕府軍と新政府軍の戦いを何といいますか。 ( )

2 右の流れ図を見て，次の各問いに答えなさい。>>> 19 〜 21

A 西南戦争
↓
日清戦争
↓
B 日露戦争
↓
C 第一次世界大戦
↓
D 日中戦争
↓
E 太平洋戦争
↓
F 朝鮮戦争

(1) 図中のAの戦争で，鹿児島の士族を率いて戦った人物を答えなさい。 ( )

(2) 図中のBの戦争の講和条約で，日本が獲得した領土を，次から1つ選び，記号で答えなさい。 ( )
ア 台湾　イ 千島列島　ウ 樺太南部

(3) 図中のCの戦争の最中におこったできごとを，次から1つ選び，記号で答えなさい。 ( )
ア 南北戦争　イ 辛亥革命
ウ ロシア革命　エ 義和団事件

(4) 図中のDの戦争が始まった翌年，国力のすべてを戦争に向けるために日本で公布された法律を何といいますか。 ( )

(5) 図中のEの戦争について，1941 年に日本軍が奇襲攻撃したアメリカ軍基地のあった湾を何といいますか。 ( )

(6) 図中のFの戦争が始まった翌年，日本と連合国との間に結ばれた講和条約を何といいますか。 ( )

答え

12 ①始皇帝 ②卑弥呼 ③前方後円墳
13 ①聖徳太子(厩戸皇子) ②聖武天皇 ③摂関政治
14 ①院政 ②御家人 ③建武の新政
15 ①コロンブス ②織田信長 ③太閤検地
16 ①徳川家光 ②公事方御定書 ③株仲間
17 ①松前藩 ②伊能忠敬 ③蘭学
18 ①名誉革命 ②アヘン戦争 ③天保の改革 ④ペリー
19 ①平民 ②下関条約 ③韓国(朝鮮)
20 ①国際連盟 ②大正デモクラシー ③満州事変
21 ①マッカーサー ②サンフランシスコ平和条約 ③沖縄

現代社会の特色と人権思想の発達の歴史をおさえよう！

22 私たちのくらしと人権思想の発達

重要度★★★

学習日　　月　　日

ポイント整理

労働や留学，観光のために来日する外国人が増えており，日本でも多文化社会が形成されてきているよ。

① 現代社会の特色

人口構成の変化

少子高齢化
- 少子化：未婚率の上昇，晩婚化で出生率が低下
- 高齢化：医療技術の進歩，平均寿命ののび

家族形態　夫婦と子どもだけでくらす核家族や，夫婦２人の家族，１人ぐらしが増えている。

進む情報化

情報化　情報通信技術(ICT)の発達により，情報のはたらきが大きな意味をもつ情報社会が生まれた。情報の価値の判断や発信を注意深く行う能力(メディアリテラシー)や情報モラルが重要。(情報リテラシー)

世界の一体化

グローバル化

交通・通信技術の発達や，さまざまな自由化の結果，世界の国々が政治的・経済的・文化的に深く結びついてグローバル化が進んだ。一方で，国際競争が加速し，国家間で経済格差が広がっている。

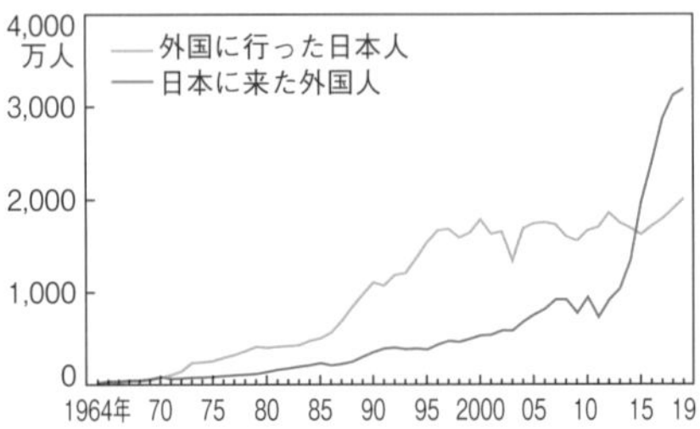

▲日本人海外旅行者数，訪日観光客数

世界の共存　国ごとに得意な分野の商品を輸出し，競争力のない商品は外国から輸入する国際分業が行われている。また，それぞれの文化のちがいを尊重し合う多文化社会も進展。

文化と生活

文化の領域　科学，宗教，芸術など。生活の仕方やものの見方なども文化にふくまれる。

伝統文化　長く受け継がれてきた文化。能や歌舞伎などの伝統芸能や年中行事，成人式などの通過儀礼。

社会集団とルール

社会集団　家族や学校，地域社会など。さまざまなきまり(ルール)にもとづいて生活。

対立と合意　意見の対立が生じた場合，効率・公正の観点にもとづいて，合意へと導く必要がある。

入試によく出る資料　現代社会をとらえる見方，人権を保障した宣言

対立 → 合意
判断基準

① ［　　　］・費用や材料，手間がむだなく使われていること。

② ［　　　］・一部の人に機会があたえられるのではなく，全員にとって公平であること。

▲対立から合意へ

③ ［　　　］(1776年)
われわれは，次の真理を自明のものと認める。すべての人は平等につくられていること。かれらは，創造者によって，一定のゆずれない権利をあたえられていること。

④ ［　　　］(1789年)
第１条　人は生まれながら，自由で平等な権利をもつ。社会的な区別は，ただ公共の利益に関係のある場合にしか設けられてはならない。

即答チェックの答え　①少子高齢化　②情報社会　③グローバル化　④伝統文化　⑤民主政治　⑥ルソー　⑦臣民の権利　⑧国際人権規約

入試必勝ワード　少子高齢化　グローバル化　効率・公正　民主政治　世界人権宣言

② 民主主義と人権

民主政治

民主政治 国民の自由な意思にもとづく**民主主義**による政治を，**民主政治**という。

民主主義の実現 多数の考えを全体の意見とみなす**多数決**（の原理）がとられる。**少数意見**の尊重も大切。

憲法の成り立ち

立憲主義の憲法
- **人権の保障**：個人を尊重し，人権を保障する内容
- **権力の分立**：国や地方の政治のしくみを定めた内容

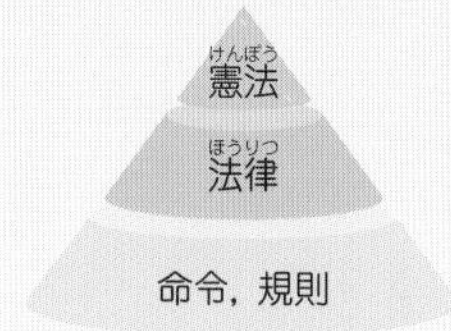

◀**法の構成**　下位の法が上位の法に反するときは無効となる

大日本帝国憲法は天皇主権の憲法で，まだ国民主権は実現していなかったんだ。

人権思想の発達

ロック	モンテスキュー	ルソー
（イギリス，17～18世紀）	（フランス，17～18世紀）	（フランス，18世紀）
『統治二論（市民政府二論）』で、専制政治を批判し、抵抗権を唱えた。	『法の精神』で、権力の乱用をふせぐため権力の分立（三権分立）を唱えた。	『社会契約論』で、自由・平等の実現のため、人民主権を主張した。

人権の成立 市民革命を通じて，すべての人が生まれながらにもつ，人間としての権利である**基本的人権**が保障された。

大切　人権の保障
（フランス）人権宣言（1789年）などで，最初に**自由権**が保障された。資本主義経済が発達して貧富の差が広がると，ドイツの**ワイマール憲法**（1919年）ではじめて**社会権**が取り入れられた。

日本の人権思想 1889年の**大日本帝国憲法**で，法律の範囲内で認められる「**臣民の権利**」として保障。

国際的な人権 1948年，すべての国が達成すべき基本的人権の共通の基準として，**世界人権宣言**が国連で採択された。1966年，法的拘束力をもつ**国際人権規約**が採択された。

1951年	難民の地位に関する条約
1965年	人種差別撤廃条約
1979年	女子差別撤廃条約
1989年	子ども（児童）の権利条約
2006年	障害者権利条約

▲おもな人権条約

即答チェック

- □ ① 子どもの数が減り，高齢者の割合が増加することを何といいますか。〔　　〕
- □ ② 情報通信技術（ICT）の発達により，情報のはたらきが大きな意味をもつようになった社会を何といいますか。〔　　〕
- □ ③ 交通・通信技術の発達などにより，世界の国々が政治・経済などの面で深く結びつくようになった変化を何といいますか。〔　　〕
- □ ④ 長い歴史を通じてつちかわれ，受け継がれてきた文化を何といいますか。〔　　〕
- □ ⑤ 国民の自由な意思にもとづく政治を何といいますか。〔　　〕
- □ ⑥『社会契約論』を著し，人民主権を主張した思想家はだれですか。〔　　〕
- □ ⑦ 大日本帝国憲法では，国民の権利は何と表現されていましたか。〔　　〕
- □ ⑧ 世界人権宣言に法的拘束力をもたせた，1966年の規約を何といいますか。〔　　〕

入試によく出る資料の答え　①効率　②公正　③（アメリカ）独立宣言　④（フランス）人権宣言

→別冊解答 p.25

1 現代社会の特色 （(1)〜(4)7点×5，(5)8点，計43点）

右の調べ学習のまとめの表を見て，次の各問いに答えなさい。

班	テーマ
A班	現代日本の特色
B班	日本の伝統と文化
C班	情報の活用
D班	効率(こうりつ)と公正(こうせい)

重要 (1) A班のテーマについて，**資料1**は，1975年と2020年の，日本の人口総数と年齢別人口割合を示したものです。**資料1**から読み取れる現代日本の特色として最も適当なものを，次から1つ選び，記号で答えなさい。 〈三重県〉（　　）

ア 過疎(かそ)化　イ 情報化　ウ 少子高齢(こうれい)化　エ グローバル化

(2) A班のテーマに関する，「日本のグローバル化」についての右下のまとめを見て，次の問いに答えなさい。 〈群馬県・改〉

資料1

年	人口総数（千人）	年齢別人口割合(%)		
		0〜14歳	15〜64歳	65歳以上
1975	111,940	24.3	67.7	7.9
2020	124,271	12.4	59.2	28.4

（「人口統計資料集」他）

① 文中の［　　］にあてはまる語を書きなさい。
（　　　　　）

差がつく ② 下線部のような社会をめざすために，地域社会ではどのような工夫が見られますか。**資料2**を参考にして，1つ書きなさい。
（　　　　　　　　　　）

○交通手段や通信手段の発達によって，［　　］・モノ・カネ・情報が容易に国境をこえて移動できるようになった。
○<u>異なる文化をもった人々が共生する社会</u>をめざすことが求められている。

資料2 交番におかれた会話例のボード

ものを落とした	ものを拾った	ものをとられた
I lost something. 我丢落了东西	I picked it up. 我拣了东西	I was taken. 我被偷了东西

(3) B班のテーマについて，**資料3**は，日本のおもな年中行事を示したものです。「端午(たんご)の節句(せっく)」という年中行事を**資料3**に記入するとき，何月に記入すればよいですか。最も適当なものを**ア**〜**エ**から1つ選び，記号で答えなさい。 〈三重県〉（　　）

資料3

1月	2月	3月	5月	7月	8月	9月	11月	12月
初もうで	ア	ひな祭り	イ	七夕(たなばた)	お盆(ぼん)	ウ	七五三	エ

(4) C班のテーマについて，情報を入手し適切に利用するには，メディアリテラシー（情報リテラシー）の能力を高める必要があります。メディアリテラシーとは何か，次から1つ選び，記号で答えなさい。（　　）

ア さまざまな情報を比較(ひかく)し分析する。　イ 特定の情報のみをすばやく選び出す。
ウ 常に新しい情報機器を購入(こうにゅう)する。　エ メールがきたらできるだけすぐに返信をする。

注意 (5) D班のテーマについて，公正(こうせい)の観点に適するものを，次から2つ選び，記号で答えなさい。
（完答） 〈長野県〉（　　，　　）

ア みんなのものやお金を無駄(むだ)なく使うように決められているか。
イ より多くの人の意見が反映されるような話し合いで決められているか。
ウ 時間や労力がより少なくなるように決められているか。
エ 立場がかわっても納得できる決定になるように決められているか。

HINT (5)公正とは，公平でかたよっていないこと。手続きの公正さ，機会や結果の公正さを考える。

2 民主主義と人権 （(1)〜(5)7点×7，(6)8点，計57点）

Sさんは，「民主政治と人権の歩み」というテーマで次のレポートを作成しました。これについて，あとの各問いに答えなさい。

《民主政治と人権の歩み》

フランス革命などの市民革命は，A民主政治が始まるきっかけとなった。B市民革命の際につくられた人権宣言や憲法で保障された権利は，自由権が中心であった。20世紀に入り貧富（ひんぷ）の差が広がると，人々の社会生活を経済的に保障しようとするC社会権が主張されるようになった。さらに，第二次世界大戦後は，［　　］が採択されるなど，人権の思想は国境をこえて広がり，D子どもや女性の権利に関する条約も結ばれた。人権が守られるためには，E法の支配が確立されることが必要であり，法の支配は，民主政治の基礎（きそ）となる原則である。

(1) 下線部Aについて，次の問いに答えなさい。

重要 ① 民主政治の原則である三権分立の制度を唱えたフランスの思想家を，次から1つ選び，記号で答えなさい。〈山口県〉(　　　)

ア　ルソー　　イ　ロック

ウ　モンテスキュー　　エ　ルター

② 資料1中のXにあてはまる語句を漢字3字で，Yにあてはまる語句を漢字4字で，それぞれ答えなさい。〈福島県〉

X(　　　　)　Y(　　　　)

資料1

民主主義とは，みんなで意見や考えを出し，話し合って決定することである。しかし，現実には話し合っても全員の意見が一致（いっち）するとは限らない。その場合は，より多くの支持を得た意見を採用するのが一般的である。これを［X］の原理という。その際に必要なことは［Y］を尊重することである。

正答率37% (2) 下線部Bについて，18世紀に発表され，自由権や平等権をうたったものとして，正しいものを，次から2つ選び，記号で答えなさい。(完答)〈新潟県・改〉(　　，　　)

ア　アメリカ独立宣言（どくりつせんげん）　イ　国際人権規約（こくさいじんけんきやく）　ウ　権利の章典（しょうてん）

エ　ポツダム宣言　オ　フランス人権宣言

重要 (3) 下線部Cについて，1919年に社会権を初めて保障したドイツの憲法を何といいますか。〈山口県〉

(　　　　)

(4) レポートの［　　］にあてはまる，1948年に国際連合（こくさいれんごう）で採択（さいたく）された人権に関する取り決めを何といいますか。(　　　　)

正答率50% (5) 下線部Dについて，国際連合が採択した条約のうち，日本が1994年に批准（ひじゅん）し，子どもの平等，生命，生存・発達の保障や，子どもが教育を受けることなどを定めた条約を何といいますか。〈青森県〉

(　　　　)

資料2 「人の支配」と「法の支配」

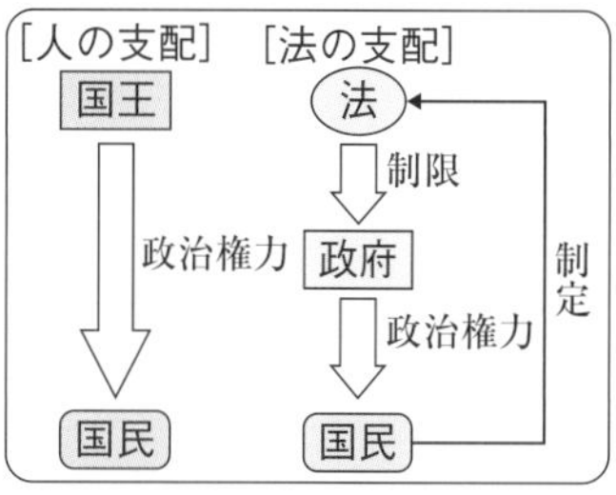

差がつく (6) 下線部Eについて，資料2を参考にし，「法の支配」について「人の支配」とのちがいにふれて，説明しなさい。〈山口県〉

(　　　　)

HINT (6)国の権力は，民主的に定められた法によって制限される。

23 日本国憲法と人権

日本国憲法に定められた基本的人権の内容を覚えよう！

重要度★★★

学習日　月　日

ポイント整理

天皇の国事行為には，内閣総理大臣・最高裁判所長官の任命，憲法改正・法律などの公布があるよ。

① 日本国憲法

日本国憲法の成立

1946年2月～ GHQ（連合国軍最高司令官総司令部）の草案をもとに憲法改正原案を作成 → 1946年11月3日 日本国憲法を公布 → 1947年5月3日 日本国憲法を施行

天皇の地位

象徴天皇制　天皇は，日本国と日本国民統合の象徴。内閣の助言・承認にもとづいて，形式的・儀礼的な国事行為のみを行う。

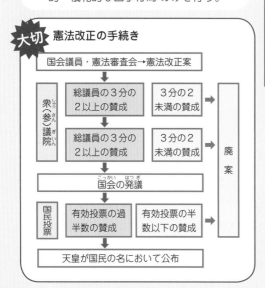

大切　憲法改正の手続き

国会議員・憲法審査会→憲法改正案
↓
衆（参）議院：総議員の3分の2以上の賛成（3分の2未満の賛成→廃案）
↓
参（衆）議院：総議員の3分の2以上の賛成（3分の2未満の賛成→廃案）
↓
国会の発議
↓
国民投票：有効投票の過半数の賛成（有効投票の半数以下の賛成→廃案）
↓
天皇が国民の名において公布

憲法の三大原理

国民主権
政治のあり方を決める力は国民がもつ。
- 国の政治は国民から託されたものである。
- その権力は国民に由来し，国民の代表者のみが行使できる。
- 権力の行使によってもたらされる幸福と利益は国民が受け取る。

基本的人権の尊重
人が生まれながらにもつ権利として認める。
- 侵すことのできない永久の権利。
- 個人の尊重を基礎として，1人ひとりの生命と自由が尊重される。
- 人種や性別，社会的身分などで区別されるものではない。

平和主義
戦争を放棄し，戦力をもたない。
- 世界の恒久平和のために努力（憲法前文）。
- 戦争の放棄と戦力の不保持，交戦権の否認を定める（憲法第9条）。
（自衛隊は，自衛のための必要最小限の実力組織にすぎない）

原子爆弾の被害を受けた日本は，核兵器を「持たず，つくらず，持ちこませず」という非核三原則をかかげているよ。

入試によく出る資料　日本国憲法の条文

前文〈平和主義，国民主権〉
日本国民は，正当に選挙された国会における代表者を通じて行動し，われらとわれらの子孫のために，諸国民との協和による成果と，わが国全土にわたって自由のもたらす恵沢を確保し，政府の行為によって再び①＿＿＿の惨禍が起ることのないやうにすることを決意し，ここに②＿＿＿が国民に存することを宣言し，この憲法を確定する。

第9条(2)〈平和主義〉
前項の目的を達するため，陸海空軍その他の③＿＿＿は，これを保持しない。国の④＿＿＿は，これを認めない。

第14条(1)〈平等権〉
すべて国民は，⑤＿＿＿の下に平等であって，人種，信条，性別，社会的身分又は門地により，…差別されない。

即答チェックの答え　①基本的人権の尊重　②国事行為　③象徴　④国民投票　⑤平等権　⑥経済活動の自由　⑦生存権　⑧プライバシーの権利

入試必勝ワード　国民主権　平和主義　国事行為　平等権　自由権　社会権　公共の福祉

② 基本的人権の種類

国民の義務として，子どもに普通教育を受けさせる義務，勤労の義務，納税の義務が定められているよ。

平等権

すべての人間が等しく扱われる権利。個人の尊重の考え方から導かれる。

自由権

国家権力などの不当な介入・干渉を排除し，自由を保障する権利。

- ●精神（精神活動）の自由…思想・良心の自由，集会・結社・表現の自由，信教の自由，学問の自由
- ●（生命・）身体の自由…奴隷的拘束・苦役からの自由，法定の手続きの保障
- ●経済活動の自由…居住・移転・職業選択の自由，財産権の保障

社会権

すべての人が人間らしい生活を営むことができる権利。20 世紀の憲法ではじめて認められた。

- ●生存権…健康で文化的な最低限度の生活を営む権利
- ●教育を受ける権利　●勤労の権利
- ●労働基本権（労働三権）…団結権・団体交渉権・団体行動権

人権を守るための権利

国民が安心してくらしていけるように，さまざまな人権を守り発展させるための権利。

- ●参政権…選挙権，被選挙権，請願権，最高裁判所裁判官の国民審査，憲法改正の国民投票，地方公共団体の住民投票
- ●請求権…裁判を受ける権利，国家賠償請求権，刑事補償請求権

新しい人権

憲法には明記されていないが，人権に対する考え方や社会の変化などから主張されるようになった権利。

- ●知る権利…情報公開法などにより保障
- ●プライバシーの権利…個人情報保護法などにより保障
- ●環境権…環境アセスメント（環境影響評価）などにより実現
- ●自己決定権…医療でのインフォームド・コンセントなどにより実現

注意　基本的人権は，社会の大多数の人々の利益のために制限されることがある。このような人権の限界を公共の福祉という。

即答チェック

- □ ① 日本国憲法の三大原理は，国民主権，平和主義ともう１つは何ですか。〔　　〕
- □ ② 天皇が行う，形式的で儀礼的な行為を何といいますか。〔　　〕
- □ ③ 日本国憲法で，天皇は日本国と日本国民統合の何であると定められていますか。〔　　〕
- □ ④ 有権者によって行われる，憲法改正を承認するかどうかを決める投票を何といいますか。〔　　〕
- □ ⑤ すべての人間が等しくあつかわれることを要求する権利を何といいますか。〔　　〕
- □ ⑥ 自由権のうち，居住・移転・職業選択の自由は何という自由に分類されますか。〔　　〕
- □ ⑦ 社会権のうち，健康で文化的な最低限度の生活を営む権利を何といいますか。〔　　〕
- □ ⑧ 新しい人権のうち，個人の私生活に関することがらを公開されない権利を何といいますか。〔　　〕

入試によく出る資料 の答え　①戦争　②主権　③戦力　④交戦権　⑤法

23 トレーニングテスト

→別冊解答 p.26

1 日本国憲法 （5点×9＝45点）

右の資料は，1947 年に文部省(現在の文部科学省)が日本国憲法の解説のために発行した『あたらしい憲法のはなし』のさし絵の一部です。これを見て，次の各問いに答えなさい。

(1) 国の法の頂点に位置する日本国憲法は，第 98 条で国の何であると表現されていますか。漢字４字で答えなさい。〈沖縄県〉(　　　　　　)

(2) 資料中にある「主権在民主義」について，次の問いに答えなさい。

正答率39%　① 日本国憲法の第１条でうたわれている「国民主権」とはどういうことですか。「国民」「政治」の２つの語句を用いて書きなさい。〈新潟県〉
(　　　　　　　　　　　　　　　　　　　　)

正答率54%　② 日本国憲法において天皇が行うことができることを，次から１つ選び，記号で答えなさい。〈神奈川県〉(　　　)

ア 最高裁判所長官を任命すること　　イ 内閣総理大臣を指名すること
ウ 地方公共団体の首長を選出すること　　エ 国政調査権を行使すること

(3) 資料中にある「国際平和主義」について，次の問いに答えなさい。

正答率33%　① 次の文は，この内容が示されている日本国憲法の条文の一部です。X～Z にあてはまる語句を書きなさい。〈福島県・改〉X (　　　　　) Y (　　　　　) Z (　　　　　)

・国権の発動たる［ X ］と，武力による威嚇又は武力の行使は，国際紛争を解決する手段としては，永久にこれを放棄する。
・陸海空軍その他の［ Y ］は，これを保持しない。国の［ Z ］は，これを認めない。

注意　② 平和主義の内容として誤っているものを，次から１つ選び，記号で答えなさい。〈沖縄県・改〉
(　　　)

ア 政府は，「自衛隊は自衛のための必要最小限度の実力にすぎないから，戦力にあたらない」としている。
イ 日本は 1992 年に PKO 協力法を制定したが，自衛隊の海外派遣は今まで１度も行われていない。
ウ 日米安全保障条約のもとでは，アメリカが日本を防衛することと引きかえに，日本政府はアメリカが日本国内に米軍基地をおくことを認めている。

重要　③ 日本の外交の柱の１つである核軍縮について，核兵器を「持たず，つくらず，持ちこませず」という方針を何といいますか。ひらがな９字で答えなさい。〈京都府〉(　　　　　　)

正答率51%　(4) 憲法改正の手続きについて述べた文として適切なものを，次から１つ選び，記号で答えなさい。〈福島県〉(　　　)

ア 発議には，両議院の出席議員の３分の２以上の賛成を必要とする。
イ 国民投票を実施し，有効投票の過半数の賛成を必要とする。
ウ 審議は，さきに衆議院で行わなければならない。
エ 両議院の議決が異なる場合は，両院協議会を開かなければならない。

HINT (4)憲法改正の手続きには，法律の制定などよりも厳しい条件が設けられている。

2 基本的人権の構成 (5点×11＝55点)

次の各問いに答えなさい。

正答率75% (1) 次のP～Rの文は，日本国憲法で保障されている基本的人権にかかわることについて述べたものです。P～Rの文をその内容から平等権，社会権，自由権に分けるとすれば，それぞれどの権利になりますか。下から１つずつ選び，記号で答えなさい。〈大阪府〉

P すべて国民は，勤労(きんろう)の権利を有し，義務を負う。 (　　)

Q 何人(なんぴと)も，法律の定める手続きによらなければ刑罰(けいばつ)を科(か)せられない。 (　　)

R 法の下(もと)で，政治的，経済的又は社会的関係において，差別されない。 (　　)

ア 平等権　イ 社会権　ウ 自由権

重要 (2) 精神(精神活動)の自由にあてはまらないものを，次から１つ選び，記号で答えなさい。〈徳島県〉 (　　)

ア 思想・良心の自由　イ 信教の自由　ウ 居住・移転の自由　エ 学問の自由

(3) 日本国憲法で保障されている社会権に関することがらを述べた文として最も適切なものを，次から１つ選び，記号で答えなさい。〈神奈川県〉(　　)

ア 現行犯(げんこうはん)の場合を除(のぞ)き，裁判官の発する令状(れいじょう)がなければ逮捕(たいほ)されない。

イ 国民には，その能力に応じて，等しく教育を受ける権利が保障されている。

ウ 財産権が保障されている。

エ 個人の私生活などは，その個人の意思に反して公開されない。

(4) 次の文中の□にあてはまる語句を答えなさい。〈長崎県〉(　　)

国民が政治に参加する権利を□という。その中には，選挙権や被(ひ)選挙権などがある。

重要 (5) 最高裁判所の裁判官としてふさわしいかどうかを，衆議院議員総選挙のときに投票して判断する制度を何といいますか。〈島根県〉(　　)

注意 (6) 国民に保障されている，国や地方公共団体の活動などの情報を受け取る権利を何といいますか。最も適切なものを，次から１つ選び，記号で答えなさい。〈京都府〉(　　)

ア 知る権利　イ 環境権　ウ 自己(じこ)決定権　エ プライバシーの権利

正答率39% (7) 日本国憲法では基本的人権が保障されています。しかし，人権は制限される場合もあります。このことについて，次の日本国憲法の第13条の条文中の□にあてはまる語句を答えなさい。〈埼玉県〉(　　)

「すべて国民は，個人として尊重される。生命，自由及(およ)び幸福追求(こうふくついきゅう)に対する国民の権利については，□に反しない限り，立法その他の国政の上で，最大の尊重を必要とする。」

正答率57% (8) 国民の義務について，次の文のa・bにあてはまる語句を，それぞれ答えなさい。〈北海道〉

a (　　) b (　　)

「国民の３つの義務として，日本国憲法において，「その保護する子女に a を受けさせる義務」(第26条)，「 b の義務」(第27条)，「納税(のうぜい)の義務」(第30条)が定められている。」

HINT (8) aを受けることやbをすることは，国民の権利としても定められている。

人々の意見が身近な政治に反映されるしくみをつかもう！

24 民主主義と政治

重要度★★★

学習日　　月　　日

ポイント整理

① 地方自治のしくみ

地方自治は「民主主義の学校」といわれるよ。

地方自治と地方公共団体

地方自治とは

地域の政治を住民たちが自ら行うことを地方自治という。地方自治法には，地方公共団体（地方自治体＝都道府県や市町村）を単位とする地域ごとの政治のしくみが定められている。議決機関が承認した予算や条例にもとづいて，執行機関（首長など）がさまざまな公共サービスを行っている。

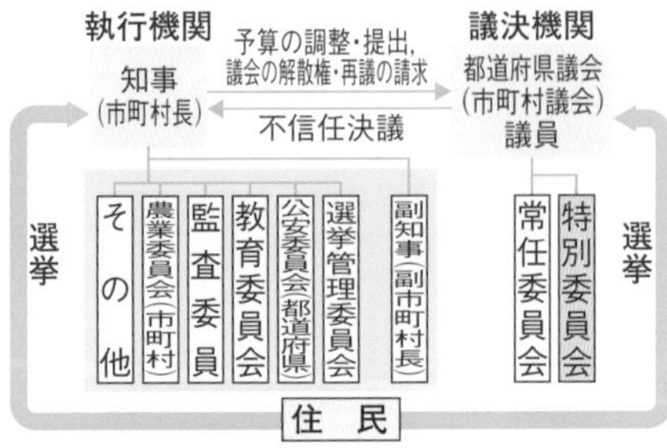

▲地方公共団体のしくみ

地方公共団体の仕事

- 消防や警察
- 道路や上下水道，ごみ処理場などの整備
- 公立学校，図書館の運営
- 保健所による住民の健康管理

など

住民の政治参加

行政の監視　オンブズパーソン制度の導入。情報公開制度，住民運動，NPO（非営利組織）の活動など。

直接請求権　住民は条例の制定や改廃を求めたり，首長や議員の解職（リコール），議会の解散などを請求できる。

住民投票　議員の解職請求，議会の解散請求，特別法制定の住民投票など。

地方自治の問題点

大切　地方財政

自主財源の地方税は，歳入の約40％程度。国からの補助（地方交付税交付金や国庫支出金）や地方債に依存。財政や仕事の効率化を目的に，市町村合併が進められた。

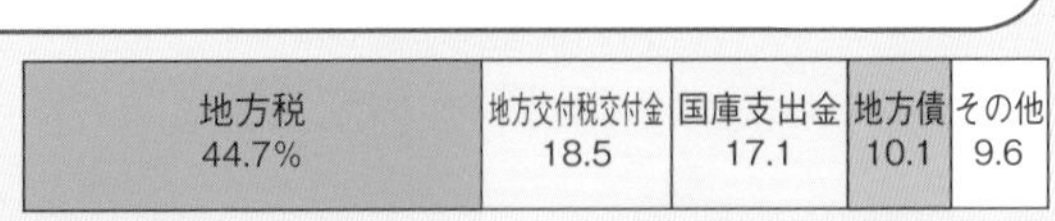

（2020年度）　（2020/21年版「日本国勢図会」）

▲全国の地方公共団体の歳入割合

地方分権　2000年に地方分権一括法が施行され，国の権限や業務の多くを地方公共団体に移す地方分権が進められた。

入試によく出る資料　住民の直接請求権

直接請求権の種類	必要な署名数	請求先	請求後の取りあつかい
①〔　　　〕の制定・改廃	有権者の③〔　　　〕以上	首長	議会を招集し，決議を行って，結果を報告する
②〔　　　〕		監査委員	監査を実施し，結果を公表する
議会の④〔　　　〕	有権者の⑤〔　　　〕以上	⑥〔　　　〕	解散（解職）するかどうか住民投票を行い，過半数の賛成で解散（解職）
首長・議員の解職			
主要公務員の解職		首長	議会で議員の3分の2以上が出席し，4分の3以上が賛成すれば解職

即答チェックの答え　①条例　②直接請求権　③地方交付税交付金　④地方分権　⑤野党　⑥世論　⑦比例代表制　⑧政党交付金

入試必勝ワード　条例　直接請求権　地方分権　与党・野党　世論　小選挙区制　比例代表制

② 政党と選挙

選挙のとき，各政党は政権を担当したときに実現する約束を政権公約（マニフェスト）として示すよ。

政党による政治

政党政治　政治で実現したい目標を同じくする人々の団体を政党という。政権を担当する与党，それ以外の野党に分かれる。日本では政党を中心に政治が運営される政党政治が行われている。

- 1955年〜　自由民主党（自民党）が単独で政権を担当（55年体制）
- → 1993年　自民党以外の政党からなる連立政権が誕生
- → 2009年　民主党を中心とする連立政権が成立
- → 2012年　自由民主党が政権を奪回

▲日本の政権の移り変わり

国民の意見　国民の意見のまとまりを世論という。新聞・テレビなどのマスメディアがその形成に大きな役割を果たしている。

選挙に関するきまりや罰則については，公職選挙法で定められているよ。

選挙のしくみ

選挙の4原則　一定年齢以上の国民に選挙権をあたえる普通選挙，1人1票の平等選挙，無記名で投票する秘密選挙，有権者が直接投票する直接選挙。

選挙の問題点と対策

問題点	対策
棄権の増加（投票率の低下）	投票時間の延長や，不在者投票の手続きの簡略化，期日前投票
1票の格差	選挙区や定数の修正
違法な選挙活動	議席や得票率に応じた政党交付金の支給（政党助成法）

大切　おもな選挙制度

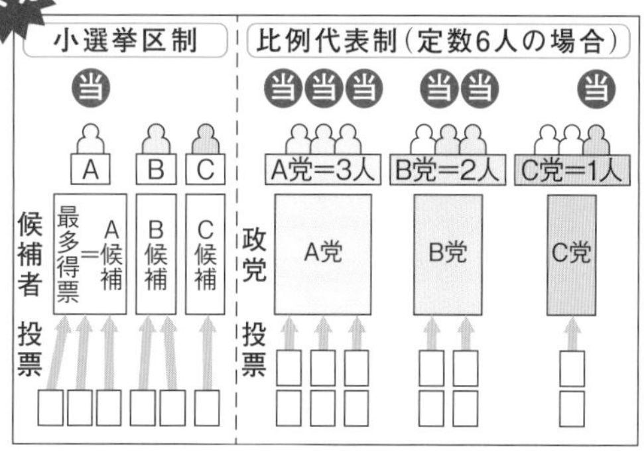

・小選挙区制…1選挙区から1人の議員を選出。死票が多い。大政党に有利で，二大政党制になりやすい。
・比例代表制…政党の得票率に応じて議席を配分。小党分立となり，政権が不安定になりやすい。

即答チェック

- □ ① 各地方公共団体が定める独自の法を何といいますか。〔　　〕
- □ ② 首長や地方議員の解職請求や監査の請求など，住民の意思を地方自治に反映させる権利を何といいますか。〔　　〕
- □ ③ 地方公共団体間の財政格差を少なくするために，国から配分される補助金を何といいますか。〔　　〕
- □ ④ 権限や業務を国から地方に移すことを何といいますか。〔　　〕
- □ ⑤ 政党のうち，内閣を組織していない政党のことを何といいますか。〔　　〕
- □ ⑥ 政治や社会の問題についての国民の意見のまとまりを何といいますか。〔　　〕
- □ ⑦ 政党の得票率に応じて，政党に議席を配分する選挙制度を何といいますか。〔　　〕
- □ ⑧ 得票や議席に応じて，政党ごとに交付される資金を何といいますか。〔　　〕

入試によく出る資料の答え　①条例　②（事務の）監査　③50分の1　④解散　⑤3分の1　⑥選挙管理委員会

24 トレーニングテスト

→別冊解答 p.27

1 地方自治のしくみ

（(1)〜(3)6点×6，(4)(5)7点×2，計50点）

右の表は，地方の政治についてのテーマをノートにまとめたものです。これを見て，次の各問いに答えなさい。

ノート
A．地方自治の意義
B．地方公共団体の仕事
C．地方自治のしくみ
D．地方財政
E．地方分権一括法

重要 (1) ノートのAについて，次の文は，地方自治の意義について書かれたものです。文中の□にあてはまる語句を答えなさい。〈和歌山県〉

住民が地域を自ら治めることから，「地方自治は□の学校」といわれています。　（　　　）

(2) ノートのBにあてはまる適切なものを，次から２つ選び，記号で答えなさい。〈長野県〉　（　　，　　）

ア 消防や警察など人々の安全に関する仕事
イ 裁判や法律の制定など人々の権利に関する仕事
ウ 道路や上下水道など社会資本の整備に関する仕事
エ 条約の締結や安全保障など外交に関する仕事

(3) ノートのCについて，次の問いに答えなさい。

注意 ① 地方公共団体のしくみにあてはまる適切なものを，次から２つ選び，記号で答えなさい。〈長野県〉（　　，　　）

ア 地方自治体の首長は，国の内閣総理大臣と同じように議会によって選ばれる。
イ 地方議会は，予算の議決や決算の承認，条例の制定・改正・廃止などを行う。
ウ 議会が首長の不信任の決議をした場合は，首長は議会を解散することができる。
エ どの地方自治体でも，地域の重要な課題について，すべて住民投票によって決める。

② **資料１**は，地方自治において住民に認められている直接請求権の一部を示したものです。Xにあてはまる語句を答えなさい。〈福島県〉（　　　）

資料１

直接請求権の種類	必要な署名数	請求先
首長・議員の解職	有権者の３分の１以上	（ X ）

差がつく (4) ノートのDについて，**資料２**は，２つの県の収入（歳入）の内訳について表したものです。表から読み取れる，神奈川県と比べた大分県の収入の特徴を，「独自の財源」「依存」「割合」の３つの語句を用いて，簡潔に書きなさい。〈大分県〉

資料２　２つの県の収入（歳入）の内訳（％）　（2019年度）

	県税	地方交付税	国庫支出金	県債	その他
神奈川県	62.6	5.8	6.6	11.4	13.6
大分県	20.2	27.4	15.1	12.9	24.4

（大分県ホームページ他）

（　　　　　　　　）

正答率17% (5) ノートのEの法律が施行されて以降，行われるようになったこととして適切なものを，次から１つ選び，記号で答えなさい。〈兵庫県〉（　　）

ア 都道府県ごとに地方裁判所が設置されるようになった。
イ 国から地方公共団体へ地方交付税交付金（地方交付税）が配分されるようになった。
ウ 市町村ごとに外国と条約を結ぶことができるようになった。
エ 地方公共団体の収入基盤を強めるため，国から財源が移されるようになった。

目標時間 30分　目標点数 80点

／100点

2 政党と選挙 （(1)①(4)7点×2，(1)②～(3)(5)(6)6点×6，計50点）

次の各問いに答えなさい。

(1) **資料1**は，日本の1999年以降の与党の移りかわりを模式化したもので，■や☆などはそれぞれ1つの政党を示しています。これを見て，次の問いに答えなさい。〈福井県〉

資料1

時期	与党
1999年 1月	■ ☆
1999年 10月	■ ☆ ▲
2000年 4月	■ ▲ □
2003年 11月	■ ▲
2009年 9月	★ ◆ ▽
2010年 5月	★ ▽
2012年 12月	■ ▲

（首相官邸ホームページ他）

① **資料1**から，政権の交代がおこった時期を2つ選んで答えなさい。（完答）　（　　　　，　　　　）

② **資料1**からわかるように，近年では，複数の政党によって内閣が組織されています。このような政権を何といいますか。（　　　　）

(2) 各政党が政権を担当した場合に実施する政策と，その政策を実現するための財源や期限を具体的に示したものを何といいますか。〈福井県〉（　　　　）

(3) 現在の選挙の原則について，次のまとめの**X**・**Y**にあてはまる語句を1つずつ選び，記号で答えなさい。（完答）〈岡山県〉（X　　　Y　　　）

「一定の年齢に達したすべての国民に選挙権が認められることを**X**〔**ア**　制限　**イ**　普通〕選挙といいます。1人が1票をもち，**Y**〔**ウ**　無記名で　**エ**　記名して〕投票が行われます。」

正答率54%

(4) 選挙に関して，**資料2**は，それぞれ衆議院議員総選挙の小選挙区制と比例代表制のどちらかの投票用紙の様式の一部を示しています。**ア**・**イ**のうち，比例代表制の投票用紙を示しているのはどちらですか。その記号を答えなさい。また，その記号が答えとなる理由を，簡潔に書きなさい。（完答）〈広島県〉

（記号　　　理由　　　　）

資料2

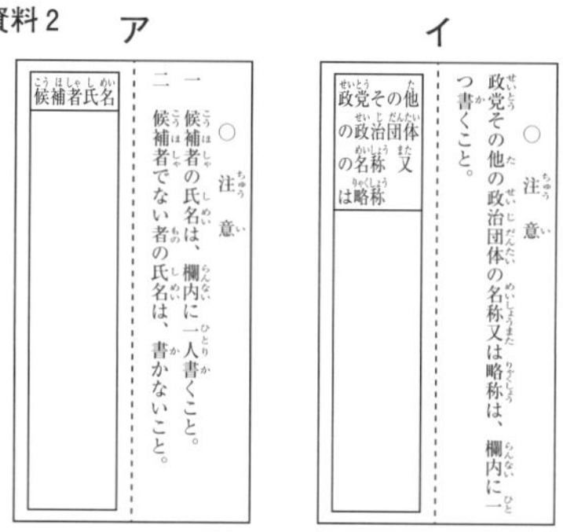

正答率46%

(5) 次の文中の□に適切な言葉を補い，文を完成させなさい。〈鹿児島県〉

「現在，衆議院議員の総選挙は，□する小選挙区制と，比例代表制を組み合わせた制度で実施されている。」（　　　　）

注意

(6) 右の文は，**資料3**からわかる現在の選挙制度の課題を述べたものです。①・②から正しい語句を1つずつ選び，記号で答えなさい。〈静岡県・改〉①（　　）②（　　）

> 2つの選挙区を比較すると，1票の価値は，4倍以上も①〔**ア**　東京都　**イ**　鳥取県〕の選挙区の方が高く，格差がみられる。このようなことが日本国憲法に定められた②〔**ウ**　法の下の平等　**エ**　公共の福祉〕に反するのではないかと問題視する声が上がり，選挙制度の大きな課題となっている。

資料3　平成25年7月の参議院議員選挙における東京都と鳥取県の選挙区の議員1人あたりの有権者数

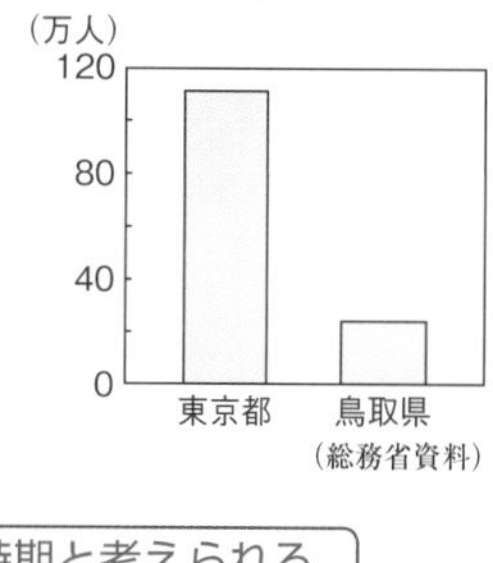

（総務省資料）

HINT (1)①前回の与党と共通する政党がない時期が，政権の交代がおこった時期と考えられる。

Step 1 要点をおさえる！ 24 民主主義と政治

重要度★★★

国会・内閣・裁判所，三権分立

学習日　　月　　日

ポイント整理

① 国会のしくみ

審議を慎重に行うことなどを目的に，衆議院と参議院からなる二院制が取り入れられているよ。

国会の地位

国会は，国の法律を定めることのできる唯一の立法機関であり，国権の最高機関。法律の制定，予算の議決などがおもな仕事。衆議院と参議院で議決が一致しなかった場合は衆議院の優越が認められる場合がある。

▼国会の種類

常会（通常国会）	毎年1回，1月中に召集される（おもに予算を審議）
臨時会（臨時国会）	内閣が必要と認めたとき，いずれかの議院の要求により召集
特別会（特別国会）	衆議院解散後の総選挙の日から30日以内に召集
参議院の緊急集会	衆議院解散中，緊急の必要がある場合に内閣の求めによって開かれる

▼衆議院と参議院

	衆議院	参議院
議員数	465人	248人*
任　期	4年（解散あり）	6年（3年ごとに半数を改選）
被選挙権	満25歳以上	満30歳以上
選挙区	小選挙区289人 比例代表176人	選挙区148人*， 比例代表100人*

＊2022年（令和4年）7月の通常選挙から適用。2021年現在は245人（選挙区147人，比例代表98人）。

② 内閣のしくみ

行政の仕事　国会が定めた法律や予算にもとづき，実際に国の仕事を行うことを行政という。財務省や外務省，文部科学省などの行政機関が，この仕事を分担している。

内閣の組織　内閣は内閣総理大臣（首相）とその他の国務大臣からなり，行政機関を指揮監督する。内閣の方針は，閣議によって決定される。

行政改革　省庁の再編と公務員の削減，規制緩和などにより，簡素な行政をめざしている。

大切　内閣が国会に対して連帯して責任を負う議院内閣制がとられている。
内閣総理大臣は国会議員の中から国会で指名され，国務大臣の過半数は国会議員から選ばれる。衆議院で内閣不信任決議が可決されると，内閣は総辞職するか，10日以内に衆議院を解散しなければならない。

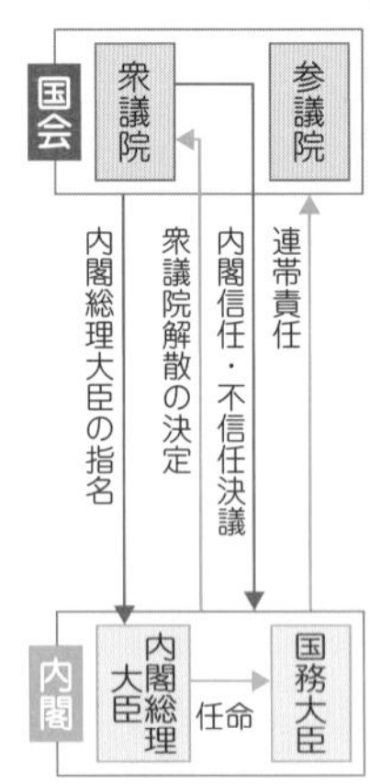

入試によく出る資料　衆議院の優越

①〔　　　　〕案の議決	●衆議院が出席議員の3分の2以上の多数で再可決したときは成立。
②〔　　　　〕の先議	●先に衆議院へ提出しなければならない。
予算の議決， ③〔　　　　〕の承認	●両院協議会を開いても意見が一致しないとき，または30日以内に参議院が議決しないときは，衆議院の議決を国会の議決とする。
内閣総理大臣の ④〔　　　　〕	●両院協議会を開いても意見が一致しないとき，または10日以内に参議院が議決しないときは，衆議院の議決を国会の議決とする。
内閣⑤〔　　　　〕の決議	●衆議院のみが行うことができる。

即答チェックの答え　①常会（通常国会）　②衆議院の優越　③閣議　④議院内閣制　⑤民事裁判　⑥三審制　⑦裁判員制度　⑧三権分立

③ 裁判所のしくみ

司法と裁判　法律にもとづき紛争を解決することを司法(裁判)という。私人間の争いを裁く民事裁判。犯罪を裁く刑事裁判は検察官が原告となり，被疑者を被告人として裁判所に起訴。

裁判所の種類　最高裁判所と下級裁判所。最高裁判所は違憲立法審査権(法令審査権，違憲審査権)にもとづく合憲・違憲の最終的な判断をする権限をもち，「憲法の番人」とよばれる。

司法権の独立　他の権力から，圧力や干渉を受けない。裁判官は自己の良心と憲法，法律にのみに従って裁判を行う。心身の故障，国会の弾劾裁判，国民審査以外ではやめさせられない。

三審制

裁判を慎重に行うため，同じ事件について控訴・上告を経て，3回まで裁判を受けられる。

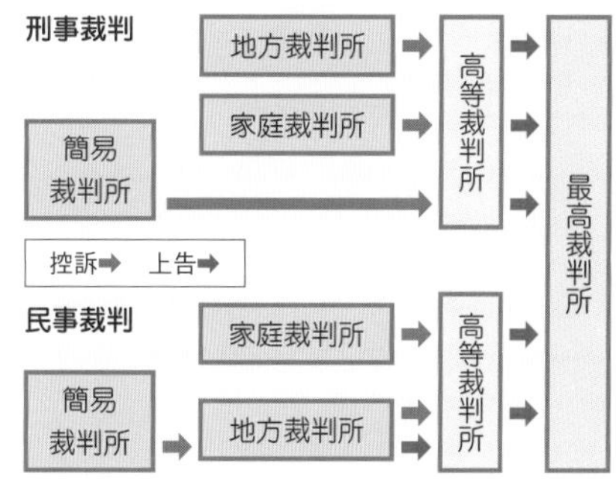

司法制度改革　重大な刑事裁判の第一審で，国民が参加する裁判員制度が実施されている。

被告人の権利を守るためのしくみとして，公開裁判を受ける権利，黙秘権，再審制度，取り調べの可視化などがある。

④ 三権分立

大切

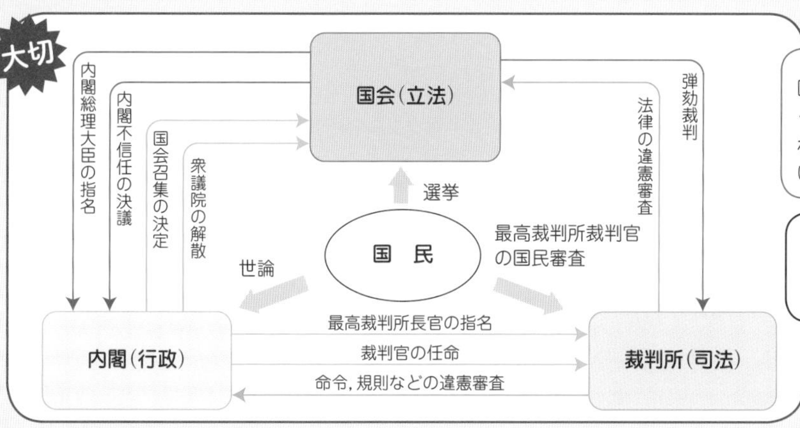

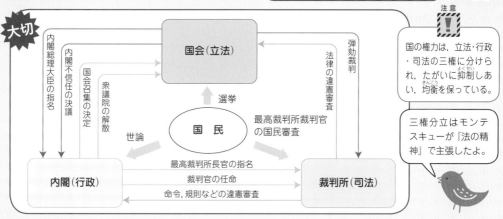

注意　国の権力は，立法・行政・司法の三権に分けられ，たがいに抑制しあい，均衡を保っている。

三権分立はモンテスキューが『法の精神』で主張したよ。

即答チェック

- ☐ ① 毎年1回，1月中に召集される国会を何といいますか。〔　　　〕
- ☐ ② 法律案の議決などで，衆議院の議決が重視されることを何といいますか。〔　　　〕
- ☐ ③ 内閣総理大臣と国務大臣の全会一致により内閣の方針を決定する会議を何といいますか。〔　　　〕
- ☐ ④ 内閣が国会に対して連帯して責任を負う制度を何といいますか。〔　　　〕
- ☐ ⑤ 私人間の権利・義務の対立を解決する裁判を何といいますか。〔　　　〕
- ☐ ⑥ 同じ事件について3回まで裁判を受けることができる制度を何といいますか。〔　　　〕
- ☐ ⑦ 司法制度改革の一環として実施された，国民が刑事裁判に参加し，有罪・無罪，刑罰の内容などを決める制度。〔　　　〕
- ☐ ⑧ 国の権力を立法・行政・司法の3つに分けるしくみを何といいますか。〔　　　〕

入試によく出る資料の答え　①法律　②予算　③条約　④指名　⑤不信任

25 トレーニングテスト

→別冊解答 p.28

1 国会のしくみ，内閣のしくみ （5点×10＝50点）

一郎さんは，国の政治について調べて右のカードにまとめました。次の各問いに答えなさい。

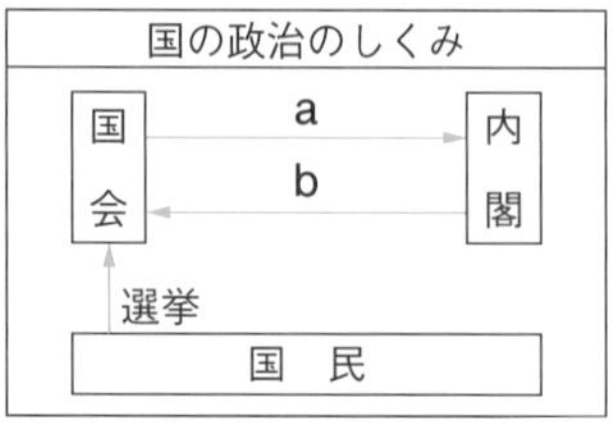

正答率47% (1) 次の文の □ にあてはまる語句を答えなさい。

日本国憲法では，「国会は， □ の最高機関であって，国の唯一の立法機関である。」(第 41 条)と定められている。〈北海道〉

(　　　　)

正答率75% (2) 国会について，衆議院の解散による総選挙の後に召集される国会の種類を，次から１つ選び，記号で答えなさい。 〈山形県〉(　　　)

ア 臨時会(臨時国会)　　イ 特別会(特別国会)

ウ 常会(通常国会)　　エ 参議院の緊急集会

重要 (3) 法律案の議決について述べた次の文の①・②から適切なものを１つずつ選び，記号で答えなさい。 〈愛媛県〉①(　　　) ②(　　　)

衆議院が可決し，参議院が衆議院と異なる議決をした法律案は，衆議院が①(ア 出席議員 イ 総議員)の②(ウ ３分の２以上の多数 エ 過半数)で再可決したときは，法律となる。

正答率23% (4) 国会のうち 2019 年７月に議員の半数が改選された議院にあてはまるものを，次から２つ選び，記号で答えなさい。(完答) 〈神奈川県・改〉(　　　，　　　)

ア 小選挙区制と比例代表制を組み合わせた方法により議員が選出される。

イ 内閣が作成した予算案について，もう１つの議院より先に審議することができる。

ウ 議員の任期は４年であるが，任期途中に解散により議員の資格を失う場合がある。

エ 緊急の必要が生じた際は，緊急集会が開催される。

オ 国政に関する調査権が認められている。

正答率66% (5) 次の文は，内閣の組織について，憲法に定められていることをまとめたものです。適切なまとめになるようにＸ・Ｙにあてはまる語句をそれぞれ答えなさい。 〈山形県〉

Ｘ(　　　　　) Ｙ(　　　　　)

「内閣総理大臣は Ｘ を任命するが，そのうち過半数は Ｙ でなければならない。」

正答率41% (6) 議院内閣制とはどのようなしくみですか，カードのａ・ｂのそれぞれの矢印が示す内容をふまえて，書きなさい。 〈山形県〉

(　　　　　　　　　　　　　　　　　　　　　　　　)

(7) 日本国憲法で「全体の奉仕者であって，一部の奉仕者ではない」と定められている，行政を担当する職員を何といいますか。 〈三重県〉(　　　　　)

注意 (8) 行政改革の１つとして，2009 年から行われた，経済活動における規制緩和として最も適切なものを，次から１つ選び，記号で答えなさい。 〈三重県〉(　　　)

ア 介護保険制度の導入　　イ ICカード型の電子マネーの開発

ウ 政府による電気料金の認可　　エ コンビニエンスストアでのかぜ薬の販売

HINT (8)規制緩和は，国による規制をゆるめて自由な競争を進めようという改革である。

2 裁判所のしくみ（5点×5＝25点）

次の各問いに答えなさい。

(1) 右の資料を見て，次の問いに答えなさい。〈秋田県〉

資料1　裁判のようす

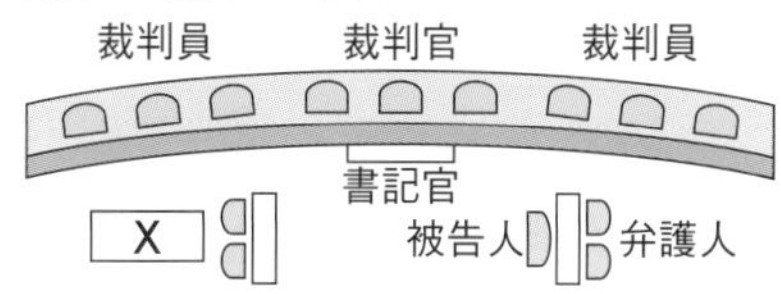

資料2　裁判のしくみ

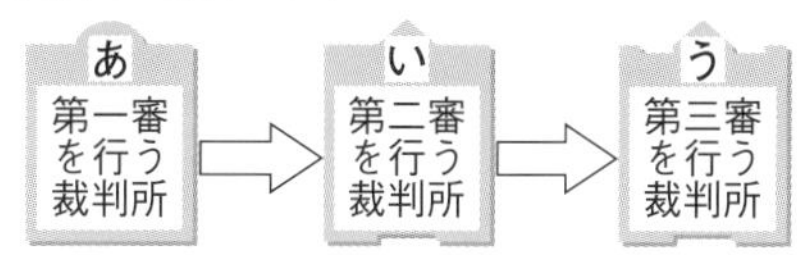

正答率74%　① **資料1**中の X にあてはまる語を書きなさい。

（　　　　）

正答率45%　② **資料1**のようすが見られる裁判所を，**資料2**の**あ**～**う**から1つ選び，記号で答えなさい。また，この裁判所での判決に納得できない場合に行う手続きを，次から1つ選び，記号で答えなさい。（完答）

（　　，　　）

ア　上告　　イ　弾劾　　ウ　起訴　　エ　控訴

重要　(2) 法律や命令などが憲法に違反するかどうかを最終的に判断する権限をもつ，「憲法の番人」ともいわれる機関は何ですか。〈高知県〉（　　　　）

正答率16%　(3) 次の文は，司法権の独立の原則について説明したものです。文中の □ にあてはまる最も適切な言葉を，「良心」「憲法」「法律」の3つの語句を用いて20字以上35字以内（読点をふくむ）で書きなさい。〈千葉県〉

（　　　　　　　　　　　　　　　　　　　　）

「司法権の独立の原則は，裁判所は他の国家機関から圧力や干渉等の影響を受けないことと，裁判官が X されるということである。」

(4) 日本では，裁判がすべて終了し判決が確定したあとであっても，新しい証拠が見つかったり，裁判の重大なまちがいが判明したりした場合には，やり直しの裁判を請求することができます。この裁判を何といいますか。〈福井県〉（　　　　）

3 権力の分立（5点×5＝25点）

右の資料を見て，次の各問いに答えなさい。〈長野県・改〉

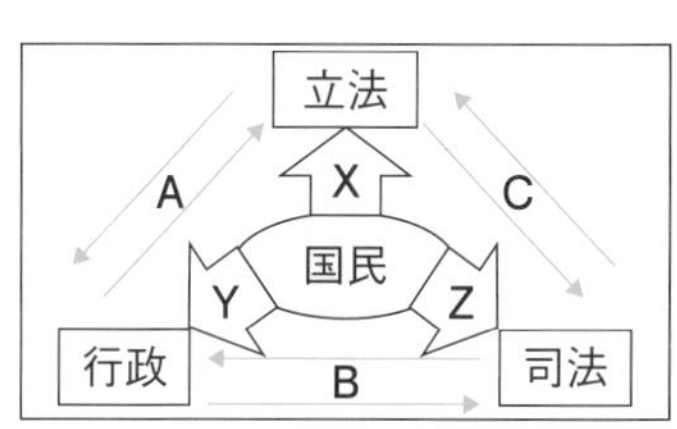

(1) 資料のようなそれぞれの権力を抑制し，均衡を保つしくみを漢字4字で書きなさい。（　　　　）

注意　(2) 資料中のX～Zは，それぞれの権力に対する国民のかかわりを示しています。X～Zにあてはまる最も適切なものを，次から1つずつ選び，記号で答えなさい。ただし，同じ記号を2回以上使ってはいけません。　X（　　）Y（　　）Z（　　）

ア　国民審査　　イ　住民投票　　ウ　選挙　　エ　世論　　オ　国民投票

重要　(3) 内閣総理大臣が国会議員の中から指名されることを示す矢印がふくまれる部分を，資料中のA～Cから1つ選び，記号で答えなさい。（　　）

HINT　(3)国会の内閣に対する抑制のはたらきがある部分を選ぶ。

重要度★★★

消費と生産のしくみ

学習日　　月　　日

ポイント整理

① 消費生活と流通

アメリカのケネディ大統領は，消費者の４つの権利として，安全を求める権利，知らされる権利，選ぶ権利，意見を反映させる権利を宣言したんだよ。

経済活動と消費者

経済活動のしくみ

財・サービスの生産と消費を中心とする経済活動は，家計・企業・政府によって行われている。

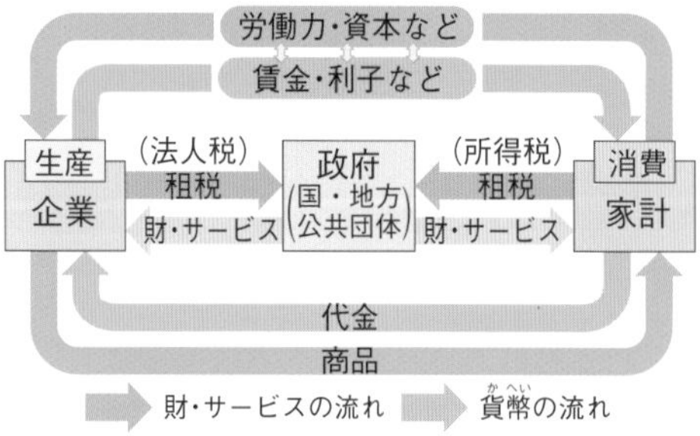

▲経済の循環

消費者主権　情報を取捨選択し，自分の意志と判断で商品を購入する→自立した消費者。

大切　消費者保護のための法律・制度

消費者基本法	消費者の権利を明確化
製造物責任法（PL法）	欠陥商品による被害から消費者を救済
消費者契約法	むりやり買わされた場合，契約を解除できる
クーリング・オフ	一定の期間内なら，消費者は契約を解除できる

家計　家計の支出は，食料品・衣服・教育などへの消費支出と社会保険料などの非消費支出，貯蓄からなる。

ある家計の１か月▶の収入と支出

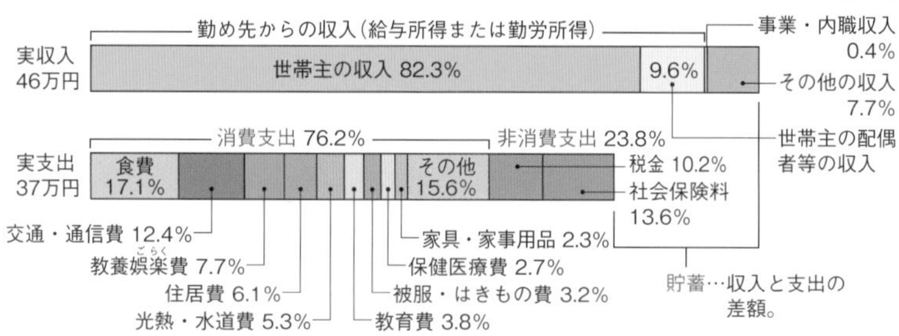

流通のしくみ

流通　商品が生産者から商業（卸売業・小売業）を経て消費者に届くまでの流れ。

流通の合理化　人手を省き，経費を削減。直接仕入れ，一括購入，オンライン・ショッピングなど。

入試によく出る資料　需要・供給と価格の関係

価格が400円のとき，供給量は400個，需要量は200個で，商品は①［　　］個売れずに残る。

価格が300円のとき，供給量と需要量が，ともに②［　　］個で等しくなる。

価格が200円のとき，供給量は100個，需要量は400個で，商品は300個足りなくなる。

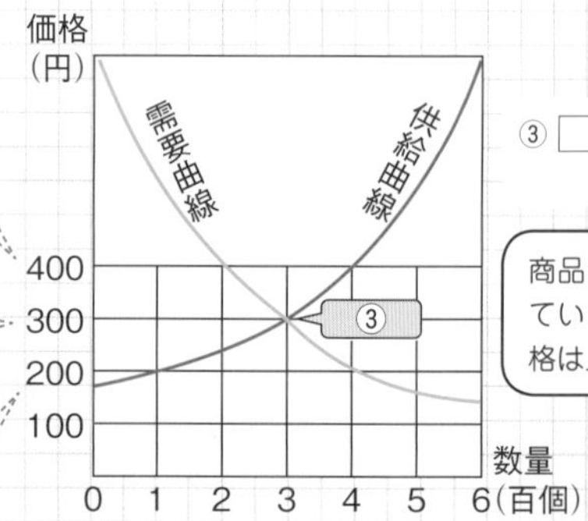

③［　　］…需要量と供給量が一致した価格。

商品が余ると価格は下がっていき，足りなくなると価格は上がっていくんだ。

即答チェックの答え　①消費支出　②製造物責任法（PL法）　③卸売業者　④株式会社　⑤株主　⑥資本主義経済　⑦独占禁止法　⑧公共料金

入試必勝ワード　製造物責任法(PL法)　株式会社　均衡価格　独占禁止法　公共料金

② 企業の役割

企業の種類

公企業　国や地方公共団体などが経営。利潤を目的としない。国営企業，地方公営企業，特殊法人，独立行政法人など。

私企業　利潤を求めて経営する民間企業。個人企業と法人企業(株式会社が多い)。

大切　株式会社のしくみ
株式会社は，株式を発行して設立。株式の所有者である株主は，株主総会での決議権をもち，配当を受け取る権利がある。株主は出資額をこえる責任を負わない。

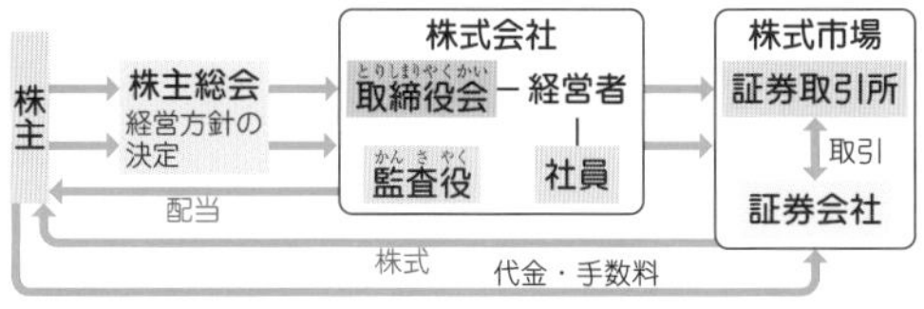

▲株式会社のしくみ

株価の変動　株式は証券取引所で取り引きされる。株価は，需要と供給の関係によって変化する。

企業の責任　法律を守る，環境を保全する，情報を公開するなど企業の社会的責任(CSR)が重視されている。

中小企業　大企業の下請けが多い。中小企業基本法で保護・育成。ベンチャー企業の活躍。

③ 市場経済のしくみ

需要と供給

資本主義経済

企業が市場での自由な競争を通じて，利潤を上げることを目的に，生産活動を行う経済のしくみ。

需要と供給　人々が商品を買おうとする量を需要量，商品が販売される量を供給量という。

均衡価格　需要量と供給量が一致したときの価格。

市場価格　商品が市場で販売される価格。

さまざまな価格

独占価格　少数の大企業が生産や販売を支配する寡占(化)が進むと，独占価格が設定される。こうした企業の独占を防ぐため，独占禁止法が定められ，公正取引委員会がこれを運用。

公共料金　国民生活にあたえる影響が大きい電気・ガス・水道などのサービスの価格。国や地方公共団体が認可・決定する。

即答チェック

- □ ① 家計の支出のうち，食料費・住居費・交通費など日々の生活にかかる支出を何といいますか。〔　　　〕
- □ ② 欠陥商品による被害から消費者を救済するための法律を何といいますか。〔　　　〕
- □ ③商業のうち，生産者と小売業者をつなぐ業者を何といいますか。〔　　　〕
- □ ④ 法人企業のうち，日本で最も企業数が多いのはどんな種類の会社ですか。〔　　　〕
- □ ⑤ 株式会社の株式を保有する者を何といいますか。〔　　　〕
- □ ⑥ 企業が利潤を上げることを目的に，自由な競争のもとで生産活動を行う経済のしくみを何といいますか。〔　　　〕
- □ ⑦ 1つの企業や少数企業による生産や市場の支配を防ぐ法律を何といいますか。〔　　　〕
- □ ⑧ 国や地方公共団体が認可・決定している，水道などの料金を何といいますか。〔　　　〕

入試によく出る資料 の答え　① 200　② 300　③均衡価格

26 トレーニングテスト

→別冊解答 p.29

1 消費生活と流通 (5点×7＝35点)

次の各問いに答えなさい。

注意 (1) 資料1は，２人以上の世帯の１か月の家計の収入と支出を比較したものです。①から②を引いたものは何を示しますか。次から１つ選び，記号で答えなさい。 (　　)

ア 貯蓄　イ 相続　ウ 給与　エ 年金

資料1

①実収入	②実支出	①−②
586,149 円	433,164 円	152,985 円

(2019 年)　(2020/21 年版「日本国勢図会」)

正答率3% (2) 資料２中の□にあてはまる適切な語句を，漢字２字で答えなさい。 〈千葉県〉

(　　　　)

資料2

2004 年に消費者保護基本法が改正され，消費者基本法となりました。この消費者基本法は，「消費者の権利の尊重」と「消費者の□の支援」を基本理念とした，消費者政策の基本となる事項を定めた法律です。

(「消費者庁ホームページ」より作成)

正答率78% (3) 消費者が訪問販売や電話勧誘などで商品購入の契約を結んだ場合でも，一定期間内であれば無条件で契約を解除できる制度があります。この制度を何といいますか。

〈栃木県〉(　　　　)

正答率69% (4) 企業と家計の関係を生産の面から示した資料３中のＡ・Ｂにあてはまるものの組み合わせとして最も適切なものを，次から１つ選び，記号で答えなさい。 〈神奈川県〉(　　)

資料3

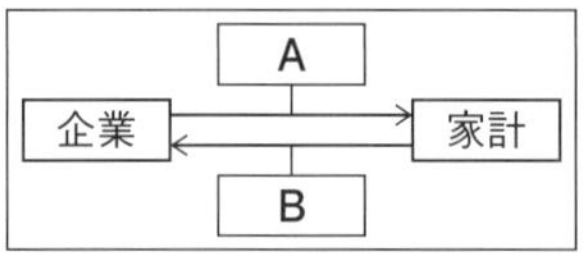

ア Ａ－労働力　Ｂ－利潤　　イ Ａ－資本　Ｂ－利潤

ウ Ａ－賃金(給料)　Ｂ－労働力　　エ Ａ－商品　Ｂ－租税(税金)

正答率50% (5) 次の発表原稿は，資料３中の企業と家計の関係の中で，流通の合理化について説明するためにまとめたものです。①～③にあてはまる語句を，下から１つずつ選び，記号で答えなさい。

〈宮崎県〉①(　　) ②(　　) ③(　　)

「大規模小売業者は，商品を ① から仕入れ， ② を介さないことで，流通にかかる時間と費用の ③ を図っています。」

ア 生産者　イ 消費者　ウ 小売業者　エ 卸売業者　オ 増大　カ 節約

2 さまざまな企業 ((1)5点，(2)～(4)6点×５，計35点)

次の各問いに答えなさい。

(1) 国や地方公共団体が経営する，利潤(利益)を得ることを目的としない企業を何といいますか。

〈和歌山県〉(　　　　)

重要 (2) 株式会社に関する次の文中のａにあてはまる語句を書きなさい。また，ｂの〔　〕の中から適切なものを１つ選び，記号で答えなさい。ａには同じ語句があてはまります。 〈熊本県〉

ａ(　　　　) ｂ(　　)

「現在，多くの企業が株式会社の形態をとっている。株式会社において，株主は，会社が得た利潤の一部を ａ として受け取ることができる。また，一般的に事業内容や業績がよく，高い ａ が期待できる会社の株価はｂ〔ア 上昇　イ 下落〕する。」

正答率65%　(3) 株式会社のしくみにおいて，株式を所有している人が出席し，事業の基本方針や経営者の選出などを行う機関を何といいますか。〈兵庫県〉(　　　　　)

(4) 右の資料は，中小企業と大企業の割合を比較したもので，A～Cは，事業所数，従業者数，出荷額のいずれかです。事業所数と出荷額に適するものを，A～Cから1つずつ選び，記号で答えなさい。〈福井県〉事業所数(　　　)　出荷額(　　　)

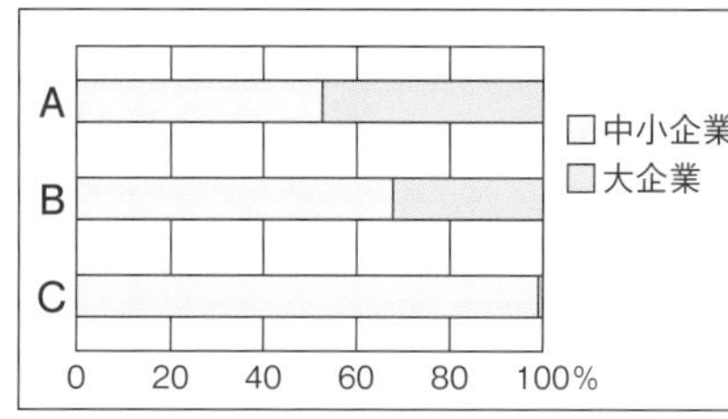

(2017年)　(2020/21年版「日本国勢図会」)

3 市場経済のしくみ (5点×6＝30点)

次の各問いに答えなさい。

(1) 需要・供給と価格に関連した問題です。〈秋田県〉

資料1　需要量の変化と価格の関係

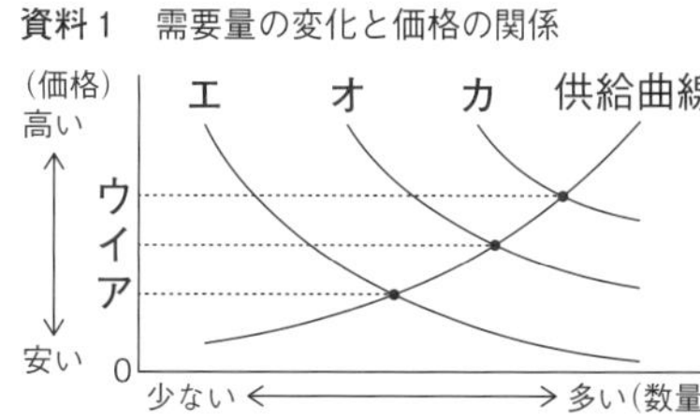

正答率62%　① 市場価格のうち，資料1のア～ウのように，曲線が交わるときの価格の名称を書きなさい。ただし，エ～カは需要曲線です。(　　　　　)

正答率73%　② 資料1を，資料2の事例を用いて説明した次の文のA・Bにあてはまるものを，資料1のア～カから1つずつ選び，記号で答えなさい。A(　　　)　B(　　　)

「通常，金曜日は木曜日よりも宿泊者の増加が見込まれるので，その需要曲線は，［A］になる。だから，価格は，イから［B］に動く。」

資料2　あるホテルの宿泊価格

宿泊する曜日	価格(1名分)
木曜日	資料1のイ
金曜日	資料1の［B］

正答率13%　(2) 価格には，多くの商品やサービスのように，需要量と供給量の変化に応じて，市場で決まる価格以外に，資料3に示すように，政府が認可したり，政府に届け出ることで定められる価格があります。資料3に示されているような価格がある理由を書きなさい。〈滋賀県〉

資料3　(2021年3月)

■京都駅‐大阪駅間の鉄道運賃	570円
■通常はがきの郵便料金	63円

(　　　　　　　　　　　　　　　　　　　　)

注意　(3) ある商品の生産が少数の企業に集中し，市場が支配されている状態にあるかどうかを調べるために用いる資料として最も適切なものを，次から1つ選び，記号で答えなさい。〈香川県〉(　　　)

ア　ある企業の年間生産額にしめる，商品ごとの生産額の割合を示した資料

イ　ある商品の年間生産額の，前年に対する増加率を示した資料

ウ　ある商品の年間生産額にしめる，企業ごとの生産額の割合を示した資料

正答率54%　(4) 次の文中の［　　］にあてはまる語句を答えなさい。〈栃木県〉(　　　　　)

「独占禁止法を運用するために設置された機関である［　　］は，市場の独占を予防したり，企業による不当な取り引きを取りしまったりしている。」

HINT　(4)一般の行政のしくみからある程度独立した権限をもった行政委員会の1つである。

重要度★★★

金融，財政と国民の福祉

学習日　月　日

ポイント整理

景気や物価を調節するため，日本銀行と政府が協調して政策を行っていることを理解しよう。

① 金融機関のはたらき

金融のしくみ

金融　資金が不足している者と余裕がある者との間での，資金の貸し借り。企業が株式や債券を発行して資金を集める直接金融と，家計の預金が銀行を介して企業へ貸し出される間接金融がある。

金融機関　中央銀行として日本銀行，民間金融機関の普通銀行（都市銀行・地方銀行など），証券会社，保険会社など。

中央銀行の仕事

大切

日本銀行の役割
- 発券銀行……紙幣（日本銀行券）の発行
- 政府の銀行…政府資金の取り扱い，国債発行
- 銀行の銀行…一般銀行へ貸し出し，国債売買

日本銀行の金融政策

日本銀行は，市場の資金量を操作することによって，景気や物価を調節。

	景気過熱時		不況時
金融政策	国債を売る	公開市場操作	国債を買う
	引き上げる	預金準備率	引き下げる
	引き上げる	政策金利	引き下げる

② 政府の経済活動

財政の役割
- 資源配分機能：道路・港などの社会資本を整備。
- 所得の再分配機能：累進課税や，社会保障政策を通じて行う。
- 経済の安定化機能：好景気（好況）や不景気（不況）がゆきすぎないよう調整する。

租税　国税と地方税，直接税と間接税。所得税や相続税に累進課税を導入。

▼おもな国税

直接税	間接税
所得税，法人税，相続税	消費税，酒税，関税

財政政策　政府は不景気のときの減税，好景気のときの増税，公共事業の増減によって景気を調整。

物価の変動　物価は，商品の価格やサービスの料金を平均化したもの→消費者物価と企業物価。物価が継続して上がるインフレーション（インフレ），下がるデフレーション（デフレ）がある。

入試によく出る資料　景気変動（景気循環）

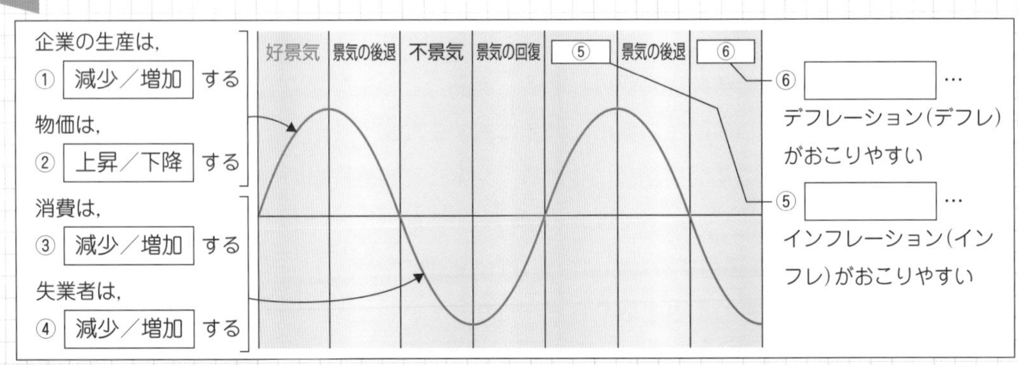

即答チェックの答え　①発券銀行　②累進課税　③物価　④デフレーション（デフレ）　⑤社会保険　⑥バリアフリー　⑦非正規労働者　⑧男女雇用機会均等法

入試必勝ワード　累進課税　インフレ・デフレ　社会保険　介護保険　男女雇用機会均等法

③ 社会保障のしくみ

国の歳出の中でも，社会保障給付費は最大の割合をしめているよ。

社会保障制度の始まり

「ゆりかごから墓場まで」をめざす社会保障制度が，第二次世界大戦後のイギリスで始まった。日本では憲法第25条の規定にもとづいて，社会保障制度が整備された。

> 日本国憲法第25条(1)
> すべて国民は，健康で文化的な最低限度の生活を営む権利を有する。

大切　社会保障制度の４つの柱

社会保険	医療保険，年金保険，雇用保険，介護保険，労災保険
社会福祉	障がい者福祉，高齢者福祉，児童福祉，母子・父子・寡婦福祉
公的扶助	生活保護（生活・住宅・教育・医療などの扶助）
公衆衛生	感染症対策，廃棄物処理，上下水道整備，公害対策など

社会保障の問題点　急速に進む少子化や高齢化によって，高齢者を支える若い世代の負担が増大。

自立と共生　ユニバーサルデザイン製品の開発や公共施設のバリアフリー（すべての人に対して生活上の障がいをなくそうという考え方）。

介護保険　社会保険の１つ。高齢などにより介護が必要な状態となった人に，入浴や食事，訓練などの手助けを行う。

④ 労働のあり方

労働三法

- **労働基準法**　労働者が人間らしい生活を営むための，労働条件の最低基準などを規定。
- **労働関係調整法**　労働者と使用者の対立を解決する。労働委員会による争議の解決を規定。
- **労働組合法**　労働組合の組織や権限を規定し，労働者の地位向上を図る。

労働基本権（団結権，団体交渉権，団体行動権）を保障

雇用の変化　年功序列賃金から能力給（成果主義）へと転換。年俸制の導入や，終身雇用の見直しも進む。派遣労働者，アルバイト，パートなどの非正規労働者が増加。仕事と家庭生活との両立（ワーク・ライフ・バランス）の実現が課題。

男女の平等　1985年に男女雇用機会均等法，1999年に男女共同参画社会基本法が制定。男女が対等・平等である社会をめざしている。

即答チェック

- □ ① 日本銀行の役割のうち，日本銀行券を発行する役割を何といいますか。〔　　　〕
- □ ② 課税対象の金額が多くなるほど，税率を高くする課税の方法を何といいますか。〔　　　〕
- □ ③ 消費者が購入する財やサービスの価格を平均化したものを何といいますか。〔　　　〕
- □ ④ ③が下がり続ける現象を何といいますか。〔　　　〕
- □ ⑤ 医療保険など国民と事業主，政府が保険料を負担し，病気・失業・高齢などの生活上の不安に対して給付を行う社会保障制度を何といいますか。〔　　　〕
- □ ⑥ すべての人にとって生活上の障がいのない社会をつくろうという考え方を，何といいますか。〔　　　〕
- □ ⑦ 正規労働者以外の派遣労働者・契約労働者などの労働者を何といいますか。〔　　　〕
- □ ⑧ 職場内の昇進・採用などの面での男女間の差別を禁じた法律を何といいますか。〔　　　〕

入試によく出る資料の答え　①増加　②上昇　③減少　④増加　⑤好景気（好況）　⑥不景気（不況）

27 トレーニングテスト

→別冊解答 p.30

1 政府の経済活動，金融機関のはたらき （5点×8＝40点）

右の表を見て，次の各問いに答えなさい。

	a好景気(好況)時
企業	・ものがよく売れ，生産量を増やす。 ・労働者の給料を上げる。
家計	・収入が増え，消費を増やす。
政府	・公共事業を減らして，b財政の支出を減らす。
日本銀行	・金融政策の1つとして国債などを［Ⅰ］，世の中に出回るお金の量を［Ⅱ］。

正答率75% (1) 下線部aのとき，一般的に物価が上昇し続ける現象が見られます。これを何といいますか。 〈栃木県〉(　　　　)

(2) 下線部bについて，次の問いに答えなさい。

正答率66% ① **資料1**は，わが国の予算(2020年度)のうち，一般会計歳出の内訳を示したものです。Aにあてはまるものを，次から1つ選び，記号で答えなさい。 〈栃木県〉(　　　)

資料1

A	国債費	地方交付税交付金	その他
34.9%	22.7	15.2	27.2

(2020/21年版「日本国勢図会」)

ア　文教および科学振興費　　イ　公共事業費

ウ　社会保障関係費　　エ　防衛関係費

注意 ② **資料2**中のB～Dは，わが国の1990年から2010年までの5年ごとのア税収額，イ歳出総額，ウ国債発行額のいずれかの推移を表したものです。B～Dがそれぞれ表しているものはどれですか。ア～ウから1つずつ選び，記号で答えなさい。〈岩手県〉

B(　　)　C(　　)　D(　　)

資料2

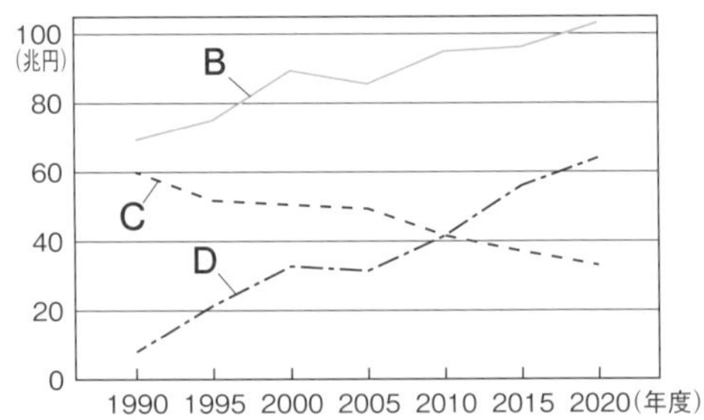

(第6版「数字で見る日本の100年」他)

重要 ③ **資料3**は，給与所得者の年収額別の所得税額の例を示したものです。この表から，所得税は，どのような課税の方法をとっていることがわかりますか。その方法の名称を答えなさい。 〈岩手県〉(　　　　)

資料3

給与の年収額	所得税額
500万円	6万円
700万円	16.6万円
1,000万円	59.1万円

＊夫婦と子ども2人の給与所得者の場合の例
(財務省ホームページから作成)

正答率30% (3) 表中のⅠ・Ⅱにあてはまる語句の組み合わせとして正しいものを，次から1つ選び，記号で答えなさい。 〈栃木県〉(　　　)

ア　Ⅰ－買い　Ⅱ－増やす　　イ　Ⅰ－買い　Ⅱ－減らす

ウ　Ⅰ－売り　Ⅱ－増やす　　エ　Ⅰ－売り　Ⅱ－減らす

正答率37% (4) 金融に関して述べた文として，正しいものを次から1つ選び，記号で答えなさい。〈鹿児島県〉(　　　)

ア　紙幣を発行する権限は，日本銀行と都市銀行に認められている。

イ　企業が株式を発行して，市場から資金を調達する方法を間接金融という。

ウ　日本銀行は，不況のときには資金が高い金利で金融市場に出まわるようにする。

エ　金融機関の種類には，銀行のほかに証券会社や保険会社などがある。

HINT (4)間接金融とは，金融機関の貸し付けを通じて資金を調達することである。

2 社会保障のしくみ （5点×7＝35点）

次の各問いに答えなさい。

正答率78% (1) 日本国憲法では「すべて国民は，健康で文化的な最低限度の生活を営む権利を有する。」と定めています。社会権の１つであるこの権利を何といいますか。 〈兵庫県〉（　　　）

正答率74% (2) 社会保障に関して述べた次の文①～③にあてはまる制度を，下から１つずつ選び，記号で答えなさい。 〈兵庫県・改〉

① 収入が少なく生活に困っている人に対して，生活費や教育費などを給付する。（　　　）

② 国民の健康を増進し，感染症の予防などを行う。（　　　）

③ 障がいのある人や高齢者などに対して，生活の保障や支援サービスを提供する。（　　　）

ア 社会福祉　イ 社会保険　ウ 公衆衛生　エ 公的扶助

正答率25% (3) 福祉の充実を図るため，2000 年に新たな社会保障制度が導入されました。40 歳以上の全員が加入し，サービスが受けられる制度を何といいますか。 〈兵庫県〉（　　　）

重要 (4) 出生率が低下し，平均寿命がのびていることによって，子どもの数が減り，高齢者の数が増えていくことを何といいますか。 〈石川県〉（　　　）

差がつく (5) (4)のことが社会にあたえる影響の１つを，「国の歳出のうち，医療や年金への支出が増加しているが，徴収される保険料や税収が減少し，それをまかなうことができなくなっていくこと」とまとめて発表するとき，次のア～エのうち，提示する資料として適切なものを２つ選び，記号で答えなさい。(完答) 〈石川県〉（　　，　　）

ア 社会保障関係費の推移　イ 年間労働時間の国際比較

ウ 労働人口(労働力人口)の推移　エ 子ども１人あたりの教育費の推移

3 労働のあり方 （5点×5＝25点）

右のまとめを見て，次の各問いに答えなさい。 〈北海道・改〉

【働く人たちの権利，働く環境】
- 労働者の権利として，労働基本権(労働三権)とよばれるａ団結権，団体交渉権，団体行動権がある。
- 労働時間などの労働条件については，労働[b]法などで定められている。
- 近年は，ｃ年功序列型の賃金(年功賃金)にかえて，仕事の成果などに応じて賃金を支払う企業が増えている。

正答率69% (1) 下線部ａの権利の内容を，次から１つずつ選び，記号で答えなさい。

ア 労働者が賃金などについて使用者と話し合うことができる。

イ 労働者が労働条件の改善を求めてストライキを行うことができる。

ウ 労働者が使用者と交渉するために組織をつくることができる。

① 団結権（　　）　② 団体交渉権（　　）　③ 団体行動権（　　）

正答率30% (2) ｂにあてはまる語句を答えなさい。（　　　）

正答率52% (3) 下線部ｃとはどのような賃金のしくみですか，簡潔に書きなさい。

（　　　　　　　　　　）

HINT (1)アは「使用者と話し合う」，イは「ストライキを行う」，ウは「組織をつくる」から考える。

重要度★★★

国際社会と世界平和

学習日 月 日

ポイント整理

① 国際社会のきまり

主権国家の領域

領土，領海，領空。海岸線から200海里までの水域のうち，領海を除いた水域は排他的経済水域とよばれ，その資源の権利は沿岸国がもつ。

注意：主権国家は，自国のシンボルとして国旗と国歌をもち，大切にしています。

国際法

- 条約：国家間の合意にもとづいて，文書により結ばれた取り決め。
- 国際慣習法：国と国との交渉の中で暗黙のうちに合意された取り決め。公海自由の原則，内政不干渉の原則など。

② 国際連合のしくみ

UNESCOとUNICEFの役割を，しっかりおさえておこう。

大切 **国際連合の組織**

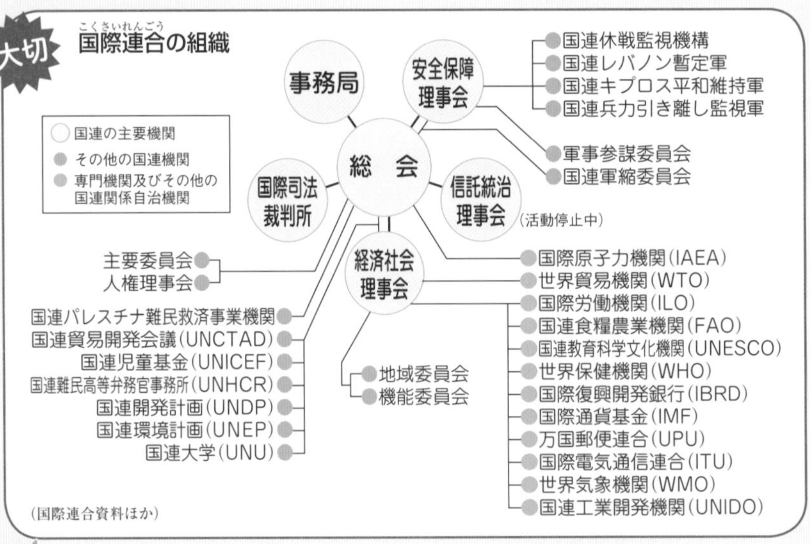

（国際連合資料ほか）

総会と安保理

総会では全加盟国が1票をもち，おもに過半数で議決が行われる。安全保障理事会（安保理）は，アメリカ，ロシア，イギリス，フランス，中国の5常任理事国と，10か国の非常任理事国から成り，常任理事国のうち1国でも反対すると採択できない（拒否権）。

国連は停戦や選挙の監視などの平和維持活動（PKO）を行っており，1992年以降は日本の自衛隊も参加しているよ。

入試によく出る地図 **地域主義の動き**

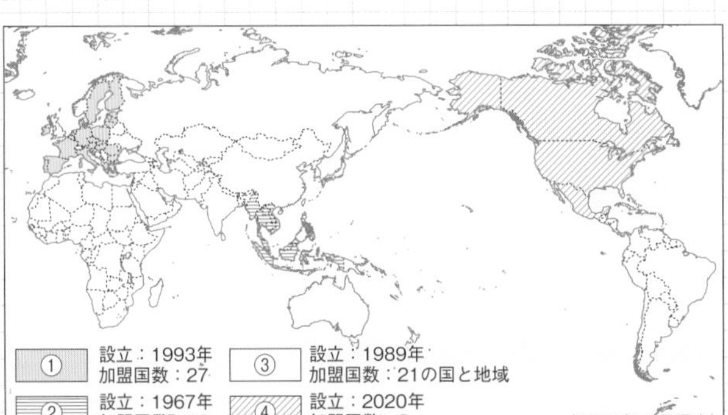

① [　　　]…共通通貨（ユーロ）を導入。

② [　　　]…日本，中国，韓国などを加えた会議も開催。

③ [　　　]…貿易や投資を自由化。

④ USMCA（米国・メキシコ・カナダ協定）…経済協力と自由貿易を推進。1994年に発行されたNAFTA（北米自由貿易協定）を改定した。

即答チェックの答え ①国際慣習法 ②総会（国連総会） ③安全保障理事会 ④PKO ⑤南北問題 ⑥地域主義（リージョナリズム） ⑦酸性雨 ⑧国連環境開発会議

入試必勝ワード　国際法　安全保障理事会　PKO　南北問題　地域主義　酸性雨

③ 国際社会の課題

政治面の課題

地域紛争　冷戦終結後，地域紛争が多発し，難民が急増した。国連難民高等弁務官事務所（UNHCR）がその保護にあたっている。また，テロリズムも多発している。

軍縮　部分的核実験停止条約（1963年），核拡散防止条約（1968年），中距離核戦力全廃条約（1987年），包括的核実験禁止条約（1996年）などにより核軍縮が進行。

世界経済の動きと地域主義

大切　経済格差の問題
- 南北問題…先進工業国と発展途上国の経済格差と，そこから生まれる諸問題。
  →政府開発援助（ODA）による援助など。
- 南南問題…発展途上国間の経済格差の拡大

為替相場（為替レート）　通貨の交換比率。
1ドル＝100円が120円に→円安，
1ドル＝120円が100円に→円高。

地域主義　地域の結びつきを強める地域主義（リージョナリズム）の動きが広がる。

地球環境問題

さまざまな環境問題

人間の生産活動による（地球）温暖化，熱帯雨林の減少，酸性雨，砂漠化，オゾン層の破壊など，地球規模での環境問題が発生。日本では，地球規模の環境問題に対処するため，1993年に環境基本法が制定された。

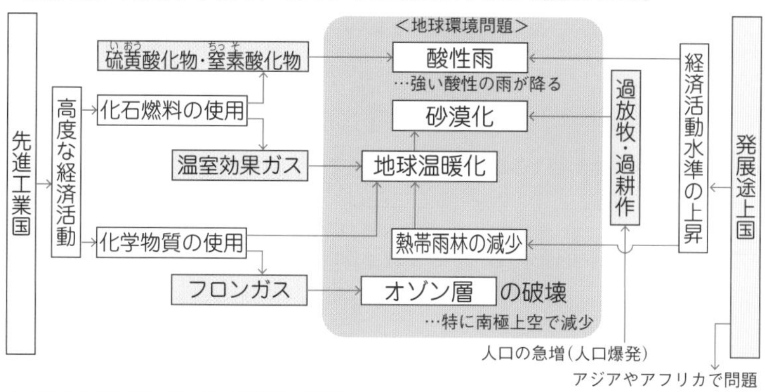

▲人間の生産活動と地球環境問題の関係

注意　「持続可能な社会」を実現するため，循環型社会への取り組みが進んでいる。

▼環境問題に関する会議

1972年	国連人間環境会議
1992年	国連環境開発会議（地球サミット）
1997年	地球温暖化防止京都会議（京都議定書）
2002年	持続可能な開発に関する世界首脳会議（環境開発サミット）
2015年	持続可能な開発目標（SDGs）の設定。（持続可能な開発サミット）

即答チェック

- □ ① 国際法のうち，国家間の交渉により暗黙のうちに合意された取り決めを何といいますか。〔　　〕
- □ ② 国際連合の主要機関のうち，全加盟国が1票をもつ会議を何といいますか。〔　　〕
- □ ③ 国際社会の平和と安全の維持にあたる，国際連合の主要機関を何といいますか。〔　　〕
- □ ④ 国連が行っている平和維持活動をアルファベットで何といいますか。〔　　〕
- □ ⑤ 先進工業国と発展途上国の経済格差とそこから生まれる諸問題を何といいますか。〔　　〕
- □ ⑥ EUに代表される，地域の結びつきを強める動きを何といいますか。〔　　〕
- □ ⑦ 自動車の排気ガスや工場のばい煙などにより，強い酸性の雨が降り，森林や建造物に被害をあたえています。この雨を何といいますか。〔　　〕
- □ ⑧ 通称「地球サミット」といわれる，1992年に開かれた会議を何といいますか。〔　　〕

入試によく出る地図の答え　① EU（ヨーロッパ連合，欧州連合）　② ASEAN（東南アジア諸国連合）　③ APEC（アジア太平洋経済協力会議）

28 トレーニングテスト

→別冊解答 p.31

1 国際社会のきまり，国際連合のはたらき （6点×7＝42点）

次の各問いに答えなさい。

(1) マラッカ海峡(かいきょう)は世界各国の海上輸送ルートとして重要であり，条約で領海の設定や航行の取り決めなどがなされています。条約や長年の慣行(かんこう)にもとづいて成立したルール(きまり)を総称して，何といいますか。〈岡山県〉(　　　　　)

正答率44% (2) **資料1**中の領土をもつ国家の主権がおよぶ範囲は，領土とどこですか。次から１つ選び，記号で答えなさい。〈岐阜県〉(　　　　)

ア　ⅠとⅡ　　イ　ⅠとⅢ

ウ　ⅠとⅡとⅢ　　エ　ⅠとⅡとⅢとⅣ

資料１

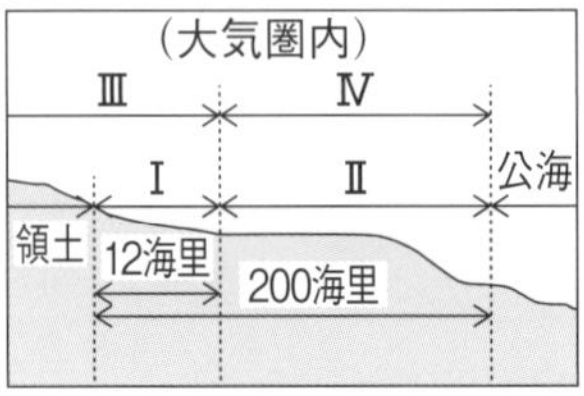

(外務省ホームページより作成)

(3) **資料2**は，国際連合(こくさいれんごう)のおもな機関を表しています。図中のAにあてはまる機関を何といいますか。〈和歌山県〉(　　　　　)

資料２

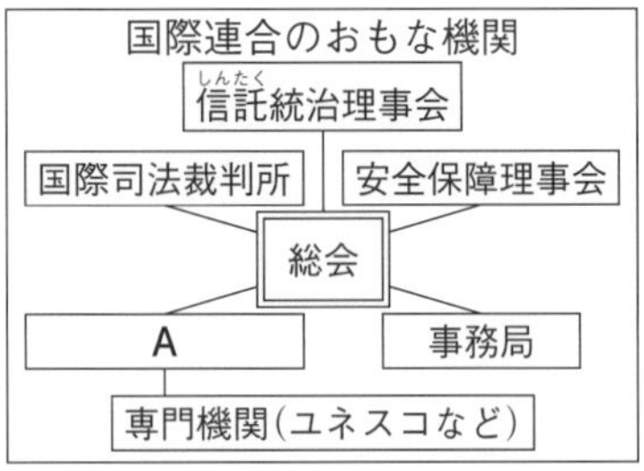

重要 (4) 安全保障理事会における現在の常任理事国は，アメリカ，ロシア，イギリス，中国とあと１か国です。それはどこですか。〈長崎県〉(　　　　　)

差がつく (5) 安全保障理事会について述べた次の文の［　　］にあてはまる内容を簡潔に書きなさい。ただし，次の語句を必ず用いること。　[反対]　〈長崎県〉

「安全保障理事会では，重要な事項を決議する際に，常任理事国のうち［　　　　］というしくみをとっており，冷戦(れいせん)の時代は決議数が少なかった。」

(　　　　　　　　　　　　　　　　　　　　　　　　　　　)

注意 (6) 国際連合は，紛争(ふんそう)地域で停戦や選挙の監視などの活動を行っています。この活動を何といいますか。〈和歌山県〉(　　　　　)

正答率72% (7) **資料3**の下線部に関して，文化財保護などの活動を行っている国際連合の機関名を，カタカナ４字で書きなさい。〈鹿児島県〉(　　　　　)

資料３

> 富士山(ふじさん)　世界遺産に登録
> 　カンボジアで開かれた<u>世界遺産委員会</u>で決定し，国内17件目の登録となった。

2 国際社会の課題と国際経済 （7点×4＝28点）

右のまとめを読んで，次の各問いに答えなさい。

Sさん　核軍縮(かくぐんしゅく)と日本について	Tさん　国際経済について
核兵器について，冷戦期から今日までａ<u>制限・削減(さくげん)する試み</u>が続けられてきました。世界各地でおきているｂ<u>紛争</u>を解決し，また，その発生を防ぐために，軍縮は重要です。	ｃ<u>為替相場(かわせそうば)による円高(えんだか)・円安(えんやす)は，日本の貿易に大きな影響をあたえています</u>。また，ｄ<u>南の発展途上国と北の先進工業国との経済格差</u>が問題となっています。

正答率29% (1) 下線部ａについて，1968年に多国間で調印された核拡散防止条約の内容を，次の２つの語句を用いて説明しなさい。　[核保有国　禁止]　〈福島県〉

(　　　　　　　　　　　　　　　　　　　　　　　　　　　)

(2) 下線部bや弾圧・差別などの理由から他国へのがれた人々を，漢字２字で何といいますか。
（　　　　）

正答率30% (3) 下線部cについて，次の文のX・Yにあてはまる数字・語句の組み合わせとして適切なものを，下から１つ選び，記号で答えなさい。ただし，為替相場以外の条件は考えません。〈福島県〉
「アメリカとの貿易において，１ドルが100円のとき，日本で150万円の自動車は，アメリカでは15,000ドルとなる。１ドルが［X］円になった場合は，同じ自動車がアメリカでは20,000ドルになる。そのため［Y］は，日本の輸出産業にとって，競争力の面で不利となる。」
ア　X－125　Y－円高　　イ　X－125　Y－円安　　（　　）
ウ　X－75　Y－円高　　エ　X－75　Y－円安

重要 (4) 下線部dから生まれるさまざまな問題のことを何といいますか。（　　　　）

HINT (3)円高・円安は，円の数量にまどわされないこと。円の価値がどうなったかを考える。

3 地球環境問題 (6点×5＝30点)

次の各問いに答えなさい。

(1) 地球の上空には，太陽からの紫外線を吸収する層があります。この層がフロンガスなどで破壊されて，人間にとって有害な紫外線の量が地表で増加したといわれ，その対策が進められてきました。地球の上空にあるこの層のことを何といいますか。〈長崎県〉（　　　　）

(2) 温室効果ガスの削減をめぐって，ある議定書が発効するまでの流れをまとめた右の図を見て，次の問いに答えなさい。〈山梨県〉

1992年　国連環境開発会議
1997年　地球温暖化防止［A］会議
温室効果ガス削減を進めたいとする意見 ⇔ 経済発展を優先させたいとする意見
⇩
［A］議定書発効（2005年）

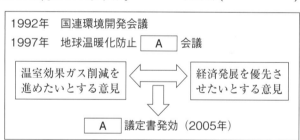

正答率74% ① 図中のAにあてはまる地名を書きなさい。（　　　　）

正答率78% ② １人あたりの国民総所得と１人あたりの二酸化炭素排出量との間の関係について，右の表から読み取れることを簡潔に書きなさい。
（　　　　）

国民総所得と二酸化炭素排出量

国＼項目	1人あたりの国民総所得（ドル）(2018年)	1人あたりの二酸化炭素排出量（t）(2017年)
日本	40,529	8.94
中国	9,496	6.67
インド	2,034	1.61
ドイツ	48,843	8.70

(2020/21年版「世界国勢図会」)

正答率64% (3) 環境への影響が少ないとされる再生可能エネルギーにあたるものを，次からすべて選び，記号で答えなさい。(完答)〈岐阜県〉（　　　　）
ア　太陽光　イ　石油　ウ　風力　エ　バイオマス　オ　天然ガス　カ　石炭

重要 (4) 持続可能な社会の形成に向け，まだ使えるものを再び使用したり，廃棄していたものを資源としてリサイクルすることで，環境への負担を減らそうとする社会のことを何といいますか。
〈山口県〉（　　　　）

HINT (4)現在の世代と将来の世代の幸福の両立をめざす「持続可能な社会」と混同しないようにする。

ポイントチェック③　22~28

学習日　　月　　日

用語チェック

▶ 公民

22 ① 情報の価値の判断や発信を注意深く行う能力を何といいますか。（　　　）

② 多数の考えを全体の意見とみなす決定方法を何といいますか。（　　　）

③ 1948 年に国連が採択した人権保障の世界共通の基準は何ですか。（　　　）

23 ① 政治を行う権力は国民にあるとする，憲法の原理を何といいますか。（　　　）

② 内閣の助言と承認のもとで行われる天皇の仕事を何といいますか。（　　　）

③ 自由権のうち居住・移転の自由，財産権などを何といいますか。（　　　）

④ 選挙権・被選挙権などの政治に参加する権利を何といいますか。（　　　）

⑤ 情報公開法によって保障されている新しい人権を何といいますか。（　　　）

24 ① 解職請求や監査請求などの住民の権利を何といいますか。（　　　）

② 特定の仕事のために国から地方へ支出される補助金を何といいますか。（　　　）

③ 有権者が無記名で投票する選挙の原則を何といいますか。（　　　）

④ １つの選挙区から１名の議員を選出する選挙制度を何といいますか。（　　　）

25 ① 満 30 歳以上に被選挙権があたえられている国会の議院はどこですか。（　　　）

② 衆議院解散後の総選挙のあとに開かれる国会を何といいますか。（　　　）

③「憲法の番人」とよばれる裁判所はどこですか。（　　　）

④ 犯罪行為について，有罪か無罪かを決定する裁判を何といいますか。（　　　）

⑤ 第一審の判決に不満なとき，第二審を求めることを何といいますか。（　　　）

26 ① 一定期間内なら消費者が契約を解除できる制度を何といいますか。（　　　）

② 商品が生産者から消費者まで届けられる流れを何といいますか。（　　　）

③ 国営企業など，利潤を目的としない企業を何といいますか。（　　　）

④ 企業の独占を防ぐために定められている法律を何といいますか。（　　　）

⑤ 市場において消費者が買おうとする量のことを何といいますか。（　　　）

27 ① 企業が株式や債券を発行して資金を集める金融の形は何ですか。（　　　）

② 納税者と担税者が異なる税を何といいますか。（　　　）

③ 社会保障制度の４つの柱のうち，年金は何にふくまれますか。（　　　）

④ 労働組合の権限を規定した法律を何といいますか。（　　　）

28 ① 国家間の合意にもとづき，文書で結ばれた取り決めを何といいますか。（　　　）

② 国家間の紛争解決のための裁判を行う国連の機関を何といいますか。（　　　）

③ 先進工業国と発展途上国との経済格差をめぐる問題を何といいますか。（　　　）

④ 異なる単位の通貨どうしの交換比率のことを何といいますか。（　　　）

⑤ 温室効果ガスが原因で地球の気温が上昇することを何といいますか。（　　　）

総合チェック

→別冊解答 p.32

1 右の図を見て，次の各問いに答えなさい。>>> 22～25

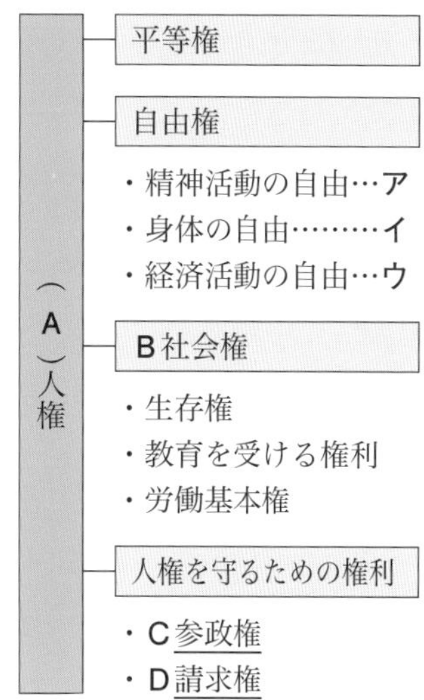

(1) 図中のAにあてはまる語句を答えなさい。（　　　）

(2) マスメディアに関連の深い表現の自由は，図中のア～ウのどの自由権にふくまれますか，1つ選びなさい。（　　）

(3) 図中のBの人権が世界ではじめて保障されたドイツの憲法を何といいますか。（　　　）

(4) 図中のCについて，憲法改正の賛否を問う際に行われる投票を何といいますか。（　　　）

(5) 図中のDの1つである裁判を受ける権利について，3回まで裁判を求めることができる制度を何といいますか。（　　　）

2 右の図を見て，次の各問いに答えなさい。>>> 26～28

(1) 図中の①～③にあてはまる経済主体を，次から1つずつ選び，記号で答えなさい。

ア　家計
イ　企業
ウ　政府

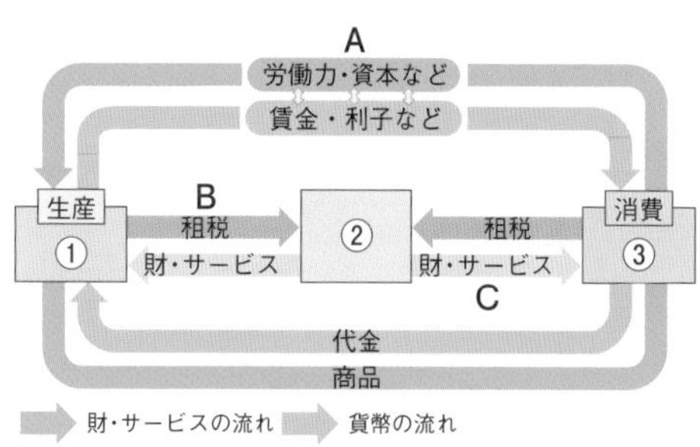

①（　　）②（　　）③（　　）

(2) 図中のAについて，株式会社の株式を購入した者を何といいますか。（　　　）

(3) 図中のBについて，国税のうち企業の収入に課せられる直接税を何といいますか。（　　　）

(4) 図中のCについて，政府が決定・認可する電気・ガス・水道などのサービスの料金を何といいますか。（　　　）

(5) 廃棄していたものを資源として再利用する［　　］型社会を形成するためには，図中の①・②・③が協力することが必要です。［　　］にあてはまる語句を答えなさい。（　　　）

答え

22 ①メディアリテラシー（情報リテラシー）
②多数決（の原理）
③世界人権宣言

23 ①国民主権
②国事行為
③経済活動の自由
④参政権
⑤知る権利

24 ①直接請求権
②国庫支出金
③秘密選挙
④小選挙区制

25 ①参議院
②特別会（特別国会）
③最高裁判所
④刑事裁判
⑤控訴

26 ①クーリング・オフ
②流通
③公企業
④独占禁止法
⑤需要量

27 ①直接金融
②間接税
③社会保険
④労働組合法

28 ①条約
②国際司法裁判所
③南北問題
④為替相場（為替レート）
⑤（地球）温暖化

29 統計を用いた問題

→別冊解答 p.33

学習日　　月　　日

入試攻略のカギ

統計の中で，特に数値が大きい項目に印をつけていこう。複数の文から選ぶ問題の場合は，まちがっている記述を１つひとつチェックし，消去法で正答を見つけ出すようにしよう。

1 表を読み取る問題

次の各問いに答えなさい。

正答率41%

(1) Kさんは，6か国の，2019年における輸出総額，輸入総額と，輸出入品の総額にしめる割合を調べ，**資料1**をつくりました。**資料1**から読み取れることとして正しいものを，すべて選び，記号で答えなさい。〈埼玉県〉(　　　　)

資料1

フランス

輸出(%)		輸入(%)	
機械類	20	機械類	22
航空機	9	自動車	11
自動車	9	医薬品	4
総額	569,740	総額	651,143

インド

輸出(%)		輸入(%)	
石油製品	13	原油	21
機械類	12	機械類	20
ダイヤモンド	7	金	7
総額	324,934	総額	485,922

中国

輸出(%)		輸入(%)	
機械類	44	機械類	34
衣類	6	原油	11
繊維品	5	精密機械	5
総額	2,498,921	総額	2,069,225

ニュージーランド

輸出(%)		輸入(%)	
酪農品	27	機械類	24
肉類	14	自動車	13
木材	8	原油	7
総額	39,606	総額	42,277

アメリカ合衆国

輸出(%)		輸入(%)	
機械類	24	機械類	29
自動車	8	自動車	12
石油製品	5	医薬品	5
総額	1,645,625	総額	2,498,412

日本

輸出(%)		輸入(%)	
機械類	35	機械類	24
自動車	21	原油	10
精密機械	6	液化天然ガス	6
総額	705,619	総額	720,764

(注)総額の単位は，百万ドルである。(2021年版「データブック オブ・ザ・ワールド」)

ア　6か国のすべてで，輸入総額にしめる割合のうち，原油が1割以上となっている。

イ　インドの原油の輸入額は，石油製品の輸出額を上回る。

ウ　6か国のうち，アジア州に属する国のすべてにおいて，機械類が輸出品目の第1位である。

エ　フランスとアメリカ合衆国は，ともに自動車の輸出額のほうが自動車の輸入額より多い。

オ　6か国のうち，中国だけは，輸出総額が輸入総額を上回っている。

(2) C班では，**資料2**を参考にして，下のような〈**まとめ**〉を作成しました。〈**まとめ**〉の[　　]にあてはまる内容を，「平均賃金」，「東南アジア」の語句を使って書きなさい。〈茨城県〉

資料2　日本企業の進出数と平均賃金の指数

国名	日本企業の進出数			平均賃金の指数(2017年)
	2015年	2016年	2017年	
インドネシア	1,163	1,218	1,269	13.5
中国	6,825	6,774	6,744	31.0
タイ	2,318	2,412	2,482	15.7
ベトナム	889	972	1,062	8.5
マレーシア	926	965	973	14.8

(注)平均賃金の指数は，日本(東京)を100とした場合の値。
首都における製造業の賃金を基準としている。
(「日本貿易振興機構資料」他)

〈**まとめ**〉　**資料2**を見ると，日本企業の海外への進出数は，中国が多いことがわかる。しかし，日本企業の海外への進出数の変化に着目すると，近年では，[　　]への進出数が増えていることがわかる。

(　　　　　　　　　　　　　　　　)

2 グラフを作成する問題

次の各問いに答えなさい。

正答率56% (1) **資料1**は，インド，ロシア，南アフリカ共和国，カナダ，日本について，**A**と**B**の期間における出生率と死亡率のそれぞれの平均の数値を示しており，**A**の期間は1975～1980年，**B**の期間は2010～2015年です。〈情報〉は，**資料1**の内容について述べたものです。**資料1**中の**ア**～**エ**のうち，インドにあてはまるのはどれですか。１つ選び，記号で答えなさい。〈岡山県〉(　　　)

資料1

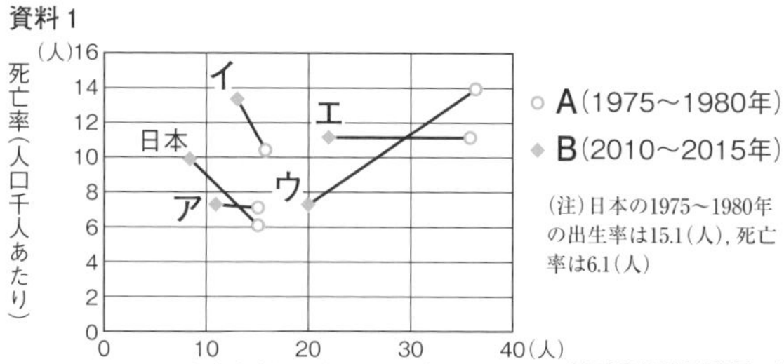

（総務省統計局「世界の統計2019」）

〈情報〉
- **A**の期間と比べて**B**の期間の死亡率が高いのは，日本，ロシア，カナダ。
- **B**の期間において，5か国の中で，出生率が最も高いのは南アフリカ共和国であり，死亡率が最も高いのはロシア。

判断力 (2) **資料2**は，アジア州のマレーシアにおける輸出品と輸出総額を示しています。**資料2**から読み取れる内容として最も適切なものを，次の**ア**～**エ**から１つ選び，記号で答えなさい。〈沖縄県〉(　　　)

資料2

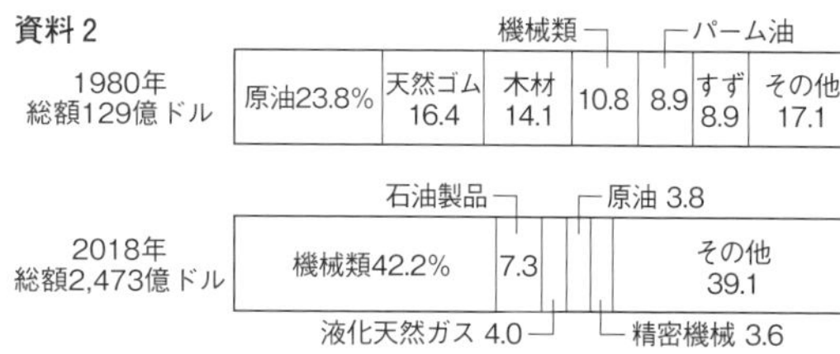

（2020/21年版「世界国勢図会」他）

ア　1980年は，天然ゴムの輸出額が約16億ドルであることがわかる。
イ　1980年は，鉱産資源だけで輸出総額の60%以上をしめていることがわかる。
ウ　2018年は，輸出総額が1980年の約10倍になっていることがわかる。
エ　2018年は，1980年に比べ輸出総額にしめる工業製品の割合が増加していることがわかる。

思考力 (3) 次の文中の□にあてはまる内容を，**資料3**，**資料4**を関連付けて，「割合」「価格」という語句を使って簡潔に書きなさい。〈山梨県〉

「コートジボワールでは，□ため，国の収入が安定しない。」

(　　　　　　　　　　　　　　　　)

資料3　コートジボワールの輸出品目の割合（2018年）

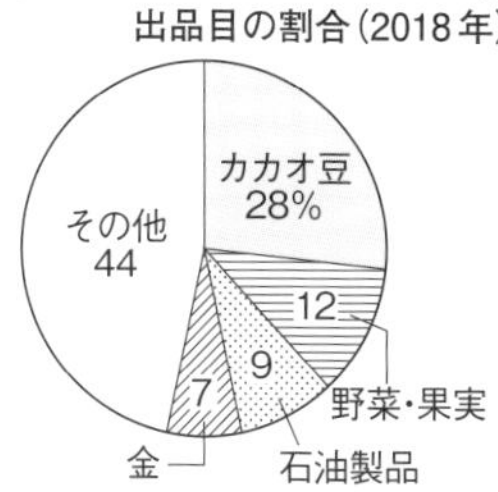

（2020/21年版「世界国勢図会」）

資料4　カカオ豆の１トンあたりの国際価格の推移

（IMFウェブページ）

正答率5% (4) 右の**資料5**をもとに，1985年から2015年までの間に，山梨県の農家１戸あたりの耕地面積がどう変化したかを，「農家１戸あたりの耕地面積」という語句を使い，そのように読み取った根拠にもふれて簡潔に書きなさい。〈山梨県〉

(　　　　　　　　　　　　　　　　)

資料5　山梨県の総農家数と総耕地面積の推移

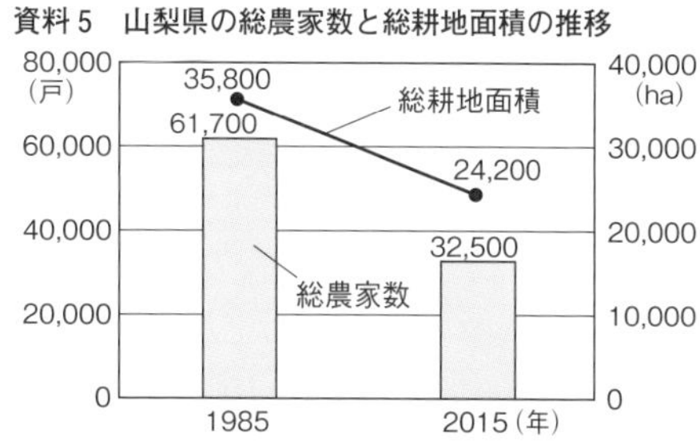

（農林水産省「山梨県の農林業」他）

解き方ガイド

2 (4) 1985年と2015年の農家１戸あたりの耕地面積を求めて比較する。

30 計算問題

→別冊解答 p.34

学習日　　月　　日

入試攻略のカギ

時差の計算では，まず，各地点間の経度の差を求める。東経と西経に位置する場合は，両方の経度を足して計算。表の数値を計算する場合は，問題から必要とされる要素を判断して計算。

1 時差を計算する問題

（サマータイム〔夏の一定期間，時刻を早めること〕は考えないものとします。）

次の各問いに答えなさい。

地図１

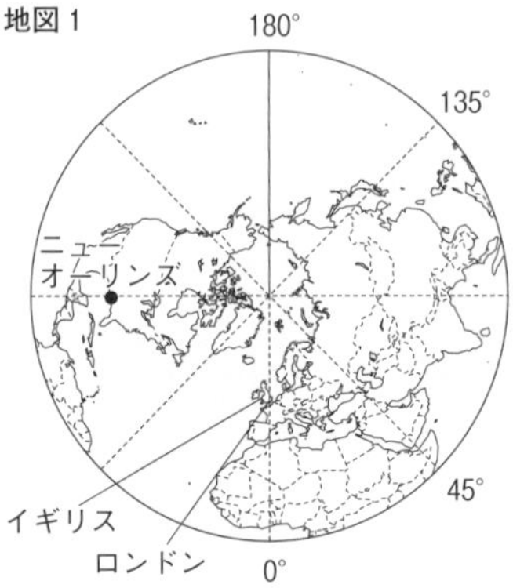

(1) 東京が12月24日の午後６時のとき，**地図１**のイギリスのロンドンは何月何日の何時ですか。午前，午後を明らかにして答えなさい。〈岡山県〉(　　　　)

(2) **地図１**に示したニューオーリンズを通る経線の経度として適当なものを，次から１つ選び，記号で答えなさい。また，その経度で標準時を定めているニューオーリンズとわが国との時差は何時間ですか。〈熊本県・改〉

記号(　　)時差(　　　　)

ア　東経 60 度　　**イ**　東経 90 度　　**ウ**　西経 60 度　　**エ**　西経 90 度

正答率51%

(3) イギリスが１月１日午後 11時のとき，ルーマニアは何月何日の何時ですか。午前，午後を明らかにして答えなさい。ただし，ルーマニアの標準時は東経 30 度の経線を基準として決められています。〈福島県・改〉(　　　　)

判断力

(4) **地図２**の**A**～**D**の各都市にある日本企業の支店が，それぞれ現地時刻の 9:00 に開店するものとしたとき，右の**表**は，それぞれの支店の開店時刻を日本標準時で示したものです。**地図２**の**C**にある支店の開店時刻を日本標準時で示したものは，表中の**ア**～**エ**のどれですか(**C**は，グリニッジ標準時＋12 の時間帯にある)。〈長崎県・改〉(　　)

表

	開店時刻（日本標準時）
ア	6：00
イ	13：00
ウ	18：00
エ	23：00

地図２

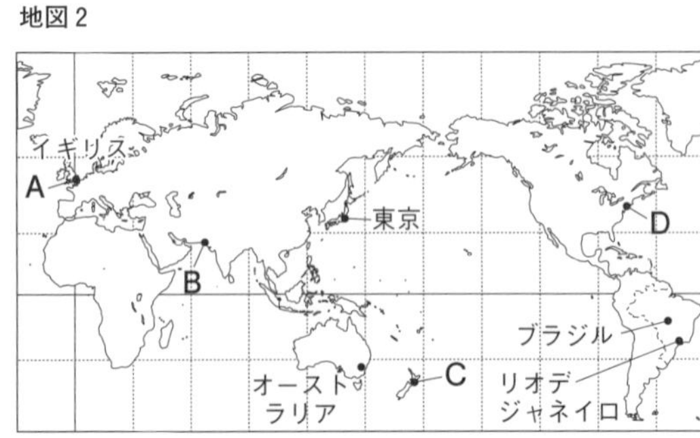

（オーストラリア・ブラジルの●は，首都を示す）

(5) **地図２**のイギリス・オーストラリア・ブラジルの３か国の首都について，標準時の時差が最も大きいのは，次の**ア**～**ウ**のどれですか。１つ選び，記号で答えなさい。〈富山県〉(　　)

ア　イギリスの首都とオーストラリアの首都

イ　オーストラリアの首都とブラジルの首都

ウ　ブラジルの首都とイギリスの首都

(6) **地図２**中のリオデジャネイロの標準時の基準となる経線の経度は西経 45 度です。リオデジャネイロと東京との時差は何時間か，答えなさい。〈山口県〉(　　)

2 距離や気温，人口などを計算する問題

次の各問いに答えなさい。

思考力 (1) 赤道は，南アメリカ大陸において，地図中のX地点で西経50度の経線，Y地点で西経80度の経線と交わっています。赤道一周が約40,000kmだとすると，この大陸におけるXとYの間の実際の距離は約何kmですか。次から1つ選び，記号で答えなさい。〈香川県〉

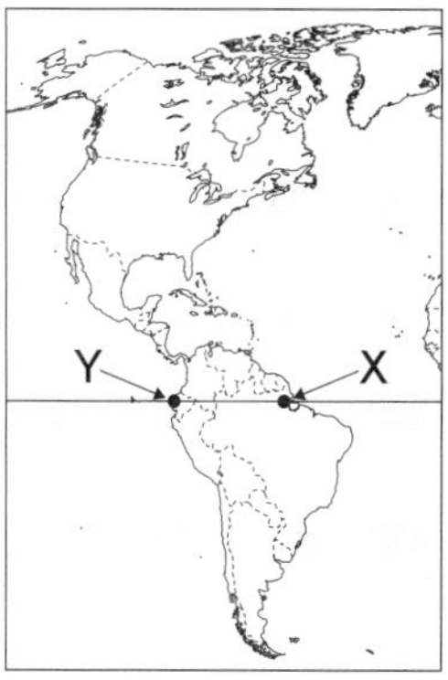

ア 約1,300km　イ 約3,300km　(　　)

ウ 約5,000km　エ 約6,600km

(2) 下の**資料1**は旭川（あさひかわ）とパリの各月の平均気温を比較したものです。旭川の最も暖かい月の平均気温と最も寒い月の平均気温との差は何℃ですか。小数第1位まで答えなさい。〈島根県〉(　　　)

資料1 旭川とパリの各月の平均気温

	1月	2月	3月	4月	5月	6月	7月	8月	9月	10月	11月	12月	年平均
旭川	−7.5	−6.5	−1.8	5.6	11.8	16.5	20.2	21.1	15.9	9.2	1.9	−4.3	6.9
パリ	4.1	4.2	7.3	9.7	13.9	16.5	19.3	18.8	15.4	11.7	7.1	5.3	11.1

（令和3年「理科年表」）

正答率36% (3) **資料2**をもとに直樹さんがまとめた文を読み，文中の□にあてはまる2つのことを，資料から読み取り，簡潔に書きなさい。〈栃木県〉

資料2

	面積(km²)	人口(人)	65歳以上人口(人)	人口にしめる65歳以上人口の割合(%)	就業者人口(人)	第一次産業就業者人口(人)	就業者人口にしめる第一次産業就業者人口の割合(%)
X市	191.3	35,766	11,567	32.3	17,340	1,869	10.8
Y市	272.1	961,749	198,850	20.7	430,838	2,984	0.7

（総務省ホームページ）

「X市はY市より人口や就業者人口が少ないことが読み取れる。また，人口構成を年齢別と産業別に見ていくと，X市はY市に比べて□ことが読み取れる。これは，日本の多くの農村に見られる特徴と同じだと思う。」(　　　　　)

正答率62% (4) **図**は，**資料3**をもとに，次の計算の方法と標記の方法にしたがって，外国人宿泊者数の増加率を表そうと作成中の主題図である。**図**中のX県を塗るのは，**ア**～**エ**のうちどれですか。1つ選び，記号で答えなさい。〈岡山県〉(　　)

資料3 外国人宿泊者数　（千人）

府県	2013年	2018年
三重	131	341
滋賀	132	413
京都	2,626	6,268
大阪	4,315	15,124
兵庫	507	1,260
奈良	165	439
和歌山	187	584
日本全体	33,496	94,275

(注)宿泊者数は延べ人数である。
（観光庁Webページ）

図 外国人宿泊者数の増加率（2013～2018年）

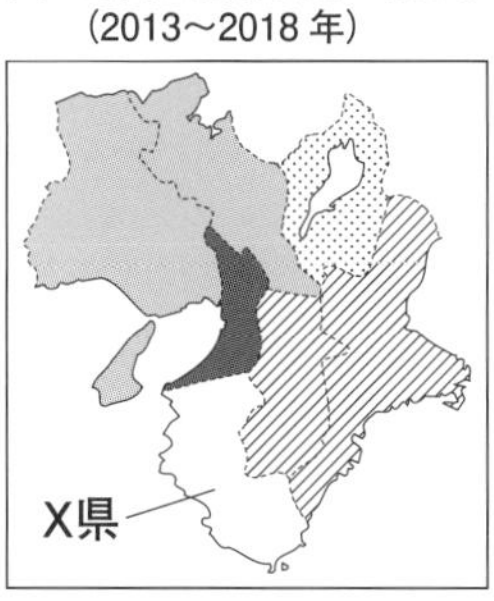

計算の方法

例えば，日本全体の増加率は，

$\frac{94275}{33496}-1=1.814\cdots$

よって，181％となる。

表記の方法

250％以上　200％以上250％未満
150％以上200％未満　150％未満

ア　イ　ウ　エ

解き方ガイド

1 (6) まず，経度の差を求める。リオデジャネイロは西経，東京は東経に位置していることに注意。

31 作業問題

→別冊解答 p.35

学習日　　月　　日

入試攻略のカギ

地図では，経線・緯線や地図中のルート記入といった形式で問われることが多い。グラフの場合は，帯グラフや折れ線グラフ，円グラフの完成が中心。多くの問題を解いて慣れることが大切。

1　地図に記入する問題

次の各問いに答えなさい。

正答率56%　(1)　**地図1**は南極点を中心とし，南半球を表した図です。実線(——)Pを本初子午線としたとき，**地図1**中に，東経135度の経線を，定規を使って実線で書きこみなさい。ただし，東経135度の経線は，いずれかの•を通るものとします。〈山梨県〉

正答率54%　(2)　**地図2**は，日本海を流れる2つの海流を▭▷で，冬の季節風を▭▷で模式的に示そうとしたものです。次の文章は，日本列島における日本海側の気候のようすについて述べたものです。この文章を読んで，**地図2**中の□に，暖流または寒流のいずれかの区別を漢字1字で記入するとともに，△を使い，対馬海流が流れる向きと，冬の季節風がふく向きを示しなさい。〈東京都〉

「冬の乾いた季節風は，日本海を渡るとき，海から蒸発した水分を多くふくむ。この季節風が山地にぶつかり，日本海側に多くの雨や雪を降らせる。」

正答率62%　(3)　下の表は，岩手県・埼玉県・滋賀県・三重県の，それぞれの県の人口，人口密度の推移，山地と湖沼(こしょう)・河川の面積，農業産出額，製造品出荷額等を示し，表中の**W**～**Z**は4つの県のいずれかです。表中の**X**にあてはまる県を▦で，**Y**にあてはまる県を■で，**地図3**中に，それぞれ示しなさい。〈新潟県〉

	人口(千人)	人口密度の推移(人／km²)		山地と湖沼・河川の面積(km²)		農業産出額(億円)	製造品出荷額等(億円)
		1960年	2019年	山地	湖沼・河川		
W	1,781	258	308	3,704	181	1,113	112,597
X	1,227	95	80	11,021	189	2,727	27,451
Y	7,350	640	1,935	1,230	211	1,758	143,440
Z	1,414	210	352	1,949	766	641	81,024

(2021年版「データでみる県勢」)

地図1

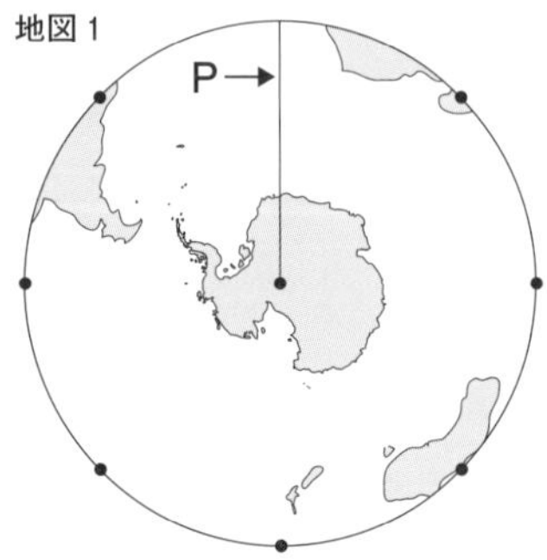

地図2

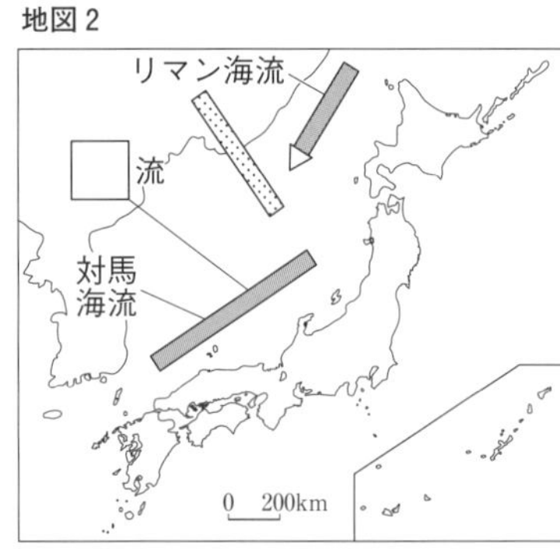

地図3

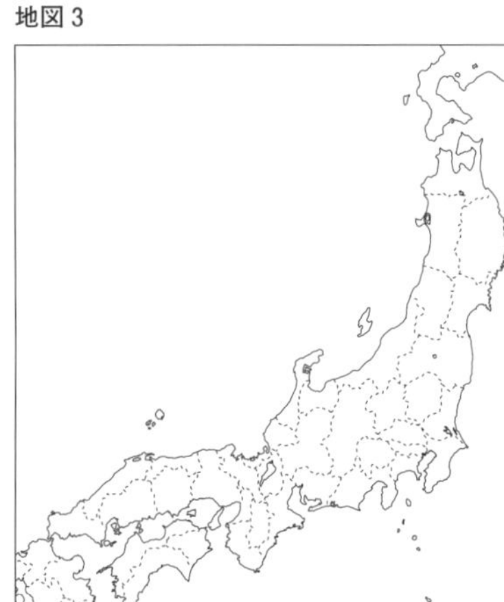

2 グラフを作成する問題

次の各問いに答えなさい。

(1) Tさんは，4つの都市の2010年から2030年までの人口と人口予測について調べ，**資料1**を作成しました。**図**は，**資料1**をもとに，4つの都市の2010年の値を100として，2020年と2030年の値を表したグラフです。ロンドンの未完成の部分について，記入されているものにならって作成し，**図**を完成させなさい。〈山口県〉

資料1 (単位：十万)

都市＼年	2010年	2020年	2030年
リオデジャネイロ	124	135	144
ロンドン	80	93	102
カイロ	169	209	255
シェンチェン	102	124	145

(注)2010年は推計人口で，2020年と2030年は将来推計人口である。

図

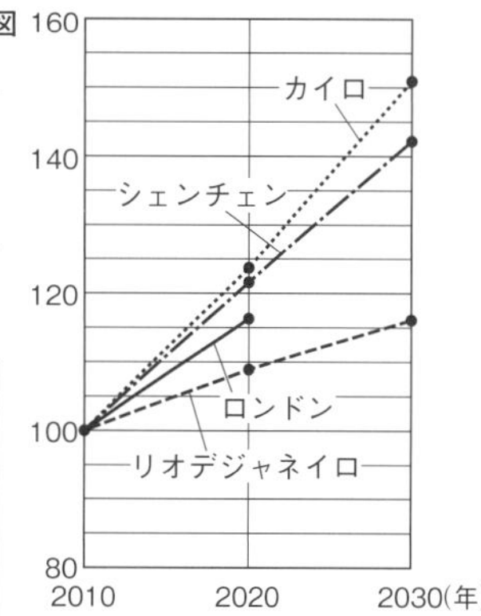

(2020/21年版「世界国勢図会」)

(2) **資料2**は，みかんやりんごを特産品としている県について，収穫量の全国にしめる割合の高い県を順に示したものであり，右中央の帯グラフは，みかんの収穫量の割合を表したものです。りんごの収穫量の割合について，みかん収穫量のグラフにならって，割合の高い順に県名と線を書きこみ，右下のグラフを完成させなさい。なお，表中のa・bは，青森県・長野県のいずれかです。〈愛知県〉

資料2

みかん収穫量の上位3県の全国にしめる割合(%)	
和歌山県	21.0
愛媛県	16.8
静岡県	11.5

りんご収穫量の上位3県の全国にしめる割合(%)	
a	58.4
b	18.2
岩手県	6.5

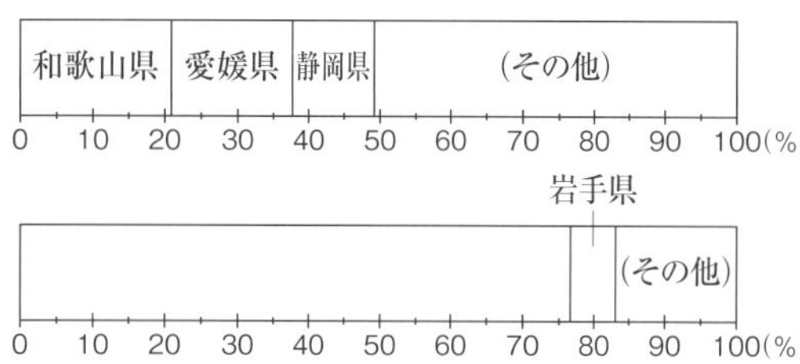

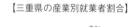

(2019年)(2021年版「データでみる県勢」)

(3) **資料3**は全国と三重県の産業別就業者数を示した表，**資料4**は，**資料3**を円グラフで表す途中のものです。**資料4**に示した全国の産業別就業者割合の円グラフの例にならって，三重県の産業別就業者割合を表す円グラフを完成させなさい。なお，計算した結果(%)は，小数第1位を四捨五入すること(円グラフの作成には定規などを用いなくてもよい)。〈三重県〉

資料3

	全国(万人)	三重県(万人)
第一次産業	225.1	2.8
第二次産業	1,595.7	30.4
第三次産業	4,800.5	60.9
合計	6,621.3	94.1

注：産業別就業者数について，四捨五入の関係から，必ずしも合計と一致しない。

(2017年)(2021年版「データでみる県勢」)

資料4

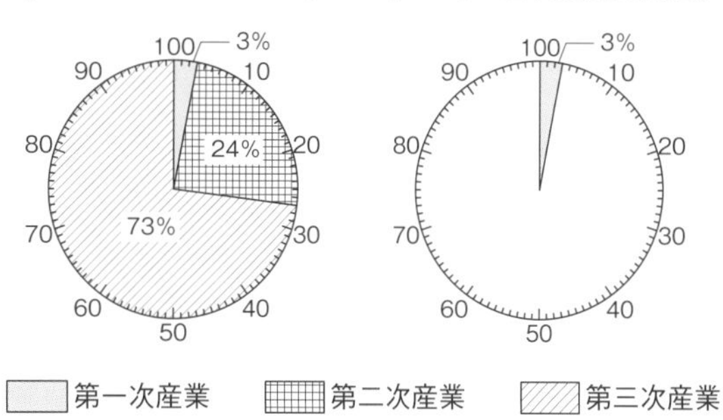

解き方ガイド

1 (3) Xは人口密度が低く山地が多い点，Yは人口・人口密度と製造品出荷額等の数値が高い点に着目する。湖沼の面積が大きいZは，県名がしぼりこめるはずである。

2 (2) りんごの全国一の生産県は本州の北端に位置する。

(3) 三重県の第二次産業就業者の割合を計算し，第二次産業と第三次産業を区切る線をかきこみ，完成させる。

32 地図問題

→別冊解答 p.36

学習日　　月　　日

入試攻略のカギ

地図を使った問題は必ず出題される。地図の種類に関する問題や，特徴のある地形や雨温図，緯線，経線に関する問題など，はば広く問われるので，日ごろから地図と結びつけて問題を解く練習をしよう。

1 日本地図を使った問題

次の各問いに答えなさい。

地図

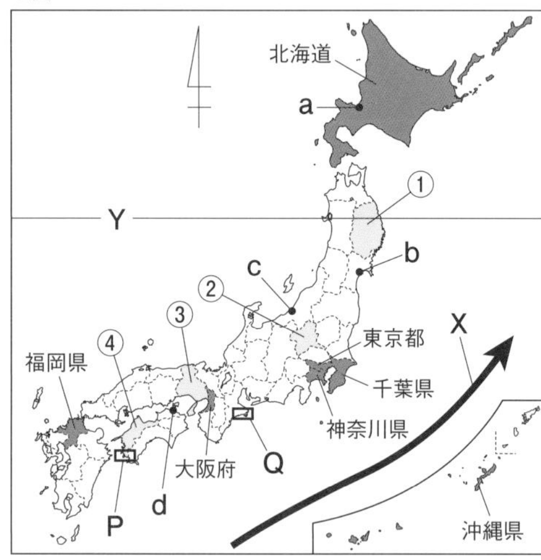

正答率79%　(1)　**地図**中の**X**は，赤道付近から北上してくる海流を表しています。この海流名を書きなさい。〈青森県〉(　　　　　)

(2)　**地図**中の**Y**の線は，ある緯線を示しています。**Y**の線が示している緯線はどれか，次から1つ選びなさい。〈山形県〉(　　　)

ア　北緯20度の緯線　　**イ**　北緯30度の緯線
ウ　北緯40度の緯線　　**エ**　北緯50度の緯線

(3)　**地図**中の①～④の県について，それぞれの県と県庁所在地名の組み合わせとして適切でないものを，次から1つ選びなさい。〈山形県〉(　　　)

ア　①の県と盛岡市　　**イ**　②の県と前橋市
ウ　③の県と明石市　　**エ**　④の県と松山市

資料

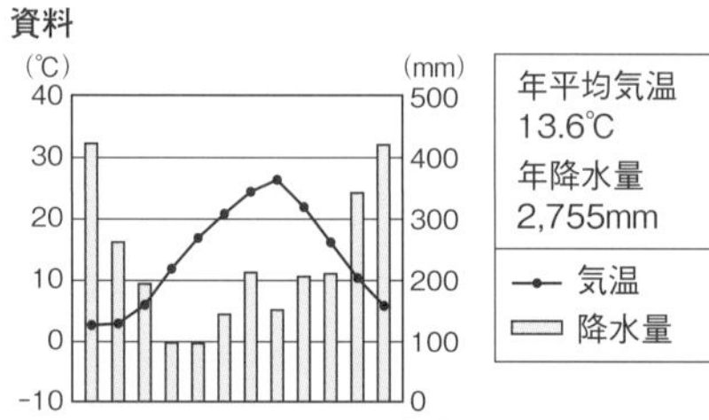

(令和3年「理科年表」)

判断力　(4)　**資料**は，**地図**中の**a**～**d**のいずれかの都市の気温と降水量を表しています。どの都市のものか，**地図**中の**a**～**d**から1つ選びなさい。〈徳島県〉(　　　)

(5)　地図中の[図形]は，2017年の産業別人口にしめる第三次産業就業者の割合が75%以上の都道府県を示しています。このうち，北海道と沖縄県に共通する第3次産業就業者の割合が高い理由として最も適切なものを，次から1つ選びなさい。〈徳島県〉(　　　)

ア　美しい自然を生かし，観光に関係した産業が発達している。
イ　よい漁場にめぐまれているため，水産加工業が発達している。
ウ　新聞社や出版社が多く集まり，印刷関連業が発達している。
エ　他地域とは異なる自然環境を生かした農業が発達している。

P

Q

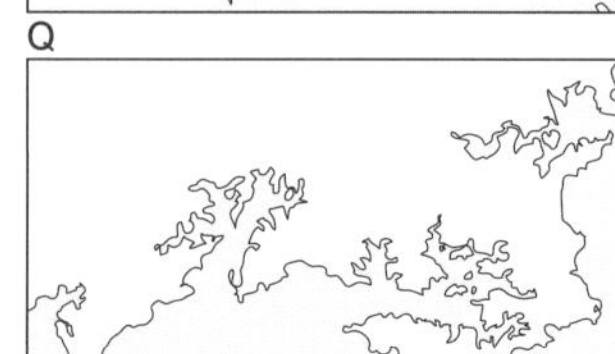

表現力　(6)　右の**P**，**Q**は，**地図**中の**P**の範囲と**Q**の範囲を拡大したものです。**P**と**Q**に共通して見られる海岸の地形の名称と，その海岸の地形の特徴を書きなさい。〈21 埼玉県〉地形(　　　　　　)

特徴(　　　　　　　　　　　　　　　　　)

2 世界地図を使った問題

次の各問いに答えなさい。

地図1

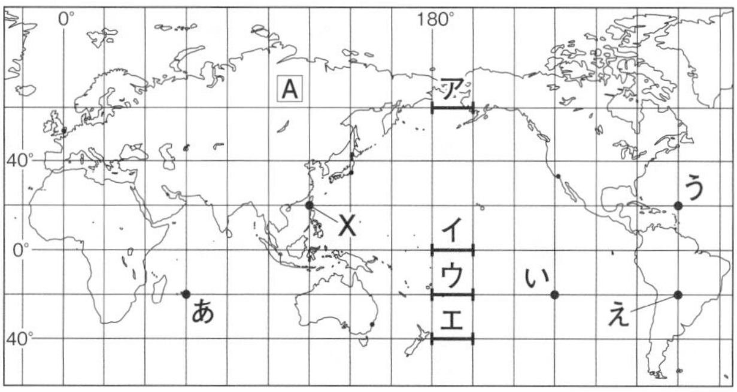

地図2　東京からの距離と方位が正しい地図

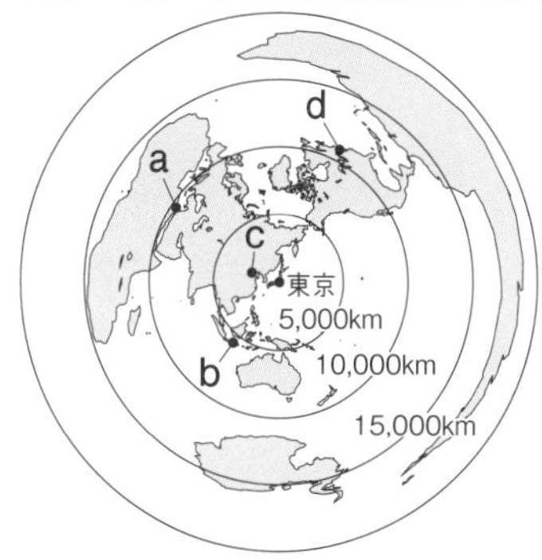

(1) **地図1**中の[A]の大陸名を答えなさい。　〈青森県・改〉(　　　)

(2) **地図1**中に示した**X**地点の，地球上の正反対にある地点の位置は，**地図1**中の**あ**～**え**のうちのどれになるか，最も適当なものを1つ選び，記号を書きなさい。　〈千葉県〉(　　　)

(3) **地図1**中に同じ長さの⟼で示した**ア**～**エ**のうち，地球上での実際の距離が最も長いものはどれですか。**地図1**中の**ア**～**エ**から1つ選び，記号で答えなさい。　〈鹿児島県・改〉(　　　)

正答率87%　(4) 次の条件にあてはまる都市を，**地図2**中の**a**～**d**から1つ選び，記号で答えなさい。〈奈良県〉

・東京から約10,000km離れている。　・東京から見て，北西の方位にある。　(　　　)

(5) **地図3**は，ヨーロッパ州の一部を拡大したものです。[X]－[Y]間の断面図はどれか，次から1つ選び，記号で答えなさい。〈三重県〉(　　　)

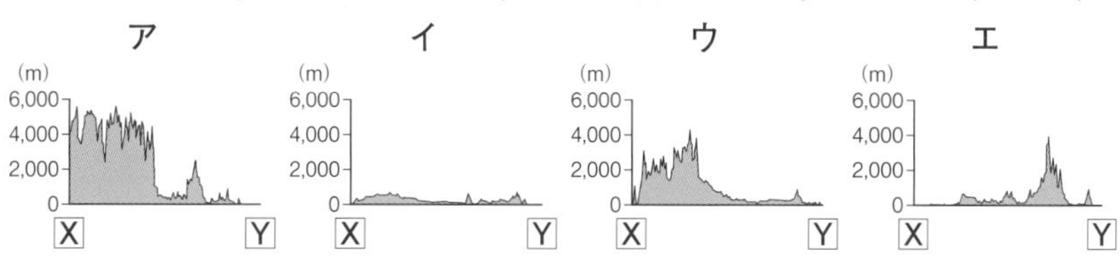

地図3

3 地形図を使った問題

判断力▶ 右の地形図について述べた文として最も適切なものを，次から1つ選び，記号で答えなさい。　〈茨城県〉(　　　)

ア　JR札幌(さっぽろ)駅の北には，消防署と警察署がある。

イ　地形図上の**A**地点から**B**地点までの長さを約3cmとすると，実際の距離は約1,500mである。

ウ　北大植物園の西側の道路沿いに高等学校がある。

エ　市役所は旧庁舎から見て南西にある。

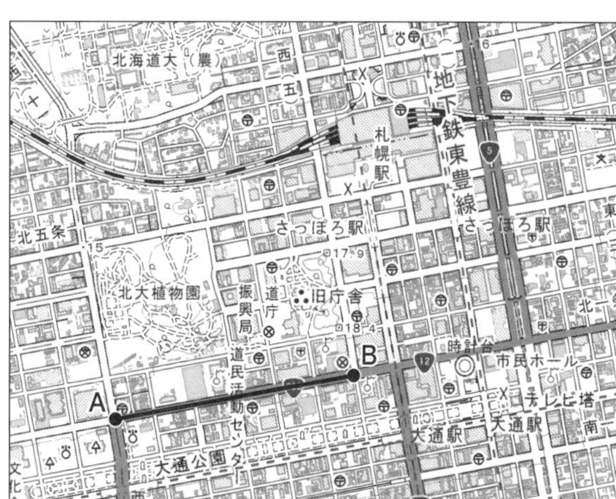

(国土地理院発行2万5千分の1地形図「札幌」より作成)

解き方ガイド

1 (4) 資料中の降水量に注目して，夏よりも冬の降水量が多いことから判断する。

3 イ「地形図上の長さ×地形図の縮尺の分母」から実際の距離が求められる。

33 史料問題

→別冊解答 p.37

学習日　　月　　日

入試攻略のカギ

入試に出る史料(歴史資料)は，ほぼ決まっている。史料の中に出てくるキーワードから，史料の内容を判断しよう。教科書にのっている史料を読んでおくだけでも効果がある。

1 史料の名称などを問う問題

次の各問いに答えなさい。

史料1

東南に陸路を五百里行くと，伊都(いと)国(当時の倭(わ)の小国の1つ)に到る。代々王がいて，みな，女王国の支配を受けてきた。

(1) **史料1**は，魏志倭人伝(ぎしわじんでん)の一部です。この史料にある「女王国」とは何とよばれる国ですか。〈石川県〉(　　　　)

史料2

田子の浦ゆうち出でて見れば
真白にそ富士の高嶺に雪は
降りける　(「万葉集」より)

(2) **史料2**の歌が収められた歌集ができた時代を，次から1つ選び，記号で答えなさい。〈群馬県〉(　　)

ア 奈良時代　**イ** 平安時代
ウ 鎌倉時代　**エ** 室町時代

史料3

みなの者，よく聞きなさい。これが最後の言葉です。頼朝公が朝廷の敵をたおし，幕府を開いてこのかた，官職といい，土地といい，その恩は山より高く，海より深いものでした。みながそれに報いたいという志はきっと浅くないはずです。名誉を大事にする者は，京都に向かって出陣し，逆臣をうち取り，幕府を守りなさい。　(「吾妻鏡」より)

正答率14% (3) **史料3**は，鎌倉時代におこったあるできごとに際して，北条政子が武士たちに結束を訴えたものの一部です。あるできごととは何か，答えなさい。〈埼玉県〉

(　　　　)

史料4

城を修理するときは必ず幕府に報告せよ。ましてや新しく城を築いてはならない。幕府の許可なく，結婚してはならない。　(「徳川禁令考」より)

(4) **史料4**は江戸時代に将軍が大名に対して出した法令の一部です。この法令を何といいますか。

(　　　　)

判断力 (5) 1874年，民撰議院設立(みんせんぎいんせつりつ)の建白書(けんぱくしょ)が出されました。次の文の［　　］にあてはまる語句に関連した史料として最も適切なものを，下から1つ選び，記号で答えなさい。〈千葉県〉(　　)

「自由民権運動は，1881年，政府が［　　］したことから政党の結成へと進み，板垣退助が自由党を，大隈(おおくま)重信が立憲改進党を結成した。」

ア 前に諸藩からの版籍奉還をききいれ，新たに知藩事を命じ，〈略〉そこで今，さらに藩をなくして県を置く。

イ 今ここに明治二十三年を期して，議員を集めて国会を開き，それによって私の初志を達成したいと思う。

ウ ロシア皇帝陛下の政府が，〈略〉日本政府に勧告するのは，遼東(リアオトン)半島を領有することを放棄すべきであること，である。

エ 日本政府は，これ以上国際連盟と協力することはできないと判断し，〈略〉日本が国際連盟から脱退することを通告する。

(ア・イは「法令全書」の一部要約，ウ・エは「日本外交文書」の一部要約)

2 史料とともに地図・グラフ・写真などを用いた問題

次の各問いに答えなさい。

(1) 下の史料は，江戸時代にヨーロッパから日本に来た外国人の日記の一部を要約したものです。「あなたがたの国」と記されているこの外国人の国の位置を示したものを，右の地図中の**ア〜エ**から１つ選び，記号で答えなさい。 〈長崎県〉(　　　)

(注) 地図中の国境線は，現在のものである。

> (1639 年 9 月 4 日)「ポルトガル人を日本から追放した今，あなたがたの国こそが貿易を続けることができる唯一の国である。」と老中からいわれた。
> (1641 年 5 月 11 日)「あなたがたの国の船は，今後長崎に入港し，その財産一切を平戸から引きあげ，長崎に移すようにしなさい。」と将軍から指示を受けた。

正答率 51%

(2) 敏子さんは，昭和初期に小作争議が増加したころの社会のようすを調べていくなかで，下の史料を見つけました。なぜ史料の下線部のようなことがおきたのか，その理由として考えられることを，**資料１・２**と関連づけて，当時，アメリカで始まった世界的な経済の混乱を表す語を使って書きなさい。 〈宮崎県・改〉

資料１ 日本の生糸の輸出先(1928 年)

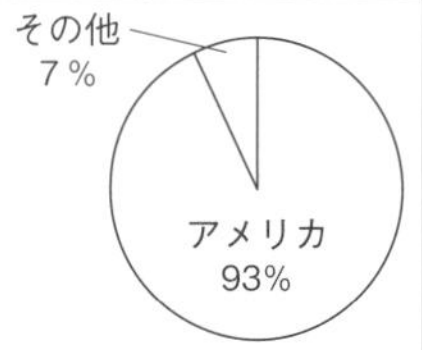

(「戦間期の蚕糸業と紡績業」)

資料２ 1930 年のアメリカのようす

パンの支給を待つ失業者の列

> **ある農村のようす**
> 朝おきてみると，蚕が妙なところにおいてある。だれかがきてそっと押しこんだものにちがいない。おかしなことをするとと思っていると，近所でも同じようなことがあったという。それから，<u>蚕がいたるところに捨てられ始めた</u>。あそこでも，ここでもというわけで噂が広がっている。
> ※蚕のつくる繭を原料に生糸が生産される。 (「窮乏の農村」一部改変)

(　　　　　　　　　　　　　　　　　　　　　　　　　　　　　　　　　　　　　)

思考力 (3) **資料３**は，1952 年に日本の国連加盟申請が否決されたときの安全保障理事会の審議結果を示したものであり，下の史料は 1956 年に日本の国連加盟が認められる約１週間前に公布された宣言の一部です。日本の国際連合への加盟が，1952 年には認められず，1956 年に認められたのはなぜですか。**資料３**と下の史料から読み取れることを関連づけて書きなさい。 〈石川県・改〉

> 日本国とソビエト社会主義共和国連邦との間の戦争状態は，この宣言が効力を生ずる日に終了し，両国の間に平和及び友好善隣関係が回復される。(注)この宣言は，公布と同時に効力を生じた。 (外務省ホームページより作成)

資料３

日本が国際連合に加盟することについて

賛成	反対
10 か国	1 か国 (ソ連)

(注)当時の安全保障理事会の構成は 11 か国。

結果：日本の加盟を認めない。

(国際連合ホームページ)

(　　　　　　　　　　　　　　　　　　　　　　　　　　　　　　　　　　　　　)

解き方ガイド

1 (2) 史料の出典の「万葉集」がキーワード。
2 (3) 安全保障理事会の常任理事国がもつ権限から考える。

34 写真・絵を用いた問題

→別冊解答 p.38

学習日　　月　　日

入試攻略のカギ

写真では，遺跡，道具，歴史的建造物など，絵では，戦いのようすを描いたものや風刺画が出題されやすい。風刺画は論述問題で時代背景を答えさせるものも多いので実際に解いて練習しよう。

1 写真を用いた問題

次の各問いに答えなさい。

(1) **資料1**は，長崎県東彼杵町に復元されたひさご塚古墳です。この古墳は，大阪府の大仙(大山，仁徳陵)古墳と似た形態です。このような形態の古墳を何といいますか。〈長崎県〉（　　　　）

資料1

(©東彼杵町)

(2) 次の文の下線部について，**資料2**は，当時のむらの構造物を復元したものの一部です。当時の人々が，このような構造物をつくったねらいを，簡潔に書きなさい。〈群馬県〉

（　　　　　　　　　　　　　　　　　）

> 弥生時代
> 稲作が行われるようになると，<u>むらの間で争いがおこり</u>，やがて，小さな国々ができた。3世紀には，邪馬台国は，30余りの国を従えていた。

資料2

(3) 畿内を中心に使用された貨幣に関連して，**資料3**の貨幣が使用されたころのできごととして最も適切なものを，次から1つ選び，記号で答えなさい。〈大分県〉

（　　）

資料3

ア　中国の進んだ文化や制度を学ぶために，初めて遣隋使が派遣された。
イ　天皇の位を息子にゆずった上皇が，慣例にとらわれずに院政を始めた。
ウ　摂政や関白という職についた藤原氏が，政治の実権をにぎった。
エ　新しく開墾した土地の私有を永久に認める，という法令が出された。

(4) **資料4**は，日本と明との貿易で用いられた合い札の一部を示しています。合い札の名称から，この貿易を何といいますか。〈福島県〉

（　　　　）

資料4

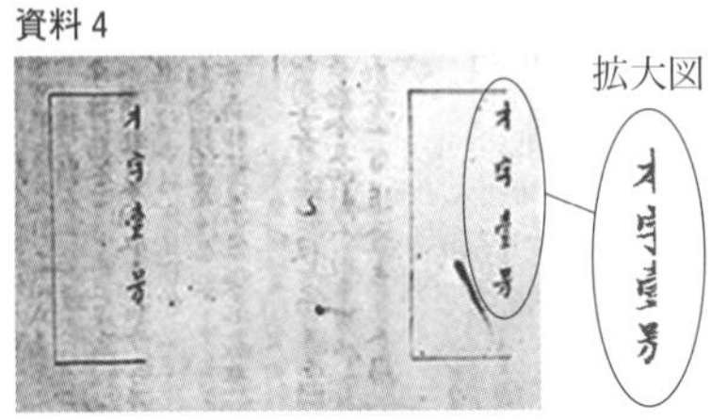

表現力▶(5) **資料5**は，太閤検地で用いられた道具です。太閤検地の特徴を，**資料5**に着目して，簡潔に書きなさい。〈和歌山県〉

（　　　　　　　　　　　　　　　　　）

資料5

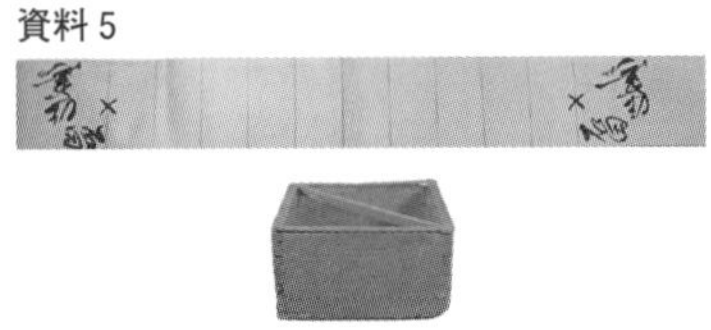

2　絵を用いた問題

次の各問いに答えなさい。

(1)　**資料1**は，「源氏物語絵巻」の一部を示したものです。資料に示した，日本の風景や人物などを描いた絵を何といいますか。次から1つ選び，記号で答えなさい。〈三重県〉

(　　　)

ア　錦絵　　イ　踏絵　　ウ　浮世絵　　エ　大和絵

資料1

正答率56%　(2)　下の表は，元軍との戦いのようすとその影響をまとめたものです。**資料2**を参考にして，X・Yにあてはまる最も適切な語句を補い，表を完成させなさい。〈鹿児島県〉

戦いのようす	影響
御家人たちは，元軍が用いた［X］や毒矢，集団戦法などに苦しめられながら命がけで戦い抜いた。	御家人たちは命がけで戦ったにもかかわらず，［Y］ので，経済的に苦しくなり，幕府に不満をもつ者も出てきた。

資料2　元軍との戦いのようす

（「蒙古襲来絵詞」の一部）

X (　　　　　　)　Y (　　　　　　　　　　　　　　)

正答率63%　(3)　桃山文化の特色を述べた下の文と，桃山文化の代表的な作品の組み合わせとして正しいものを，右の表中のア～エから1つ選び，記号で答えなさい。〈埼玉県〉(　　　)

	文化の特色	代表的な作品
ア	a	資料3
イ	a	資料4
ウ	b	資料3
エ	b	資料4

資料3

見返り美人図

資料4

唐獅子図屏風

a　下剋上で成り上がった大名や大商人たちが，豪華な生活を送っていたころに発達した文化である。城には，高くそびえる天守閣がつくられるようになった。

b　都市の繁栄を背景に，おもに京都や大阪などの上方で，庶民中心の文化が発達した。歌舞伎では，上方と江戸でそれぞれ名優が出て，演劇として確立された。

思考力　(4)　**資料5**は，明治政府が国会の開設を約束する前の年にかかれた，「民犬党吠」という風刺画をもとにつくった資料です。この資料は，当時の自由民権運動の，どのようなようすを表していますか。「政府」という語句を使って書きなさい。〈石川県〉

(　　　　　　　　　　　　　　　　　　　　)

犬の首輪

資料5

解き方ガイド

1 (5) 検地に使われたものさしと，年貢米をはかるますの写真である。

2 (2) Xは中央上部で爆発しているものに注目。Yは元寇後の御家人の困窮の原因。

(4) ほえる犬は自由民権運動のようす，それを止めている人々は政府を表している。

35 年代順に並べる問題

→別冊解答 p.39

学習日　　月　　日

入試攻略のカギ

政治・経済・外交・文化などの分野別に，複数の説明文を年代順に並べかえる形式が中心である。写真や地図にはそれぞれ時代名を書きこんでから並べかえるとケアレスミスが防げる。

1 写真を用いた問題

次の各問いに答えなさい。

判断力 (1) 次のA～Cについて，ア～ウのできごとを年代の古い順に並べ，記号で答えなさい。〈北海道〉

A(　→　→　) B(　→　→　) C(　→　→　)

A　ア　古墳がさかんにつくられ埴輪(はにわ)が並べられた。
　　イ　弥生土器が使われるようになった。
　　ウ　縄文土器が使われるようになった。

B　ア　杉田玄白らにより『解体新書』が書かれた。
　　イ　紀貫之らにより『古今和歌集』が編集された。
　　ウ　福沢諭吉により『学問のすゝめ』が書かれた。

C　ア　岩倉具視らが使節団として欧米に派遣された。
　　イ　小野妹子らが遣隋使(けんずいし)として隋に派遣された。
　　ウ　４人の少年がキリスト教信者の大名の使節としてヨーロッパに派遣された。

正答率32% (2) 支配者は，公的な記録の編纂(へんさん)や情報の伝達に紙を用い，政治を行ってきました。次のア～エは，飛鳥時代から室町時代にかけて，紙が政治に用いられたようすについて述べたものです。時期の古い順に並べ，記号で答えなさい。〈東京都〉(　→　→　→　)

ア　大宝律令が制定され，天皇の文書を作成したり図書館の管理をしたりする役所の設置など，大陸の進んだ政治制度が取り入れられた。

イ　武家政権と公家政権の長所を政治に取り入れた建武式目が制定され，治安回復後の京都に幕府が開かれた。

ウ　全国に支配力を及ぼすため，紙に書いた文書により，国ごとの守護と荘園や公領ごとの地頭を任命する政策が，鎌倉で樹立された武家政権で始められた。

エ　各地方に設置された国分寺(こくぶんじ)と国分尼寺(こくぶんにじ)へ僧を派遣したり経典の写本を納入したりするなど，様々な災いから仏教の力で国を守るための政策が始められた。

正答率22% (3) 次のア～エのできごとを，年代の古い順に並べ，記号で答えなさい。〈栃木県〉

(　→　→　→　)

ア　内閣制度がつくられる。
イ　民撰議院(みんせんぎいん)(国会)設立(せつりつ)の建白書(けんぱくしょ)(意見書)が提出される。
ウ　立憲改進党が結成される。
エ　初めての衆議院議員選挙が行われる。

2 写真や図を並べる問題

次の各問いに答えなさい。

(1) 右の写真は，旧石器時代・弥生時代・古墳時代・奈良時代の４つの時代におけるわが国の社会のようすを，それぞれ説明するために用意した資料です。**ア～エ**の資料を年代の古い順に並べ，記号で答えなさい。〈愛媛県〉

ア

イ

ウ

エ

（　→　→　→　）

判断力▶(2) 次の地図は，４つの時代の東アジアのようすを表しています。これらを年代の古い順に並べ，記号で答えなさい。（　→　→　→　）

ア

イ

ウ
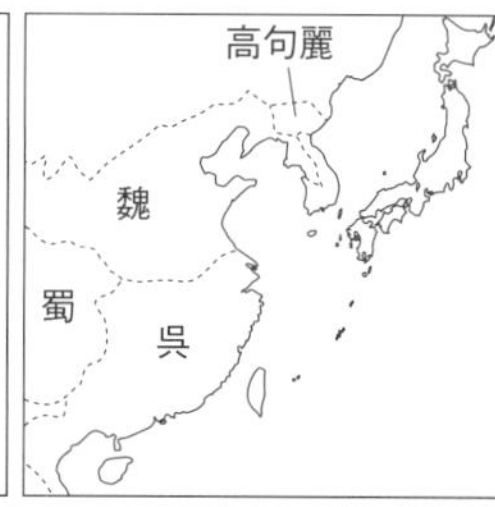

エ
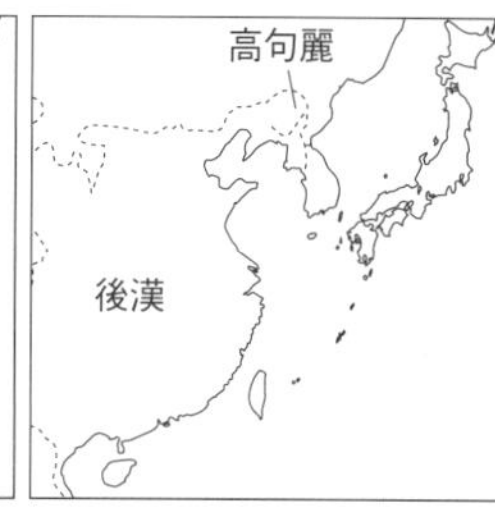

(3) 右の写真は，日本と海外とのかかわりを示す資料です。**ア～ウ**を，日本に伝わった年代の古い順に並べ，記号で答えなさい。〈宮城県〉

ア

イ

ウ

（　→　→　）

思考力▶(4) 日本の帝国主義に関連して，右の**ア～ウ**は日本と諸外国との関係を風刺した絵です。絵の下の文も参考にして，**ア～ウ**を年代の古い順に並べ，記号で答えなさい。

〈島根県〉（　→　→　）

ア
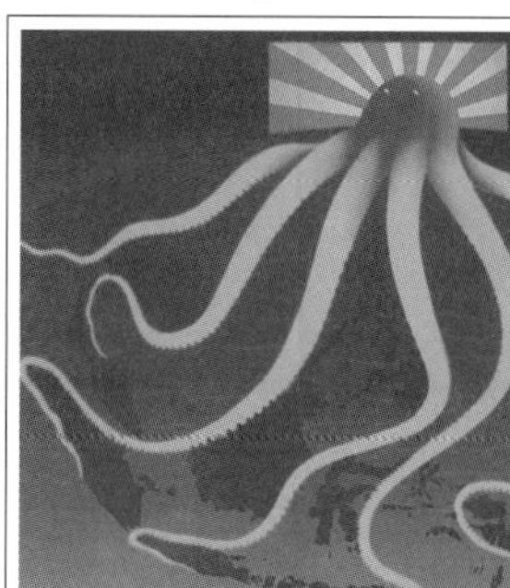
日本帝国主義をタコの怪物で表現したオランダの反日ポスター。

イ

朝鮮という名の魚をねらう人々。

ウ

「早く火の中から栗の実をとってきたまえ。ロシア兵がみんな食べてしまうから。」

解き方ガイド

1 (2) アの「大宝律令」，イの「建武式目」，ウの「鎌倉」，エの「国分寺」「国分尼寺」がヒント。

2 (4) イは日清戦争前の国際関係の風刺画，ウは日英同盟の風刺画である。

36 文化史の問題

→別冊解答 p.40

学習日　　月　　日

入試攻略のカギ

文化は時代背景と結びつけて考察するようにする。仏教や学問，思想だけでなく，各時代を代表する，文学，工芸，建築，芸能などは，それらとかかわりの深い人物とセットで覚えよう。

1 原始～近世の文化

次の各問いに答えなさい。

	社会のようすと文学に関するおもなことがら
古代	大陸から伝わった漢字が使われるようになり，①日本の歴史や神話などが記される。日本の風土や生活に合わせた②国風文化が発展し，③摂関政治のころに最も栄えた。
中世	各地で戦乱がおこり，武士の活躍が④軍記物語として人々に語り伝えられる。
近世	上方を中心に商業が発達し，［A］の浮世草子では町人の生活が描かれる。印刷技術が向上して多くの書物が出版され，［B］のこっけい本などが流行する。

正答率59%　(1)　下線部①について，『古事記』や『日本書紀』が記された，8世紀前半の日本の社会のようすについて述べた文として最も適切なものを，次から1つ選び，記号で答えなさい。〈宮城県〉(　　)

ア　大和政権によって各地に古墳がつくられた。

イ　須恵器や絹織物の製造技術が伝えられた。

ウ　唐にならって律令に基づく政治が行われた。

エ　政治を立て直すため都が京都に移された。

正答率61%　(2)　下線部②の文化と最も関係が深いものを，**資料1**から1つ選び，記号で答えなさい。〈鹿児島県〉

(　　)

資料1

(3)　下線部③のころの仏教について述べた文として適切なものを，次から1つ選び，記号で答えなさい。〈青森県〉(　　)

ア　百済から朝廷に仏像や経典がおくられ，飛鳥地方を中心に最初の仏教文化が栄えた。

イ　仏教の力にたよって，国家を守ろうと考え，国ごとに国分寺と国分尼寺が建てられた。

ウ　念仏を唱えて阿弥陀如来(あみだにょらい)にすがり，極楽浄土へ生まれ変わることを願う，浄土信仰がおこった。

エ　座禅によって自分の力でさとりを開こうとする禅宗が伝わり，臨済宗や曹洞宗が開かれた。

正答率71%　(4)　下線部④について，**資料2**は，武士や民衆の間に平家物語を広めた人を描いたものです。このような人を何とよぶか，答えなさい。〈奈良県〉

(　　)

資料2

正答率61%　(5)　表中のA・Bにあてはまる人物の組み合わせとして最も適切なものを，次から1つ選び，記号で答えなさい。〈宮城県〉(　　)

ア　A：十返舎一九　B：井原西鶴　　イ　A：滝沢馬琴　B：近松門左衛門

ウ　A：近松門左衛門　B：滝沢馬琴　　エ　A：井原西鶴　B：十返舎一九

2 近世～現代の文化

次の各問いに答えなさい。

(1) **資料1**は，江戸時代後期に杉田玄白らが出版した『解体新書』の扉絵です。『解体新書』の出版以降に本格的に広まった，ヨーロッパの学術や文化を研究する学問は何とよばれるか，その名称を答えなさい。〈静岡県〉(　　　　　　)

資料1

(2) 明治時代のはじめ，都市では，レンガづくりの西洋建築や馬車が見られるようになり，洋服の着用や牛肉を食べることも広まるなど，欧米の文化がさかんに取り入れられ，それまでの生活に変化が見られるようになりました。このような風潮を何というか，答えなさい。〈香川県〉(　　　　　　)

(3) 第一次世界大戦中は，民主主義を広める動きが世界中に拡大しました。これを受けて**資料2**のように，政治に民衆の考えを反映していこうと主張した人物の名前を答えなさい。〈鳥取県〉

(　　　　　　)

資料2

> 民本主義といふ文字は，日本語としては極めて新しい用例である。従来は民主主義といふ語を以て普通に唱へられて居ったやうだ。(中略)民本主義といふ比較的新しい用語が一番適当であるかと思ふ。

(「詳説　日本史史料集」)

判断力 (4) 右の表中の A の時期のできごとについて説明したものの組み合わせとして最も適するものを，あとの**ア～エ**から1つ選び，記号で答えなさい。〈神奈川県〉(　　　)

> 第1回　帝国議会が開かれた。
> 　　↕ A
> 関東大震災がおこった。

a　野口英世がエクアドルで黄熱病について研究した。

b　日本でテレビ放送が開始され，スポーツ番組やドラマが人気を集めた。

c　日米安全保障条約の改定をめぐって反対運動がおこり，内閣が退陣した。

d　米騒動がおこり政府への批判が高まる中で，原敬が内閣を組織した。

ア　a，c　　**イ**　a，d　　**ウ**　b，c　　**エ**　b，d

(5) 右の表中の B の期間に活躍した人物とその人物に関係するものの組み合わせとして最も適切なものを，次から1つ選び，記号で答えなさい。〈鳥取県〉(　　　)

> 国際連合が成立した。
> 　　↕ B
> 東日本大震災がおこった。

ア　岡本太郎―「羅生門」　　**イ**　黒澤明―「伊豆の踊子」

ウ　川端康成―「太陽の塔」　　**エ**　手塚治虫―「鉄腕アトム」

正答率81% (6) 次のメモは，絵里さんが紙幣の図柄にしたい人物についてまとめたものです。 X にあてはまる言葉を，「女性」という語句を使って簡潔に書きなさい。〈奈良県〉

(　　　　　　　　　　　　　　　　　　　　)

> ・図柄にしたい人物＝平塚らいてう
> ・選んだポイント＝青鞜社を結成して女性に対する古い慣習や考え方を批判する活動を行い，さらに市川房江らと女性の社会的地位の向上を求めて本格的な活動に取り組んだことです。第二次世界大戦後に X ことにより，絵のようなようすが見られました。このことは，日本の社会が平塚らの目指した社会に一歩近づいたことを示しています。

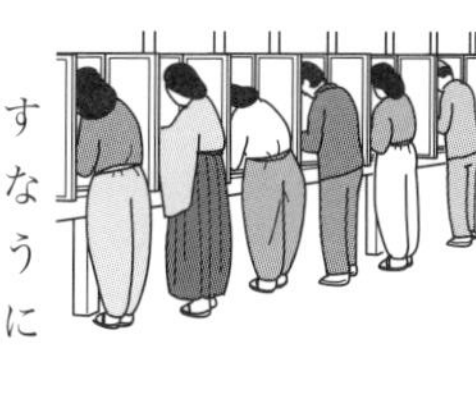

解き方ガイド

1 (2) 資料1のアは平等院鳳凰堂，イは弥勒菩薩像，ウは金閣，エは金剛力士像である。

37 経済史の問題

→別冊解答 p.41

学習日　　月　　日

入試攻略のカギ

経済に関する問題では，グラフなどの資料を用いて出題されることが多い。当時の時代背景と資料中の数値や用語を結び付けて，資料の特徴を読み取れるように練習して慣れておくことが重要。

1　古代～近世の経済史

次の各問いに答えなさい。

(1)　奈良時代，朝廷は農民の成人男子を中心に，税や労役などを負担させました。**資料1**は，上の下線部のうち，平城京跡から発掘された木簡に記された内容であり，阿波国から都に税が納められたことを示したものです。このように律令制度において，海産物など地方の特産物を納める税を何というか，答えなさい。〈徳島県〉(　　　　)

資料1

阿波国進上御贄若海藻壱籠板野郡牟屋海

(2)　1281年におこった弘安の役や土地の分割相続などによる影響で，御家人の中には生活が苦しくなって土地を手放すものもあらわれました。このような状況に対する鎌倉幕府の対応について述べたあとの文の［A］にあてはまる語句と，［B］にあてはまる内容をそれぞれ書きなさい。〈長崎県〉

正答率49%　A(　　　　)　正答率16%　B(　　　　　　　　)

「幕府は［A］を出して，御家人が売ったり質に入れたりした土地を［B］。」

(3)　江戸幕府の老中であった田沼意次は，幕府の財政を立て直すために政治改革を行いました。田沼意次が行ったこととして最も適切なものを，次から1つ選び，記号で答えなさい。〈香川県〉(　　　)

ア　上げ米の制を定め，大名から米を幕府に献上させた。

イ　株仲間の結成や長崎貿易における海産物の輸出を奨励した。

ウ　各地に倉を設けて米を蓄えさせ，商品作物の栽培を制限した。

エ　江戸や大阪周辺の土地を幕府の領地にしようとした。

思考力 (4)　18世紀，天明のききんがおこり，百姓一揆や打ちこわしが急増しました。下線部と関連して，あとの文の［　］にあてはまる内容を書きなさい。〈鹿児島県〉

(　　　　　　　　　　　　　　　　)

「**資料2**は，江戸時代の百姓一揆の参加者が署名した，からかさ連判状である。参加者が円形に名前を記したのは，［　］ためであったといわれている。」

資料2

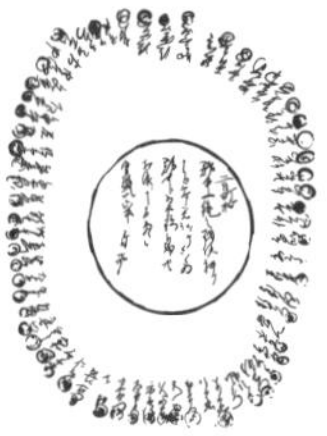

判断力 (5)　開国し，アメリカやイギリスなどと貿易を始めた1860年ごろの日本のようすについて述べているものを，次から1つ選び，記号で答えなさい。〈岩手県〉(　　　)

ア　多くの企業が，土地や株式を買い集めたため，価格が以上に高くなった。

イ　軍需品の生産が優先されたため生活物資が欠乏し，米などが配給制となった。

ウ　金貨が海外に持ち出され，物価が急速に上昇し，生活に必要な品物が不足した。

エ　海外への出兵の影響によって，米価が急に高くなり，人々の生活は大きな打撃を受けた。

2 近世～現代の経済史

次の各問いに答えなさい。

表現力▶(1) 安土桃山時代の太閤(たいこう)検地の際に作成された検地帳と，明治時代の地租改正の際に作成された地券について調べ，内容を比較しました。メモ中の[　　]にあてはまる適当な内容を書きなさい。〈岡山県〉

(　　　　　　　　　　　　　　　　　　)

資料1
検地帳に記された項目

- 所在地
- 面積
- 石高
- 耕作者の名前

など

資料2
地券に記された項目

- 所在地
- 面積
- 地価
- 地租の額
- 所有者の名前

など

〈メモ〉 地租改正によって，土地にかかる税は，[　　]ようになった。こうした税制度の変化は，資料1と資料2の項目のちがいからもわかる。

(2) 資料3中の下線部について，資料4中のX～Zを表している語句の組み合わせとして正しいものを，次から1つ選び，記号で答えなさい。〈青森県〉(　　　)

資料3

日本の産業革命
紡績業では，大工場が次々とつくられ輸出した。製糸業はおもにアメリカ向けの輸出によって発展し，日露戦後には世界最大の輸出国となった。

ア X—国内生産量 Y—輸入量 Z—輸出量
イ X—輸出量 Y—輸入量 Z—国内生産量
ウ X—国内生産量 Y—輸出量 Z—輸入量
エ X—輸出量 Y—国内生産量 Z—輸入量

資料4 綿糸の生産と貿易の変化

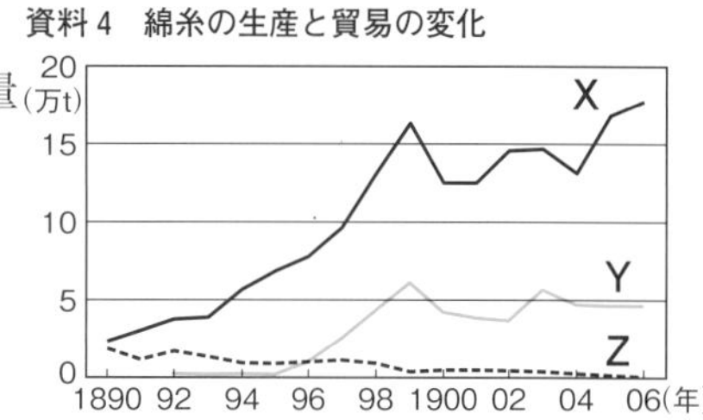

(「日本経済統計集」他)

(3) 資料5は，1914年度から1935年度にかけての日本の軍事費の推移を示したものです。Aの時期に軍事費が減少している理由として考えられることを，当時の国際状勢をふまえて，「第一次世界大戦」「ワシントン会議」の2つの語句を使って書きなさい。〈鹿児島県〉

(　　　　　　　　　　　　　　　　　　)

資料5

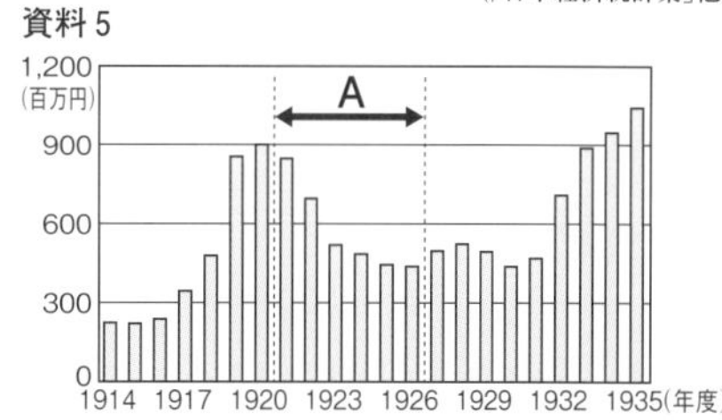

(数字でみる日本の100年)

(4) 世界恐慌への対策として，アメリカが始めた政策の名称を答えなさい。〈青森県〉(　　　　　)

(5) 資料6の下線部について，あとの文は，資料7のように経済成長率が変化した理由を説明したものです。アとイのそれぞれに共通してあてはまる語句を書きなさい。

〈福岡県〉 正答率59% ア(　　　　　) 正答率70% イ(　　　　　)

資料6

日本は民主化を果たし，GNPが資本主義国で第2位の経済大国となった。

「20世紀後半に，わが国の経済成長率が0％を下回った時期は2度あった。1度目は，[ア]の影響によるものである。[ア]は，中東戦争と関係が深い。2度目は，[イ]が崩壊したことによるものである。[イ]は，実際の経済の力をこえて，株式や土地の価格が急激に上昇したことである。」

資料7 20世紀後半の経済成長率の推移

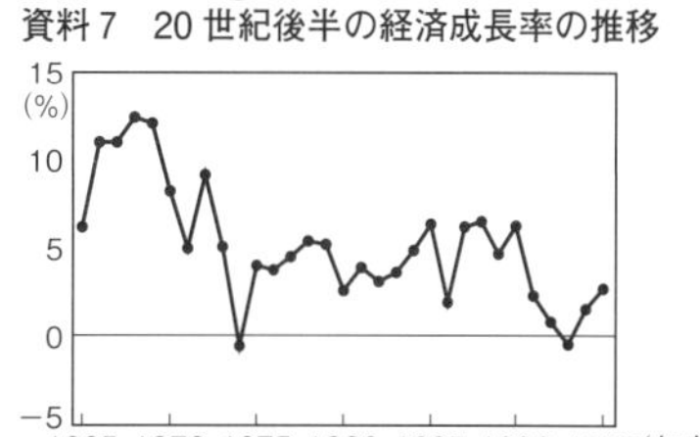

(「数字でみる日本の100年」)

解き方ガイド

1 (4) 資料2の署名は，どのような順番で名前を書いたかがわからないという点に着目する。

38 外交・世界史の問題

→別冊解答 p.42

学習日　　月　　日

入試攻略のカギ

古くから日本との交流が深い中国や朝鮮半島に関連する問題が多い。とくに近世以降は，日本と条約や同盟を結んだ欧米諸国に関する問題も増えるので，当時の日本の国内状況と合わせて整理しておくとよい。

1 原始～近世の日本と世界

次の各問いに答えなさい。

資料　興味をもった時代のまとめ

時代	できごと
縄文	①縄目の文様がついた土器がつくられた。
平安	②阿弥陀仏にすがる浄土信仰が広まり，平等院(びょうどういん)鳳凰堂(ほうおうどう)がつくられた。

(1) **資料**中の下線部①のころ，チグリス川とユーフラテス川の流域でおこったメソポタミア文明で発明された文字と暦の組み合わせとして正しいものを，次から１つ選び，記号で答えなさい。〈徳島県・改〉(　　)

ア　甲骨文字，太陽暦　　**イ**　甲骨文字，太陰暦
ウ　くさび形文字，太陽暦　　**エ**　くさび形文字，太陰暦

(2) **資料**中の下線部②のころ，アラビア半島から中央アジア，北アフリカ，イベリア半島にかけて広がった，イスラム勢力へのヨーロッパ諸国の対応について述べた次の文中のⓐ，ⓑについて，正しいものを１つずつ選び，記号で答えなさい。〈徳島県〉　ⓐ(　　)　ⓑ(　　)

「11世紀ごろ，ローマ教皇を首長とするⓐ｛**ア**　プロテスタント　**イ**　カトリック｝教会の勢いが大きくなった。11世紀末，教皇が聖地であるⓑ｛**ア**　エルサレム　**イ**　メッカ｝からイスラム勢力を追い払うために，十字軍の派遣をよびかけ，諸国の王はそれに応じた。」

(3) 弥生時代のできごとについて述べたものを，次から１つ選び，記号で答えなさい。〈香川県〉(　　)

ア　邪馬台国の卑弥呼が魏(ぎ)に使いを送り，倭王(わおう)の称号と金印などを授けられた。
イ　進んだ制度や文化を取り入れるために，遣隋使(けんずいし)が送られた。
ウ　百済の復興を助けるために送られた倭の軍が，唐・新羅の連合軍に白村江の戦いで敗れた。
エ　唐に渡った最澄が，仏教の新しい教えをわが国に伝えた。

(4) 右の文中のＡとＢの間の時期におこった世界のできごととして最も適切なものを，次から１つ選び，記号で答えなさい。〈鹿児島県・改〉(　　)

> Ａ：京都の室町に御所を建てた足利義満が南北朝を統一する。
> Ｂ：大阪城を築いて本拠地とした豊臣秀吉が全国を統一する。

ア　ムハンマドがイスラム教をおこした。　**イ**　アメリカ独立戦争がおこった。
ウ　ルターが宗教改革を始めた。　**エ**　高麗が朝鮮半島を統一した。

正答率66%
(5) 右の文は，江戸幕府のある対外政策を示したものです。この政策が実施されるきっかけとなったできごととして適切なものを，次から１つ選び，記号で答えなさい。〈兵庫県・改〉(　　)

> 幕府は異国船打払令を改め，日本を訪れた外国船に必要な燃料や食料を与えるよう命じた。

ア　アメリカ南北戦争　**イ**　アヘン戦争　**ウ**　インド大反乱　**エ**　太平天国の乱

2　近世〜現代の日本と世界

次の各問いに答えなさい。

(1)　右の年表を見て，次の各問いに答えなさい。

年	できごと
1854	日米和親条約が結ばれる・・・・A
1911	不平等条約の改正が実現する・・B
1914	第一次世界大戦が始まる・・・・C

①　下の図は，世界のおもなできごとを古いものから順に並べたものです。年表中のAは，図中のア〜エのどの時期にあてはまるか，最も適切なものを1つ選び，記号で答えなさい。　〈鳥取県〉(　　　)

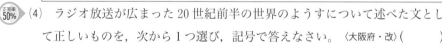

イギリスで名誉革命がおこる ⟷ア⟷ アメリカ独立戦争がおこる ⟷イ⟷ フランス革命がおこる ⟷ウ⟷ インド大反乱がおこる ⟷エ⟷ 清で辛亥（しんがい）革命がおこる

古い ――――――――――――――――→ 新しい

②　年表中のBについて，このときの外務大臣の名前と，改正に成功した交渉の内容の組み合わせとして正しいものを，次から1つ選び，記号で答えなさい。　〈徳島県〉(　　　)

ア　小村寿太郎，関税自主権の回復　　**イ**　小村寿太郎，治外法権の撤廃

ウ　陸奥宗光，関税自主権の回復　　**エ**　陸奥宗光，治外法権の撤廃

③　年表中のCに関連して，第一次世界大戦後，列強の支配に対して各地で行われた抵抗運動の説明として適切でないものを，次から1つ選び，記号で答えなさい。　〈沖縄県〉(　　　)

ア　朝鮮で三・一独立運動がおこった。　　**イ**　中国で五・四運動がおこった。

ウ　インドで非暴力・不服従運動が広がった。　　**エ**　フランスでレジスタンスが広がった。

正答率88%　(2)　**資料1**中の［　　］にあてはまる人物として最も適切なものを，次から1つ選び，記号で答えなさい。　〈宮崎県〉(　　　)

ア　大隈（おおくま）重信　　**イ**　西郷隆盛　　**ウ**　板垣退助　　**エ**　岩倉具視

資料1

津田梅子
1871年，［　　］を全権大使とする使節団に留学生として同行し，後に女性の地位向上に努めた。

(3)　**資料2**は，1930年代における東アジアのようすを示したものです。この**資料2**について説明した次の文中の［　　］にあてはまる語句を，漢字2字で書きなさい。　〈神奈川県〉(　　　)

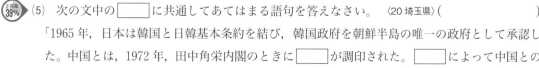

資料2中の2つの都市をふくむアの地域には「［　　］国」が建国され，清の最後の皇帝であった人物がこの国の元首になりました。

資料2

正答率50%　(4)　ラジオ放送が広まった20世紀前半の世界のようすについて述べた文として正しいものを，次から1つ選び，記号で答えなさい。　〈大阪府・改〉(　　　)

ア　ベルリンの壁が崩壊し，米ソの首脳が冷戦の終結を宣言した。

イ　朝鮮半島で甲午農民戦争がおこり，日清戦争が始まった。

ウ　ニューヨークで株価が暴落し，世界恐慌がおこった。

エ　ヨーロッパ連合が発足し，加盟国の多くがユーロとよばれる通貨を導入した。

正答率39%　(5)　次の文中の［　　］に共通してあてはまる語句を答えなさい。　〈20 埼玉県〉(　　　　　)

「1965年，日本は韓国と日韓基本条約を結び，韓国政府を朝鮮半島の唯一の政府として承認した。中国とは，1972年，田中角栄内閣のときに［　　］が調印された。［　　］によって中国との国交を正常化し，1978年には，日中平和友好条約が結ばれた。」

解き方ガイド

2 (5) 日本と中国の間で調印されたので，「日中○○○○」という。

39 憲法・法律を用いた問題

→別冊解答 p.43

学習日　　月　　日

入試攻略のカギ

憲法条文は，平和主義，基本的人権，天皇の地位，国会，議院内閣制，裁判所などが出る。法律や条約は，消費者や労働・環境関連の条文が出やすい。キーワードに注意して覚えよう。

1 憲法を用いた問題

次の各問いに答えなさい。

(1) **資料1**の日本国憲法の条文は，国民の権利と義務について定めたものです。□にあてはまる語句を答えなさい。〈富山県〉(　　　　)

資料1

すべて国民は，□の権利を有し，義務を負ふ。

(2) **資料2**の日本国憲法の条文は，国民の権利について定めたものです。□にあてはまる語句を答えなさい。〈新潟県〉(　　　　)

資料2

すべて国民は，法の下に□であつて，人種，信条，性別，社会的身分又は門地により，政治的，経済的又は社会的関係において，差別されない。

(3) **資料3**について，すべての人が下線部のような生活を送る権利を何といいますか。〈石川県〉(　　　　)

資料3　ワイマール憲法の一部

経済生活の安定は，すべての人に<u>人間たるに値する生活</u>を保障する正義の原則に適合しなければならない。

(4) **資料4**の日本国憲法の条文は，労働者の権利について定めたものです。A・Bにあてはまる語句を，それぞれ答えなさい。〈長野県〉A(　　　　)　B(　　　　)

資料4

勤労者の[A]する権利及び団体交渉その他の[B]をする権利は，これを保障する。

正答率40%
(5) **資料5**の日本国憲法の条文は，意見を発表する権利について定めたものです。□にあてはまる語句を答えなさい。〈福島県〉(　　　　)

資料5

集会，結社及び言論，出版その他一切の□の自由は，これを保障する。

正答率72%
(6) **資料6**は，日本国憲法に定められている天皇の地位について述べたものです。文中の□に共通してあてはまる語句を，漢字2字で書きなさい。〈千葉県〉(　　　　)

資料6

第1条において，「天皇は，日本国の□であり日本国民統合の□であって，この地位は，主権の存する日本国民の総意に基く。」と定められている。

(7) **資料7**は，司法権の独立に関する日本国憲法第76条の一部を示しています。**資料7**中のX・Yにあてはまる語句を，それぞれ書きなさい。〈広島県〉

正答率34%　X(　　　　)　正答率44%　Y(　　　　)

資料7

すべて裁判官は，その[X]に従ひ独立してその職権を行ひ，この憲法及び[Y]にのみ拘束される。

(8) **資料8**の日本国憲法の条文に最も関係の深いしくみを，漢字5字で答えなさい。〈長野県〉

(　　　　　)

資料8

内閣総理大臣は，国会議員の中から国会の議決で，これを指名する。この指名は，他のすべての案件に先だって，これを行ふ。
内閣総理大臣は，国務大臣を任命する。但し，その過半数は，国会議員の中から選ばれなければならない。

(9) **資料9**は，京子さんの班が国会について調べたものの一部です。文章中の**A**・**B**に入る語句を，**A**は下の**i群**の**ア**～**ウ**から，**B**は**ii群**の**カ**～**ク**から1つずつ選び，記号で答えなさい。

資料9

日本国憲法第41条では，「国会は，［A］の最高機関であって，国の唯一の［B］機関である。」と定めている。

〈京都府〉A(　　　)　B(　　　)

i群　**ア**　国家　**イ**　国権　**ウ**　国民　**ii群**　**カ**　行政　**キ**　司法　**ク**　立法

(10) **資料10**の日本国憲法の条文は，地方公共団体について定めたものです。［　　］にあてはまる語句を答えなさい。〈愛知県〉

(　　　　　)

資料10

地方公共団体は，その財産を管理し，事務を処理し，及び行政を執行する権能を有し，法律の範囲内で［　　］を制定することができる。

2 法律や条約を用いた問題

次の各問いに答えなさい。

正答率22%

(1) **資料1**は，1948年に国際連合で採択された宣言文の一部です。この宣言文をもとに，1966年に国際連合で採択された規約は何ですか。

〈滋賀県〉(　　　　　)

資料1

すべての人間は，生まれながらにして自由であり，かつ，尊厳と権利とについて平等である。人間は，理性と良心とを授けられており，互いに同胞の精神をもって行動しなければならない。(外務省仮訳文より引用)

(2) **資料2**について，下線部の際に，自由な意思によって結ばれる約束を何といいますか。〈石川県〉

(　　　　　)

資料2　消費者基本法の一部

(事業者の責務)　消費者の安全及び<u>消費者との取引</u>における公正を確保すること。

(3) **資料3**は，生産者である企業の責任について定めた法律の一部です。この法律を何といいますか。

〈奈良県〉(　　　　　)

資料3

この法律は，製造物の欠陥により人の生命，身体又は財産に係る被害が生じた場合における製造業者等の損害賠償(ばいしょう)の責任について定めることにより，被害者の保護を図り，…(略)…。

(4) **資料4**のような国際社会の取り組みは，「持続可能な社会」の実現をめざしたものの1つです。「持続可能な社会」とは，どのような社会のことですか。「世代」という語句を使って書きなさい。〈石川県〉

(　　　　　　　　　　　　　　　　　　　　)

資料4　気候変動枠組(わくぐみ)条約の一部

エネルギー，運輸，工業，農業，林業，廃棄物の処理その他すべての関連部門において，温室効果ガスの人為的な排出を抑制し，削減し又は防止する技術，慣行及び方法の開発，利用及び普及を促進し，これらについて協力すること。

解き方ガイド

1 (6) 天皇は，日本国憲法において，政治の実権をもたず，国事行為のみを行う。

2 (4)「持続可能な社会＝将来にわたって持続する幸福な社会」から考える。

40 数値にかかわる問題

→別冊解答 p.44

学習日　　月　　日

入試攻略のカギ

入試で問われる数値問題はほとんど決まっている。選挙，国会，内閣，地方自治に関する政治分野から多く出題されるので，数値を覚えるとともに，多様な出題形式に慣れておくことが重要。

1 年齢や任期などに関する問題

次の各問いに答えなさい。

(1) 衆議院と参議院について，**資料1**中のX～Zにあてはまる適切な数字を答えなさい。〈富山県〉

X（　　　）　Y（　　　）　Z（　　　）

資料1　衆議院と参議院の比較

	衆議院	参議院
議員定数	465人	248人*
任期	4年	6年（3年ごとに半数を改選）
選挙権	（　X　）歳以上	
被選挙権	（　Y　）歳以上	（　Z　）歳以上
解散	ある	ない

＊ 2022年（令和4年）7月の通常選挙から適用。

表現力 (2) 右の**図**は，衆議院解散についての新聞記事の見出しをイメージしたものです。**図**と**資料1**を参考にして，衆議院の優越が認められている理由を説明しなさい。〈鳥取県〉

（　　　　　　　　　　）

図

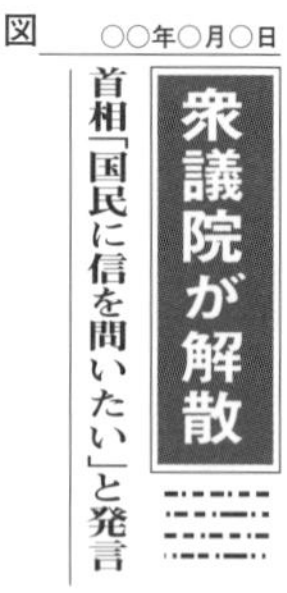

○○年○月○日
衆議院が解散
首相「国民に信を問いたい」と発言

正答率42% (3) **資料2**は国政選挙の実施年月について示したものです。**資料2**中の（　　）にあてはまる年を答えなさい。〈奈良県〉

（　　　　　）

資料2

実施年月	国政選挙
（　　）年7月	第24回参議院議員通常選挙
2017年10月	第48回衆議院議員総選挙
2019年7月	第25回参議院議員通常選挙

(4) 右の文中の□にあてはまる年齢として正しいものを，次から1つ選び，記号で答えなさい。〈山梨県〉（　　　）

ア　20歳　　イ　25歳
ウ　30歳　　エ　35歳
オ　40歳

現在，被選挙権の資格年齢は，都道府県知事では満□以上である。

正答率50% (5) **資料3**のA，Bにあてはまる年齢の組み合わせとして正しいものを，次から1つ選び，記号で答えなさい。〈長崎県・改〉（　　　）

ア　A―20歳　B―40歳
イ　A―20歳　B―60歳
ウ　A―25歳　B―40歳
エ　A―25歳　B―60歳

資料3

年齢	権利や義務
15歳	義務教育終了後，職業について働くことができる。
A	市(区)町村長，市(区)町村議会議員，都道府県議会議員に立候補できる。
B	介護保険に加入する。

2 手続きなどに関する問題

次の各問いに答えなさい。

正答率61% (1) 私たちがくらす市や町において，その地域の住民が自らの意志を政治に反映させることができる権利の1つとして直接請求権があります。この直接請求権について述べた**資料1**中のA～Cにあてはまる内容の組み合わせとして最も適切なものを，次から1つ選び，記号で答えなさい。〈佐賀県〉(　　　)

ア　A―条例　B―3分の1以上　C―選挙管理委員会
イ　A―条例　B―50分の1以上　C―選挙管理委員会
ウ　A―法律　B―3分の1以上　C―首長
エ　A―法律　B―50分の1以上　C―首長

資料1

> 地方公共団体における直接請求権には［A］の制定・改廃の請求や議会の解散請求などがある。例えば，議会の解散を請求する場合には，有権者の［B］の署名を集め［C］に請求する。その後，住民投票が行われ過半数の賛成があれば議会の解散が決定される。

(2) **資料2**は内閣不信任決議後から内閣総理大臣の指名までの流れを示したものです。図中の①，②にあてはまる数字や語句を，それぞれ答えなさい。ただし，図中の①には数字が，②には語句が入り，同じ記号には，同じ数字や語句が入るものとします。〈鳥取県〉

①(　　　)　②(　　　　　　)

資料2

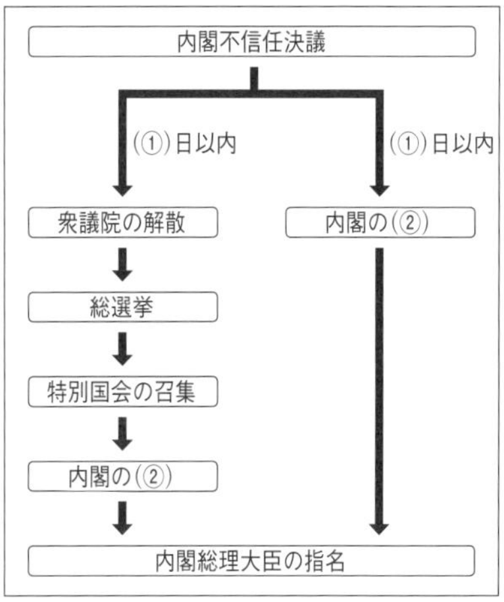

正答率53% (3) 下の図は，憲法の改正手続きについて模式的に示したものです。図中のX～Zにあてはまる語句の組み合わせとして正しいものを，下から1つ選び，記号で答えなさい。〈三重県〉(　　　)

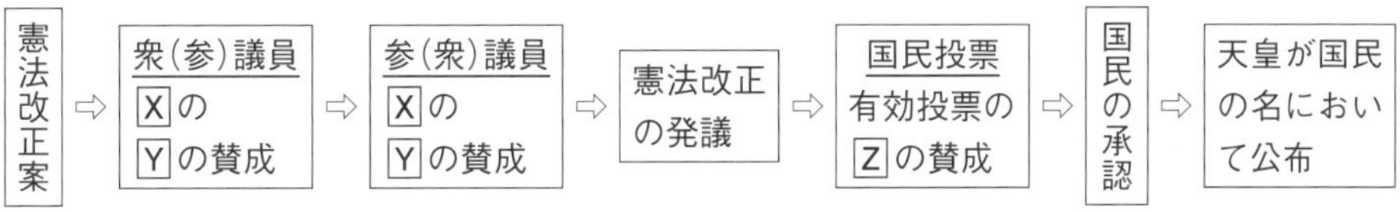

ア　X―出席議員　Y―過半数　Z―3分の2以上
イ　X―出席議員　Y―3分の2以上　Z―過半数
ウ　X―総議員　Y―過半数　Z―3分の2以上
エ　X―総議員　Y―3分の2以上　Z―過半数

(4) 右の文中のa・bにあてはまる語句の組み合わせてとして正しいものを，次から1つ選び，記号で答えなさい。〈愛知県〉(　　　)

> 日本では，憲法の規定により，内閣総理大臣は内閣を構成する国務大臣の［a］を国会議員から選ぶこととされている。一方，アメリカでは大統領に議会を解散する権限がないなど，日本やイギリスと比べて行政と立法それぞれの［b］といえる。

ア　a―過半数　b―独立性が強い　　イ　a―過半数　b―独立性が弱い
ウ　a―3分の2以上　b―独立性が強い　　エ　a―3分の2以上　b―独立性が弱い

解き方ガイド

1 (3) 参議院議員選挙が何年ごとに行われているかは，**資料1**の任期からわかる。
2 (3) 国の最高法規である「憲法」の改正には，法律の議決よりも厳しい条件が設けられている。

41 計算問題

→別冊解答 p.45

学習日　　月　　日

入試攻略のカギ

政治分野では，比例代表制における議席配分や地方自治の直接請求における必要署名数の計算が出題されやすい。経済分野では，需要と供給，社会保障，為替（かわせ）相場に関連した問題に注意が必要。

1　政治分野の計算問題

次の各問いに答えなさい。

正答率34%
(1)　選挙において，比例代表制ではドント式とよばれる方法で議席数が決まります。定数が７の比例区で，各政党が**資料１**の得票数であった場合，７人目の議席は何党の何人目になりますか。〈滋賀県〉(　　　　)

資料１

政党	A党	B党	C党	D党
得票数	105,000	93,000	45,000	22,000
得票数÷１				
得票数÷２				
得票数÷３				
得票数÷４				

(2)　**資料２**は，国政選挙の一部の選挙区の定数と，ある年の有権者数を示したものです。**資料２**には，全国で最も有権者数の多い選挙区と，最も有権者数の少ない選挙区がふくまれています。一票の格差は最大で何倍ですか。小数第２位を四捨五入して答えなさい。〈和歌山県〉

(　　　　倍)

資料２

	定数	有権者数
北海道７区	1	272,920
千葉４区	1	497,601
愛知９区	1	424,585
和歌山１区	1	312,216
広島７区	1	378,145
高知３区	1	204,930

（各都道府県ホームページなどから作成）

正答率48%
(3)　一郎さんは，条例を制定するための手続きを調べて，右の**メモ**にまとめました。**メモ**の□にあてはまる数字を答えなさい。なお，一郎さんの市の有権者数は６万人とします。〈山形県〉

(　　　　)

【メモ】
〈条例を制定するために〉
必要な署名：有権者□人以上の署名
請求の相手：首長
請求後：首長が議会にかけ，その結果を公表する

(4)　参議院が衆議院と異なる議決をした法律案は，衆議院で再び可決すれば法律となります。総議員数465人の衆議院で420人の議員が出席した場合，再可決のためには最低何人の賛成が必要ですか。次から１つ選び，記号で答えなさい。〈石川県〉(　　　)

ア　211人　　**イ**　233人　　**ウ**　280人　　**エ**　310人

2　経済分野の計算問題

次の各問いに答えなさい。

正答率44%
(1)　**資料１**は，ある勤労者の月給の内訳を示しています。**資料１**中での勤労者が支払っている社会保険料の総額を求め，数字を答えなさい。〈秋田県〉

(　　　　円)

資料１　ある勤労者の月給の内訳（円）

支給額 215,770	基本給 180,400	残業手当 7,350	諸手当 28,020
*控（こう）除（じょ）額 37,290	所得税 3,970	住民税 6,900	雇用保険 1,300
	健康保険 9,020	厚生年金 16,100	
差引支給額 178,480			

*控除額とは，支給額から差し引かれる金額。

（金融庁資料から作成）

(2) **資料2**は，自由な競争が行われている市場において，ある商品の価格と需要・供給の関係を模式的に表したものです。また，**資料2**について書いた次の文中の**A**・**B**にあてはまるものの組み合わせとして適切なものを，下から１つ選び，記号で答えなさい。〈京都府〉

(　　)

資料2

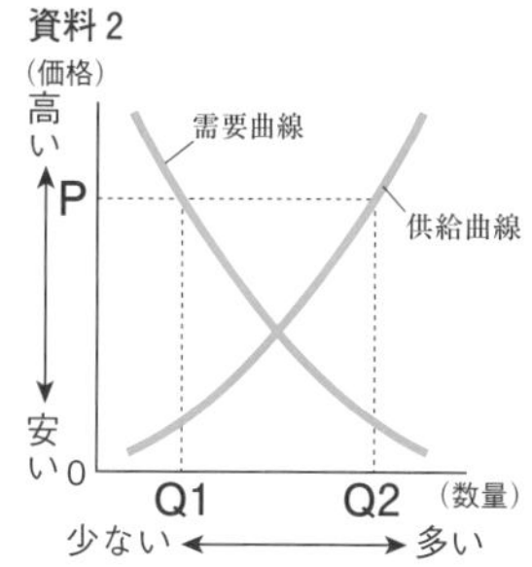

「価格がPのとき，供給量が需要量を A おり， B の式で表される量の売れ残りがでるので，この商品の価格は下落していくと考えられる。」

ア　A：上回って　B：Q１＋Q２
イ　A：上回って　B：Q２－Q１
ウ　A：下回って　B：Q１＋Q２
エ　A：下回って　B：Q２－Q１

(3) 社会保障について，次の文は，わが国の社会保障給付費について述べたものです。**資料3**を参考に，**X**には適切な語句を，**Y**には適切な整数を，それぞれ答えなさい。〈富山県〉

X(　　　　)
Y(　　　　)

資料3　社会保障給付費の部門別推移（会計年度）　(単位　億円)

部門＼年度	1980	1990	2000	2010
医　療	107,329	186,254	266,049	336,439
年　金	104,525	237,772	405,367	522,286
福祉・その他	35,882	50,128	112,570	194,921

(2020/21年版「日本国勢図会」他)

「社会保障給付費は，急激に増加している。2010年度でみると，給付費の部門別１位は X であり，その額は，1980年度から2010年度までの30年間で約 Y 倍に増加していることがわかる。」

正答率 67%
(4) **資料4**で，2000年には65歳以上の高齢者１人を，おもな働き手である15～64歳の約４人で支えていたと考えると，2020年には65歳以上の高齢者１人を，おもな働き手である15～64歳の約 　 人で支えています。そのため社会保障をいかに充実させるかが，大きな課題です。 　 にあてはまる整数を答えなさい。〈岐阜県〉

(　　　　人)

資料4

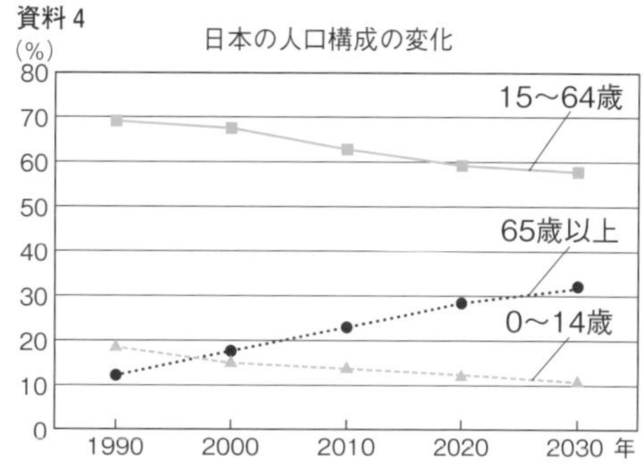

注：2030年は推計。
(「国立社会保障・人口問題研究所ホームページ」他)

(5) 為替相場が１ドル＝100円のとき，１万円は100ドルと交換されますが，為替相場が１ドル＝ 　 円になると，１万円は125ドルと交換されることになります。 　 にあてはまる数値を答えなさい。ただし，通貨交換時の手数料等は考えないものとします。

〈愛媛県〉(　　　　円)

解き方ガイド

1 (3) 条例の制定・改廃請求には，有権者数の50分の１以上の署名が必要となる。
2 (5) 多くのドルと交換できるようになったので，円の価値は上がっている(円高（えんだか）)。

総合　キーワードをおさえて，簡潔に書く！

42 記述問題

→別冊解答 p.46

学習日　　月　　日

入試攻略のカギ

入試では，「問われている内容をしっかり理解している」，「キーワードをおさえている」，「簡潔にわかりやすく答えを書いている」ことが得点につながる。多く問題を解いて記述に慣れよう。

1　地理分野の記述問題

次の各問いに答えなさい。

正答率54%　(1)　アジア州の農業について，文中の［　　］にあてはまる内容を簡潔に書きなさい。ただし，**資料**を参考にして，栽培される作物名も書くこと。〈佐賀県〉

資料

(　　　　　　　　　　　　　　　　　　　　)

「東南アジアや中国南部などの一部地域では，同じ農地で［　　］する二期作が行われている。」

表現力▶(2)　愛媛県松山市では複数のため池が見られますが，それはなぜですか。その理由を，中国・四国地方を３つの地域に分けたときの松山市が位置する地域の名称と気候の特徴，ため池の利用目的をそれぞれ明らかにして，簡潔に書きなさい。〈岩手県・改〉

(　　　　　　　　　　　　　　　　　　　　)

正答率32%　(3)　北海道において，かつては北洋漁業がさかんであったが，沿岸国が排他的経済水域を設定したことなどから，現在は栽培漁業や養殖業がさかんになっています。この排他的経済水域とはどのような水域ですか。「200 海里」という語句を使って書きなさい。〈新潟県〉

(　　　　　　　　　　　　　　　　　　　　)

2　歴史分野の記述問題

次の各問いに答えなさい。

思考力▶(1)　**資料１**中の下線部の土一揆(つちいっき)では，土倉や酒屋が襲われました。土一揆で，土倉や酒屋が襲われたのは，当時の土倉や酒屋がどのようなことを営んでいたからか，簡潔に書きなさい。〈香川県〉(　　　　　　　　)

資料１

鎌倉時代から室町時代にかけての民衆の生活のようす
・惣(そう)とよばれる自治組織が有力な農民を中心に運営された。 ・土一揆がおこり，近畿地方を中心に広がった。

(2)　1404 年に始まった明との勘合貿易について，明は朝貢の条件として，明を悩ませていた問題の解決を日本に求めてきました。このとき明が日本に求めてきたのはどのようなことか，書きなさい。〈石川県〉

(　　　　　　　　　　　　　　　　　　　　)

(3)　尊王攘夷(そんのうじょうい)とはどのような考え方か，簡潔に書きなさい。〈和歌山県〉

(　　　　　　　　　　　　　　　　　　　　)

(4)　明治時代，岩倉使節団が欧米に派遣されたおもな目的を，新政府の外交課題に着目して，簡潔に説明しなさい。〈山口県〉

(　　　　　　　　　　　　　　　　　　　　)

判断力▶(5) **資料2**は，日清戦争と日露戦争の，日本の死者と戦費を示しています。日本は日露戦争に勝利したが，1905年に結ばれた講和条約の内容に不満をもった人々による暴動がおこりました。人々が講和条約の内容に不満をもった理由を，**資料2**から読み取れることに関連付けて，簡潔に書きなさい。〈静岡県〉(　　　　)

資料2

	死者(万人)	戦費(億円)
日清戦争	1.4	2.3
日露戦争	8.5	18.3

(「日本長期統計総覧」により作成)

3 公民分野の記述問題

次の各問いに答えなさい。

正答率72% (1) **資料1**は，2015年に国際連合が定めた持続可能な開発目標(SDGs)の17の目標のうちの1つです。**資料1**の下線部に関連して，**資料2**は生産された商品が消費者に届くまでの流れである，流通について模式的に表したものです。aと比較したとき，bの流通にはどのような利点がありますか。「仕入れ」「販売」の2つの語句を使って書きなさい。〈山形県〉

(　　　　)

資料1

12 つくる責任 つかう責任
持続可能な生産と消費の形態を確保する。

資料2

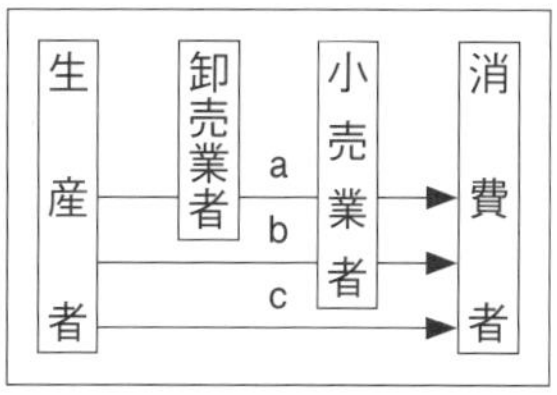

正答率56% (2) 日本の裁判では，1つの事件について3回まで裁判を受けられる三審制が採られています。それはなぜですか。その理由を，簡潔に書きなさい。〈広島県〉

(　　　　)

正答率71% (3) **資料3**は，日本銀行が景気を安定させるために行う，金融政策について模式的に表したものです。不景気のときには，日本銀行はどのような金融政策を行いますか。**資料3**をふまえて書きなさい。〈山形県〉

(　　　　)

資料3

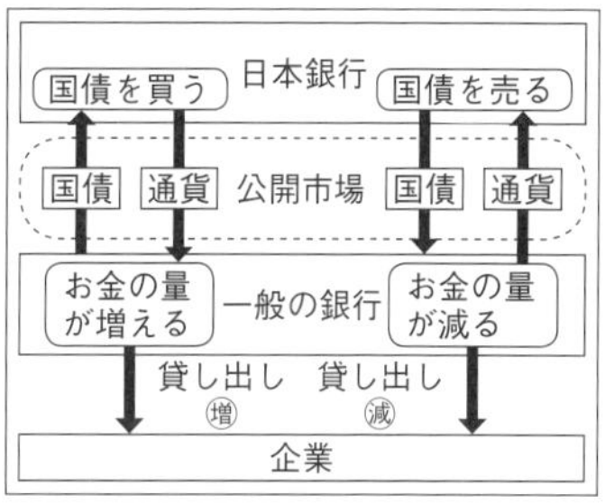

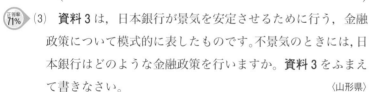

判断力▶(4) 花子さんは，ある卸売市場でのきゅうりの入荷量と価格を調べ，**資料4**を作成しました。**資料4**から，きゅうりの入荷量と月別平均価格の関係について，どのような傾向が読み取れるか書きなさい。〈福井県〉

(　　　　)

資料4 きゅうりの入荷量と価格

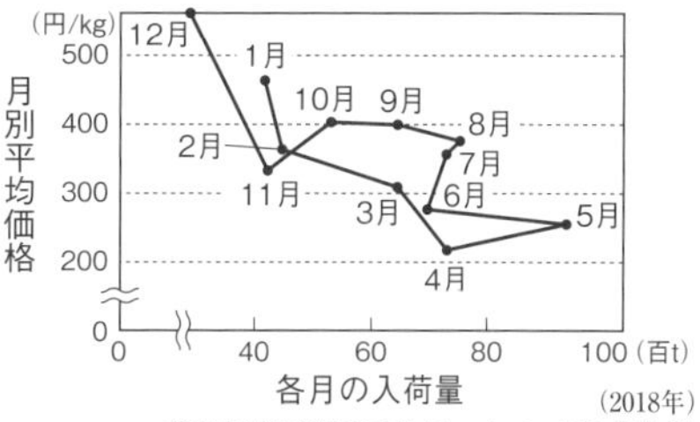

(2018年)
(「東京都中央卸売市場」ホームページより作成)

正答率50% (5) 下の文中の［　　　］にあてはまることがらを，「労働」，「公正」の2つの語句を使って，簡潔に書きなさい。

〈岐阜県〉(　　　　)

「貧困問題を解決するための取り組みの1つとして，フェアトレードが注目されている。フェアトレードは，途上国の人々が生産した農産物や製品を，［　　　］で取り引きし，先進国の人々が購入することを通じて，途上国の生産者の経済的な自立を目指す運動である。」

解き方ガイド

3 (4) 最も入荷量が少ない12月と，最も入荷量が多い5月の平均価格を比較しよう。

時間 45 分　目標 75 点　→別冊解答 p.47

第1回 入試模擬テスト

学習日　　月　　日

／100点

1 人々の生活と環境についてまとめた右の表を見て，次の各問いに答えなさい。(2点×9＝18点)

Ⅰ モンゴル	
自然環境	ア 乾燥帯
主食	家畜の乳・肉
伝統的住居	折りたたみ式のテント…A

Ⅱ シベリア	
自然環境	イ 亜寒帯(冷帯)
主食	ライ麦のパン，(B)
伝統的住居	木材が材料，D 床が高い

Ⅲ アンデス山脈	
自然環境	ウ 高山気候
主食	(C)，とうもろこし
伝統的住居	日干しれんがや石が材料

Ⅳ ツバル	
自然環境	エ 熱帯
主食	ココナツの実，いも類
伝統的住居	木材が材料，E 床が高い

Ⅴ イタリア	
自然環境	オ 温帯
主食	パスタ……………………F
伝統的住居	壁を石でつくる

(1) 次の①・②にあてはまる自然環境を，表中の下線部ア～オから1つずつ選び，記号で答えなさい。

① 右のグラフのような気候の特徴をもっている。

② タイガとよばれる針葉樹林がしげっている。

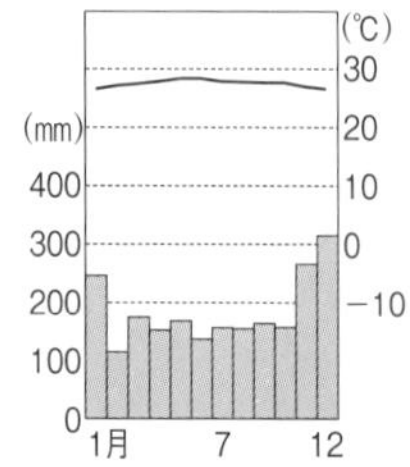

(令和3年「理科年表」)

(2) 表中のAについて，折りたたみ式のテントをもって，家畜とともに移動しながら生活する人々を何といいますか。

(3) 表中のB・Cに共通してあてはまる農産物を，次から1つ選び，記号で答えなさい。

ア 米　イ じゃがいも　ウ だいず　エ ひえ

(4) 表中の下線部D・Eは，似たつくりですが，床を高くしている理由は異なっています。それぞれの理由を，「永久凍土」「湿気」の語句を用いて説明しなさい。

(5) 表中のFの食べ物の原料となる農産物の，上位生産国を示したものを，次から1つ選び，記号で答えなさい。

ア 中国，インド，インドネシア

イ 中国，インド，ケニア

ウ アメリカ，ブラジル，アルゼンチン

エ 中国，インド，ロシア

(6) 表中のⅠ～Ⅴの国や地域のうち，Ⅲ・Ⅳ・Ⅴでは共通した宗教がさかんに信仰されています。この宗教は何ですか。

(7) 表中のⅢと同じ造山帯に属している山脈を，次から1つ選び，記号で答えなさい。

ア アパラチア山脈　イ ヒマラヤ山脈　ウ アルプス山脈　エ ロッキー山脈

(8) 表中のⅤの国が加盟している，1993年に発足した地域共同体を何といいますか。

(1)	①	②	(2)		(3)	
(4)						
(5)		(6)		(7)		
(8)						

2 右の地図を見て，次の各問いに答えなさい。(2点×8=16点)

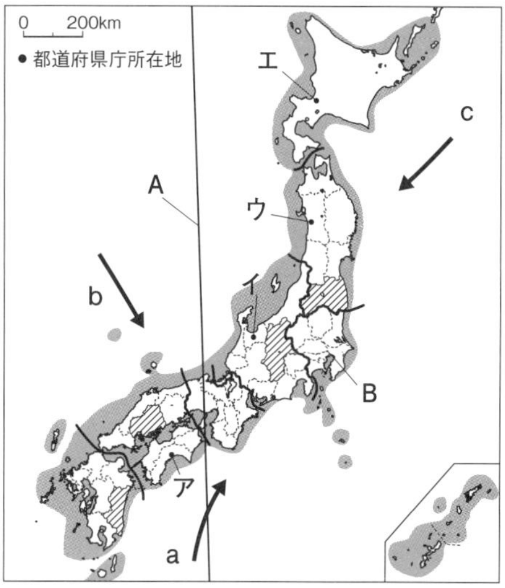

(1) 地図中の[灰色の楕円]が示すものを，次から1つ選び，記号で答えなさい。

ア 日本の領海　イ 日本の排他的経済水域

ウ 公海

(2) 地図中の●は，都道府県庁所在地を示しています。都道府県名と異なる都市名のものを，地図中のア～エから1つ選び，記号と都市名を答えなさい。

(完答)

(3) 地図中のAは，日本の標準時子午線を示しています。この経線の経度を，東経・西経を示して答えなさい。

(4) 地図中の──は，日本を7つの地方に分けた境界線です。また，資料1は7つの地方の人口・面積が全国にしめる割合を示しています。地図中のBの地方にあてはまるものを，資料1中のア～エから1つ選び，記号で答えなさい。

資料1

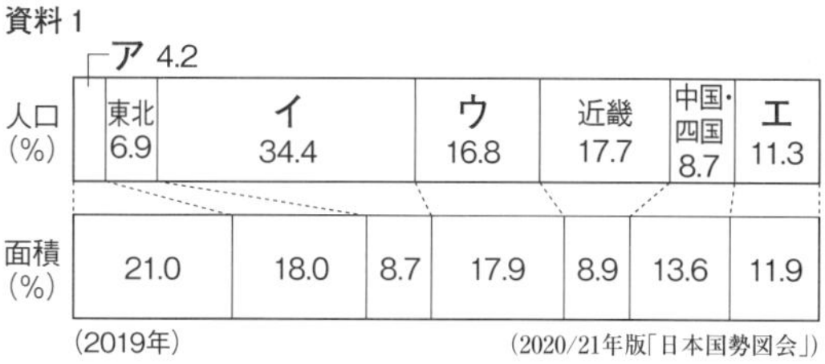

(5) 地図中のBの地方から，全国各地へ新幹線の路線がのびています。次のア～エのうち，始点と終点の駅がともに太平洋ベルトにふくまれる新幹線を1つ選び，記号で答えなさい。

ア 北陸新幹線　イ 秋田新幹線　ウ 東海道・山陽新幹線　エ 東北新幹線

(6) 低温と日照不足により農産物に被害をあたえることのある，「やませ」という風がふいてくる向きを，地図中のa～cから1つ選び，記号で答えなさい。

(7) 資料2は，地図中に[斜線]で示した都道府県の農業や工業について比べたものです。資料2中の①と④にあてはまる都道府県名をそれぞれ答えなさい。(完答)

資料2

都道府県	りんご(t)(2019年)	もも(t)(2019年)	ピーマン(t)(2019年)	輸送用機械器具出荷額(億円)	電子部品等出荷額(億円)
①	1,320	－	1,270	35,141	3,156
②	23,200	27,000	2,610	5,216	4,759
③	－	－	27,600	611	1,841
④	127,600	12,000	1,960	4,168	8,006

＊出荷額は2018年のもの。　(2021年版「データでみる県勢」)

(8) 資料2中でピーマン生産量が最大である③の都道府県では，ビニールハウスなどの施設を利用してピーマンの出荷時期を早める[　　]栽培が行われています。[　　]にあてはまる語句を答えなさい。

(1)		(2)	(記号)	(都市名)　　市	(3)	
(4)		(5)		(6)		
(7)	①		④			
(8)	栽培					

3 右の資料を見て，次の各問いに答えなさい。（3点×10=30点）

Ⅰ	Ⅱ	Ⅲ	Ⅳ
		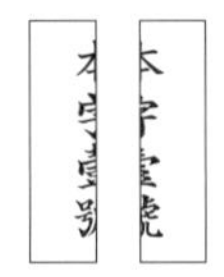	
殷では，占いの結果が，資料のような文字を使って亀の甲などに刻まれた。	古墳の上やまわりには，資料のような動物・人・家などをかたどった土製品がおかれた。	明との間の貿易では，正式の貿易船には資料のような合い札が発行された。	幕府は，（　　）を見つけ出すために，資料の像を用いて絵踏を行った。

(1) Ⅰの文字は，のちの漢字のもとになりました。この文字を次から1つ選び，記号で答えなさい。

ア　象形文字
イ　甲骨文字
ウ　くさび形文字
エ　インダス文字

(2) Ⅱのような土製品がつくられたころ，勢力を広めていた大和政権の支配者の称号を何といいますか。

(3) Ⅲの貿易が始まったころ，①大陸の沿岸を荒らしていた海賊を，次から1つ選び，記号で答えなさい。②また，この貿易で使用された合い札を何といいますか。

ア　倭寇　　イ　元寇　　ウ　棟梁　　エ　僧兵

(4) Ⅳの（　　）にあてはまる語句を，次から1つ選び，記号で答えなさい。

ア　社会主義者　　イ　仏教徒　　ウ　蝦夷　　エ　キリスト教徒

(5) 中国でⅠが使われたころから，日本でⅡがつくられたころまでの期間について正しく説明したものを，次から1つ選び，記号で答えなさい。

ア　中国では漢がほろんだ後に秦がおこった。　　イ　中国では長安が国際都市として栄えた。
ウ　日本では，まじないのために銅鐸や銅鏡が使われた。
エ　日本ではまだ竪穴住居はつくられず，人々はほら穴や簡単な小屋に住んでいた。

(6) Ⅱがつくられたころから，Ⅲが使われたころまでの期間について，次の問いに答えなさい。

① 次のできごとを，年代の古いものから順に並べ，記号で答えなさい。（完答）

ア　御成敗式目（貞永式目）が定められた。　　イ　大宝律令が定められた。
ウ　建武の新政が行われた。　　エ　墾田永年私財法が定められた。

② 次の企てのうち失敗に終わったものを1つ選び，記号で答えなさい。

ア　蘇我氏が物部氏をたおそうとした。　　イ　中大兄皇子が蘇我氏をたおそうとした。
ウ　源頼朝が平氏をたおそうとした。　　エ　後鳥羽上皇が北条氏をたおそうとした。

(7) Ⅲが使われたころから，Ⅳが使われたころまでの期間について，次の問いに答えなさい。

① この時期に障壁画を描いた人物を，次から1つ選び，記号で答えなさい。

ア　横山大観　　イ　千利休　　ウ　狩野永徳　　エ　運慶

② 徳川家康が全国支配の実権をにぎることとなった，1600年の戦いを何といいますか。

(1)		(2)		(3)	①	②
(4)		(5)				
(6)	①　→　→　→		②			
(7)	①	②				

4 右の図を見て，次の各問いに答えなさい。（3点×12=36点）

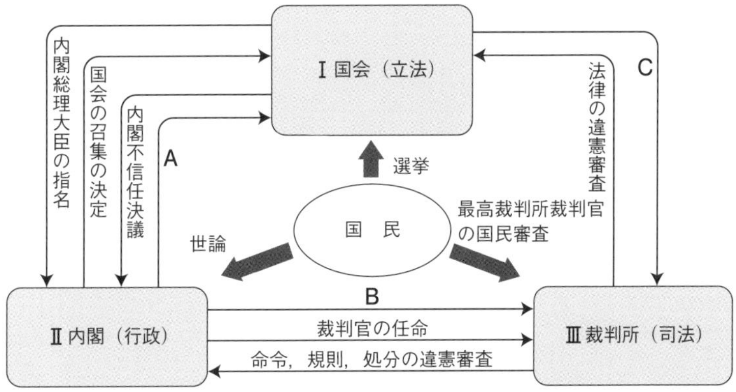

(1) 図のような権力分立のしくみを，著書『法の精神』の中で説いた思想家はだれですか。

(2) 図中のA～Cにあてはまる抑制（よくせい）のはたらきを表すものを，次から1つずつ選び，記号で答えなさい。

ア　最高裁判所長官の任命

イ　弾劾裁判

ウ　両院協議会の開会

エ　最高裁判所長官の指名　　オ　衆議院の解散

カ　裁判員裁判

(3) 図中のⅠの審議においては，話し合っても意見が一致しないときは，より多くの議員が賛成した意見を採用します。この原理を何といいますか。

(4) 右の表は，図中のⅠの議員の選出についてまとめたものです。D・Fにあてはまる数字の正しい組み合わせを，次から1つ選び，記号で答えなさい。

	衆議院	参議院
議員数	465人	248人*
任　期	4年（解散あり）	（ D ）年（3年ごとに半数を改選）
E選挙権	満18歳以上	満18歳以上
被選挙権	満（ F ）歳以上	G満30歳以上
選挙区	小選挙区289人 （ H ）176人	選挙区148人,* （ H ）100人*

＊2022年（令和4年）7月の通常選挙から適用。

ア　D－4　F－20　　イ　D－4　F－25　　ウ　D－6　F－20　　エ　D－6　F－25

(5) 表中の下線部Eと同じ種類の基本的人権を，次から1つ選び，記号で答えなさい。

ア　請願権　　イ　生存権　　ウ　労働基本権　　エ　財産権

(6) 表中の下線部Gと同じ被選挙権年齢であるものを，次から1つ選び，記号で答えなさい。

ア　市町村長　　イ　市町村議会議員　　ウ　都道府県知事　　エ　都道府県議会議員

(7) 表中のHに共通してあてはまる選挙制度を答えなさい。

(8) 図中のⅡを構成する国務大臣は，内閣総理大臣によって任命されます。国務大臣はどのような人たちから選ばれなければなりませんか。簡単に書きなさい。

(9) 図中のⅢについて，貸したお金を返してもらえないなどの，個人(私人)の間の権利・義務の対立を解決する裁判を何といいますか。

(10) 図中のⅢで取り入れられている三審制について，家庭裁判所における判決に対して控訴が行われた場合，第二審が行われる裁判所を次から1つ選び，記号で答えなさい。

ア　最高裁判所　　イ　地方裁判所　　ウ　簡易裁判所　　エ　高等裁判所

(1)		(2)	A	B		C	
(3)	の原理	(4)		(5)		(6)	
(7)		(8)					
(9)		(10)					

時間 45 分　目標 75 点　→別冊解答 p.48

第 2 回　入試模擬テスト

学習日　　月　　日

／100点

1 ヨーロッパを中心に描いた右の地図を見て，次の各問いに答えなさい。（2点×9＝18点）

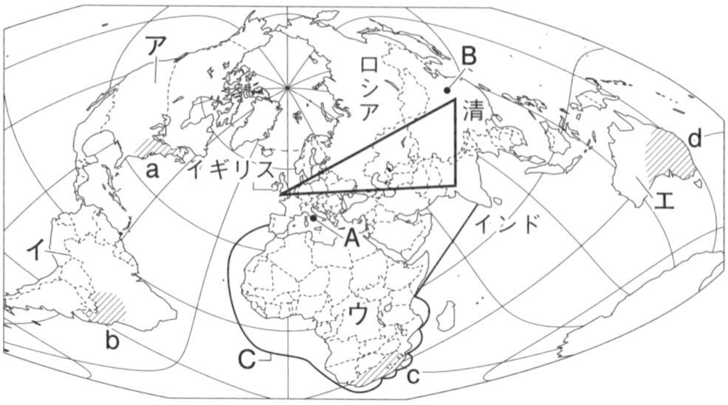

⑴　人類の最も古い祖先である猿人が最初に出現した大陸を，地図中のア～エから1つ選び，記号で答えなさい。

⑵　地図中のAを中心に栄えたローマ帝国と，Bを中心に栄えた漢（かん）を結んだ，陸上交通路を何といいますか。

⑶　⑵の交通路を通って日本に伝えられた**資料1**のような工芸品が，東大寺の正倉院に納められました。このころ栄えていた日本の文化を何といいますか。

資料1

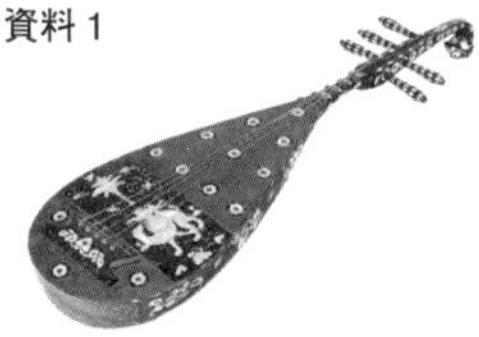

⑷　15世紀末に，ヨーロッパからインドへいたる地図中のCの航路を開いた人物を，次から1つ選び，記号で答えなさい。

ア　マゼラン　**イ**　ルター　**ウ**　コロンブス　**エ**　バスコ＝ダ＝ガマ

⑸　地図中のCの航路が開かれた後，ヨーロッパ人のアジアとの交易が広がり，日本に鉄砲が伝えられました。鉄砲が有効に活用された戦いを，次から1つ選び，記号で答えなさい。

ア　応仁の乱　**イ**　長篠（ながしの）の戦い　**ウ**　承久の乱　**エ**　壇ノ浦の戦い

⑹　**資料2**の宣言を発表し，地図中のイギリスから独立をはたした地域を，地図中のa～dから1つ選び，記号で答えなさい。

資料2
　われわれは，次の真理を自明のものと認める。すべての人は平等につくられていること。かれらは，創造者によって，一定のゆずれない権利をあたえられていること。それらのなかには生命，自由および幸福の追求がふくまれること。

⑺　地図中のロシアから18世紀末に蝦夷地（えぞち）の根室を訪れ，江戸幕府に通商を求めた人物を，次から1つ選び，記号で答えなさい。また，同じころ幕府で政治を行っていた人物を，次から1つ選び，記号で答えなさい。

ア　ペリー　**イ**　ラクスマン　**ウ**　ハリス

エ　松平定信　**オ**　徳川吉宗　**カ**　水野忠邦

⑻　19世紀には，地図中のイギリス・清（しん）・インドの間で三角貿易が行われていました。アヘンが密輸されていたのはどこからどこの国に対してですか。次から1つ選び，記号で答えなさい。

ア　清→イギリス　**イ**　イギリス→インド　**ウ**　インド→清　**エ**　清→インド

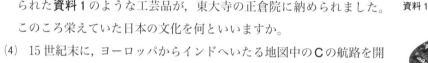

⑴		⑵		⑶	
⑷		⑸		⑹	
⑺	ロシア	幕府		⑻	

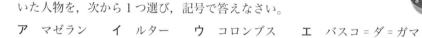

2 右の年表を見て，次の各問いに答えなさい。（3点×10＝30点）

時期	おもなできごと
ア1880年代	軽工業中心の産業革命が始まる…………A
イ1900年代	重工業中心の産業革命が始まる…………B
ウ1910年代	大戦景気がおこる
エ1920年代	関東大震災により経済が打撃を受ける
1930年代	世界恐慌の影響で深刻な不景気となる…C
1940年代	戦後，急激に物価が上昇する……………D
1950年代	[E]戦争の特需で好景気となる
オ1960年代	国民総生産が資本主義国で2位となる
1970年代	高度経済成長が終わる……………………F

(1) 次の①～③のできごとがおこった時期を，年表中のア～エから1つずつ選び，記号で答えなさい。

① 米の安売りなどを要求する米騒動が全国に広まった。

② 大日本帝国憲法が発布された。

③ ロシアとの間にポーツマス条約が結ばれた。

(2) 年表中のAのころ，最もめざましい発展をとげた産業を，次から1つ選び，記号で答えなさい。

ア 紡績業　　イ 食料品工業

ウ 木材工業　　エ 窯（よう）業

(3) 年表中のBについて，資料1はこのころ九州北部に建設された官営(官営模範)工場です。この工場を何といいますか。

資料1

(4) 年表中のCのとき，アメリカは大規模な公共事業や経済統制によって景気回復をはかりました。この政策を何といいますか。

(5) 年表中のDのころ行われた改革によって，農村で資料2のような変化が見られました。どのような改革が行われた結果，このような変化が表れたのですか。簡単に書きなさい。

資料2　自作・小作別農家の割合

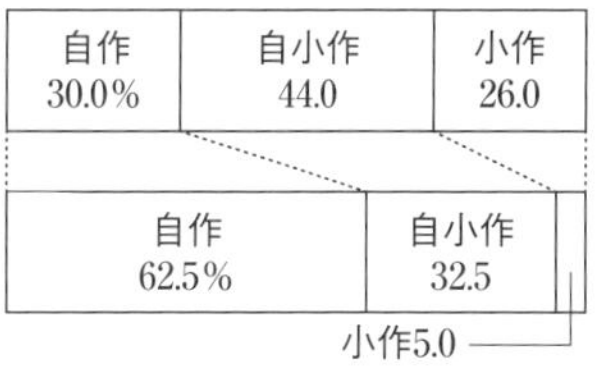

(「農林省統計表」)

(6) 年表中の[E]戦争は，アジアでおこった戦争です。Eにあてはまる語句を，次から1つ選び，記号で答えなさい。

ア ベトナム　　イ 朝鮮　　ウ 中東　　エ 湾岸

(7) 年表中のオの時期におこったできごととしてあてはまらないものを，次から1つ選び，記号で答えなさい。

ア ヨーロッパ共同体(EC)が発足した。　　イ キューバ危機がおこった。

ウ ベルリンの壁が築かれた。　　エ アジア・アフリカ会議が開かれた。

(8) 年表中のFのきっかけとなったできごとを，次から1つ選び，記号で答えなさい。

ア アメリカ同時多発テロ　　イ バブル経済の崩壊

ウ 石油危機　　エ 阪神・淡路大震災

(1)	①	②	③		(2)	
(3)			(4)			
(5)						
(6)		(7)		(8)		

3 次の資料を見て，あとの各問いに答えなさい。(2点×8＝16点)

資料1　国ごとの農業生産活動の比較

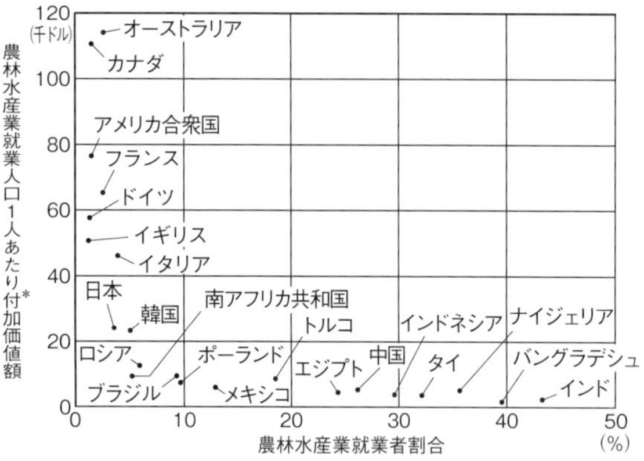

＊付加価値額は，総生産額から原価などを差し引いた利益のこと。

資料2　都道府県の面積・人口の比較

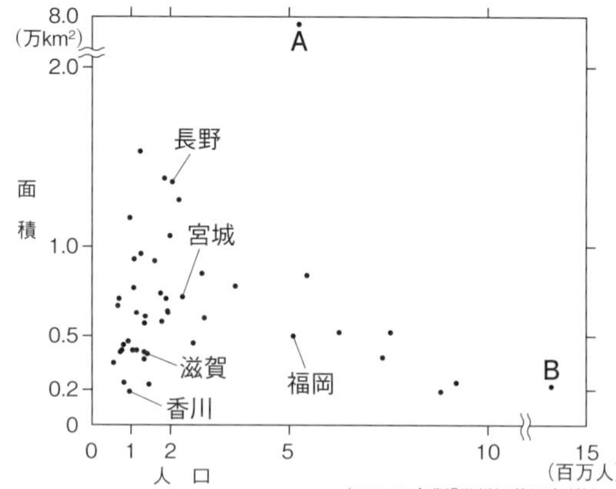

(2020/21年版「世界国勢図会」他)

(1)　**資料1**について，次の①・②にあてはまる国を，下から1つずつ選び，記号で答えなさい。

①　少ない人手で農業生産を行っており，1人あたりの利益は多い。

②　多くの人手で農業生産を行っており，1人あたりの利益は少ない。

ア　ポーランド　**イ**　中国　**ウ**　南アフリカ共和国　**エ**　カナダ　**オ**　インド

(2)　**資料1**中には，陸地で他の国と国境を接していない国が2つあります。それは，日本ともう1つはどこですか。

(3)　**資料3**は，**資料1**中の国々が生産量の上位をしめる農産物を示しています。この農産物を次から1つ選び，記号で答えなさい。

ア　米　**イ**　コーヒー　**ウ**　小麦　**エ**　だいず

資料3　(2018年)

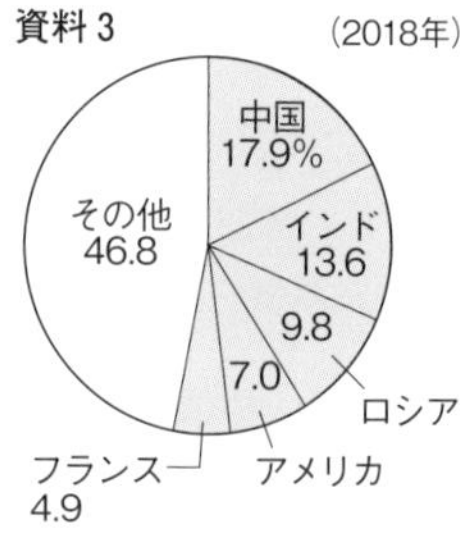

(2020/21年版「世界国勢図会」)

(4)　上の**資料2**中の**A**・**B**にあてはまる都道府県の正しい組み合わせを，次から1つ選び，記号で答えなさい。

ア　**A**－東京都　**B**－北海道　**イ**　**A**－北海道　**B**－東京都

ウ　**A**－大阪府　**B**－岩手県　**エ**　**A**－北海道　**B**－大阪府

(5)　**資料2**中に示した5つの都道府県のうち，都道府県庁所在地が地方中枢(ちゅうすう)都市であるものが2つあります。その2つの都市名を答えなさい。(完答)

(6)　**資料2**中の長野県が生産量全国一となっている農産物を，次から1つ選び，記号で答えなさい。

ア　レタス　**イ**　いちご　**ウ**　なす　**エ**　みかん

(7)　**資料2**中の福岡県に発達した工業地帯(地域)の工業出荷額割合を，**資料4**中の**ア**～**エ**から1つ選び，記号で答えなさい。

資料4

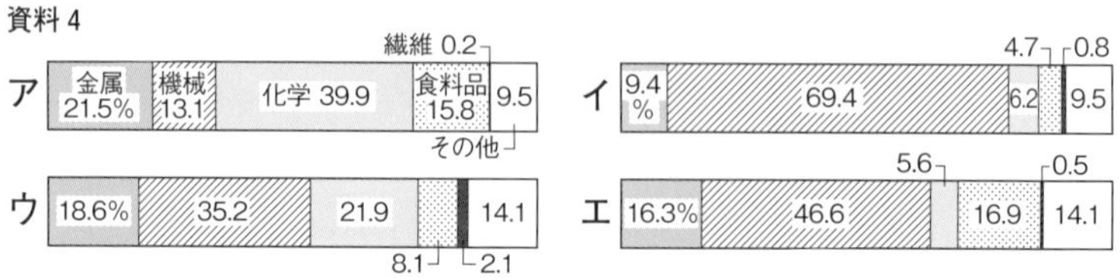

(2017年)　(2020/21年版「日本国勢図会」)

(ア～エのグラフは，京葉工業地域，瀬戸内工業地域，北九州工業地帯，中京工業地帯のいずれかのものを示す。)

(1)	①	②		(2)		
(3)		(4)		(5)	市	市
(6)		(7)				

4 国際連合の主要な専門機関・関連機関をまとめた右の表を見て，次の各問いに答えなさい。

（3点×12=36点）

ア国際労働機関	A労働・生活条件を改善するための政策を策定し，国際労働基準を設定する。
イ世界保健機関	B健康に関する規範や基準を設定し，国々の健康志向を監視・評価する。
ウ国連教育科学文化機関	平和の文化，人権の順守，C貧困の削減，持続可能な開発をめざす。
エ国際通貨基金	D為替の安定をはかり，加盟国の国際収支の不均衡を是正する。
オ国際原子力機関	E原子力の平和利用のための科学・技術協力を進める。
カ世界貿易機関	F貿易に関連するルールを協議し，通商に関する紛争を処理する。

(1) 表中のア～エはいずれも，国際連合の主要機関の下におかれている専門機関です。この主要機関を次から1つ選び，記号で答えなさい。

a　安全保障理事会　　b　総会

c　経済社会理事会

d　国際司法裁判所

(2) 次の①～③にあてはまる機関を，表中のア～カから1つずつ選び，記号で答えなさい。

①　WTOという略称でよばれる。　　②　IMFという略称でよばれる。

③　世界遺産の登録を行っている。

(3) 表中の下線部Aについて，次の①・②にあてはまる日本の法律名を答えなさい。

①　募集や採用，昇進などにおいて，男女を差別することを禁止している。

②　子育てや家族の介護を行う労働者の職業生活と家庭生活の両立の支援をはかっている。

(4) 表中の下線部Bについて，日本国憲法第25条は「すべて国民は，健康で文化的な最低限度の生活を営む権利を有する。」としています。この条文で規定されている社会権の一種を何といいますか。

(5) 表中の下線部Cについて，日本の社会保障制度の4本の柱のうち，所得水準がいちじるしく低い人に対して生活費を支給する制度を何といいますか。

(6) 表中の下線部Dについて，次の文中の①・②から正しいものを1つずつ選びなさい。

ドルの需要が円に対して①〔ア　低くなれば　　イ　高くなれば〕，円の相対的な価値が下落し，ドルの価格が上昇する。この変化を円安といい，例えば1ドル＝100円の為替相場が1ドル＝②〔ウ　80円　　エ　120円〕になるような変動を示す。

(7) 表中の下線部Eについて，原子力発電の利点としてあてはまらないものを，次から1つ選び，記号で答えなさい。

ア　海外から安定的に燃料を供給できる。　　イ　放射性廃棄物の処分が容易である。

ウ　発電時に二酸化炭素を排出しない。　　エ　少ない燃料で多くのエネルギーを取り出せる。

(8) 表中の下線部Fについて，世界貿易機関がめざしている，国による貿易への介入を排除した貿易のあり方を何といいますか。

(1)		(2)	①	②	③	
(3)	①		②			
(4)			(5)			
(6)	①	②	(7)		(8)	

Step 3

入試にそなえる！

第2回 入試模擬テスト

②

□ 執筆協力　菊地 聡　佐藤英徳　㈱アポロ企画
□ 編集協力　小南路子　待井容子　㈱アポロ企画
□ 本文デザイン　山口秀昭（Studio Flavor）
□ DTP　㈱明友社
□ 写真　CLICK/PIXTA　DNP（Kobe City Museum　TNM Image Archives　徳川美術館©徳川美術館イメージアーカイブ　福岡市博物館）　Rod Wonglikitpanya/stock.foto　アフロ（近現代PL　東阪航空サービス）　岡谷蚕糸博物館　宮内庁　宮内庁三の丸尚蔵館　埼玉県立さきたま史跡の博物館
□ 図版作成　㈱明友社　㈱ユニックス
□ イラスト　林 拓海

シグマベスト
今日からスタート高校入試 社会

編　者　文英堂編集部
発行者　益井英郎
印刷所　中村印刷株式会社
発行所　株式会社文英堂
〒601-8121　京都市南区上鳥羽大物町28
〒162-0832　東京都新宿区岩戸町17
（代表）03-3269-4231

●落丁・乱丁はおとりかえします。